中国工程建设企业科技创新指数报告 2021

中国施工企业管理协会 ◎ 编著

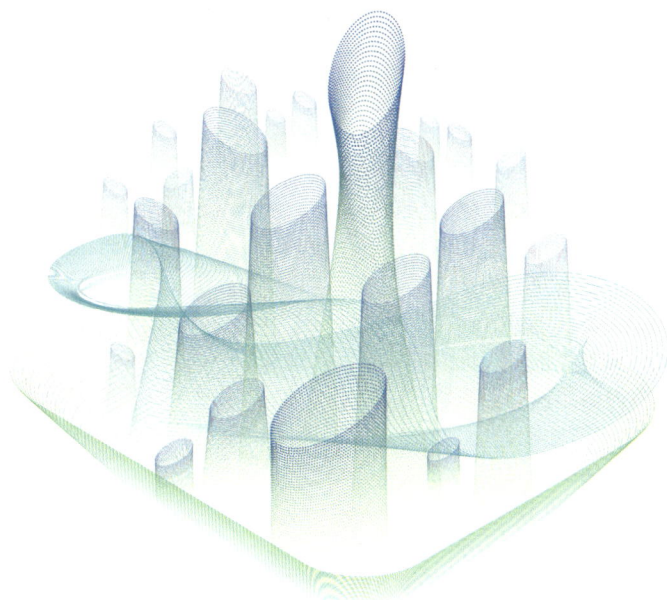

科学技术文献出版社
SCIENTIFIC AND TECHNICAL DOCUMENTATION PRESS

·北京·

图书在版编目（CIP）数据

中国工程建设企业科技创新指数报告.2021 / 中国施工企业管理协会编著. —北京：科学技术文献出版社，2023.7

ISBN 978-7-5235-0389-8

Ⅰ.①中⋯ Ⅱ.①中⋯ Ⅲ.①建筑企业—技术革新—评估—研究报告—中国—2021 Ⅳ.① F426.9

中国国家版本馆 CIP 数据核字（2023）第 117910 号

中国工程建设企业科技创新指数报告 2021

策划编辑：刘文文　责任编辑：李晓晨　侯依林　责任校对：张永霞　责任出版：张志平

出　版　者	科学技术文献出版社
地　　　址	北京市复兴路15号　邮编 100038
编　务　部	(010) 58882938，58882087（传真）
发　行　部	(010) 58882868，58882870（传真）
邮　购　部	(010) 58882873
官方网址	www.stdp.com.cn
发　行　者	科学技术文献出版社发行　全国各地新华书店经销
印　刷　者	北京时尚印佳彩色印刷有限公司
版　　　次	2023 年 7 月第 1 版　2023 年 7 月第 1 次印刷
开　　　本	787×1092　1/16
字　　　数	234千
印　　　张	13.5
书　　　号	ISBN 978-7-5235-0389-8
定　　　价	98.00元

编辑委员会

顾　　问：曹玉书

主　　任：李清旭

副 主 任：毛志兵　孔　遁　雷升祥　孙子宇　宗敦峰　张满平
　　　　　吴汉明　王　锋

委　　员：（按姓氏笔画排序）

马金刚　王　辉　王洪宇　代敬辉　伍　军　刘　军
刘伯莹　安占法　李久林　李文兵　李庆民　李醒冬
吴志刚　邱　瑞　张永涛　张志明　张克胜　陈晓明
陈硕晖　陈耀文　林云志　和孙文　金德伟　周鹏华
赵云飞　徐建军　高　峰　郭光文　唐孟雄　曹玉新
谌启发　蒋金生　谢　毅　檀贵宾

编写人员：（按姓氏笔画排序）

刘　娟　刘小武　齐建飞　江　鸿　孙喜亮　李　晓
李朝旭　李醒冬　余颜丽　陈伯智　陈虹文　陈培帅
黄佳强　彭铁红　程志华　温仕川　谭　恺　魏永明

主编单位

中国施工企业管理协会

参编单位

中国建筑集团有限公司

中国中铁股份有限公司

中国铁建股份有限公司

中国交通建设集团有限公司

中国电力建设集团有限公司

中国能源建设集团有限公司

中国安能建设集团有限公司

中国冶金科工集团有限公司

中国建筑第二工程局有限公司

中国建筑第三工程局有限公司

中铁二院工程集团有限责任公司

中铁工程设计咨询集团有限公司

中铁电气化局集团有限公司

中铁第五勘察设计院集团有限公司

中铁十四局集团有限公司

中铁十五局集团有限公司

中铁十七局集团有限公司

中交第二航务工程局有限公司

中交第四公路工程局有限公司

中电建铁路建设投资集团有限公司

中国电建集团华东勘测设计研究院有限公司

中国水利水电第五工程局有限公司

中国水利水电第七工程局有限公司

中国葛洲坝集团股份有限公司

中国安能集团第二工程局有限公司

中化二建集团有限公司

中煤建设集团有限公司

北京建工集团有限责任公司

北京城建集团有限责任公司

上海建工集团股份有限公司

河北建工集团有限责任公司

广州市建筑集团有限公司

中天建设集团有限公司

天元建设集团有限公司

科技是第一生产力，创新是第一动力。党的二十大明确提出了新时代新征程中国共产党的使命任务，到21世纪中叶把我国建成富强、民主、文明、和谐、美丽的社会主义现代化强国。同时指出"教育、科技、人才是全面建设社会主义现代化国家的基础性、战略性支撑"。新时代新征程新任务，工程建设行业作为传统产业，迫切需要通过科技创新增强核心竞争力、打造发展新动能、实现高质量发展，为全面建成社会主义现代化强国、实现第二个百年奋斗目标、以中国式现代化全面推进中华民族伟大复兴作出更大贡献。

为准确反映工程建设企业科技创新发展趋势，增强企业自主创新内生动力，充分发挥企业的科技创新主体作用，帮助政府和企业更好地制定科技创新激励政策，中国施工企业管理协会联合部分企业成立了"工程建设企业科技创新指数研究"课题组，并编写了《中国工程建设企业科技创新指数报告2021》，此后每年一本。

课题组结合行业实际，借鉴《国家创新指数报告》《中国企业创新能力评价报告》《全球创新指数报告》和国家统计局的中国创新指数，从创新资源、创新投入、创新成果、创新绩效4个维度构建了工程建设企业科技创新指数评价指标体系，并选取2016年为基期，动态分析企业的创新活力。报告采用的数据资料主要来自企业自愿填报《中国科技统计年鉴》、《中国统计年鉴》，以及国家发展改革委、科技部、科技部火炬中心等政府部门公开的数据。

《中国工程建设企业科技创新指数报告2021》共分为8章。第一章介绍工程建设行业科技创新基本情况；第二章根据征集的工程建设企业科技创新调查问卷数据，分析了企业科技创新的基本特征；第三章结合工程建设行业自身实际，构建了工程建设企业科技创新指数评价指标体系；第四章计算分析了工程建设企业科技创新指数；第五章分析了不同性质工程建设企业科技创新情况；第六章分析了不同规模工程建设企业科技创新情况；第七章分析了不同地区工程建设企业科技创新情况；第八章根据指数分析结果，总结了工程建设企业的科技创新特点，并对企业科技创新工作提出了建议。

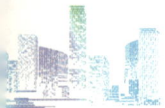

　　本报告的研究编写得到了行业领导及中国科学技术发展战略研究院技术预测与统计分析研究所玄兆辉所长、清华大学高旭东教授等专家学者的大力支持与帮助，在此表示衷心感谢！本次指数研究工作属于首次开展，采取的研究方法和指标仍存在进一步优化的空间。另外，受数据收集渠道、数据核查方式和数据处理方法等客观条件的制约，部分重点企业未能纳入研究范围，研究工作难免存在遗漏和不妥之处，需要以后不断改进。

《中国工程建设企业科技创新指数报告 2021》
编辑委员会

目 录

第一章

工程建设行业科技创新基本情况

党的十八大以来，在党中央的全面统一领导下，我国科技创新体制机制日益完善，科技创新投入不断增加，科技人才队伍持续壮大，创新能力进一步增强，取得了举世瞩目的伟大成就。中国在全球创新版图中的地位和作用不断发生新变化且已成为全球第二大研发经费投入国，世界知识产权组织发布的《2022 年全球创新指数报告》显示，我国综合创新能力世界排名升至第 11 位，步入创新型国家行列。

一、行业概述

在创新、协调、绿色、开放、共享的新发展理念引领下，我国工程建设行业生产规模不断扩大，行业结构和区域布局不断优化，吸纳就业作用显著，支柱产业地位不断巩固，对经济社会发展、城乡建设和民生改善发挥了重要作用，我国正由"建造大国"向"建造强国"持续迈进。

随着我国建筑业企业生产和经营规模的不断扩大，2021 年建筑业总产值达到29.3 万亿元，是 2012 年的 2.1 倍，增加值达到 8 万亿元，占 GDP 的 7%，全社会建筑业企业用工人数达 8180 万人，在国民经济行业门类中位居第二，成为吸纳就业的重要领域；全国各种类型建筑业企业达到 226 万家，其中有施工活动的具有建筑业企业资质的总承包和专业承包建筑业企业 12.9 万家，比 2012 年增加 5.3 万家，实现了行业规模的跨越式发展；按建筑业总产值计算的劳动生产率达到 47.3 万元/人，比 2012 年提高59.6%，建筑业企业劳动生产率明显提升。

在党中央的坚强领导下，我国工程建设行业实现突破性进展，取得了历史性变革。党的十八大以来，我国城镇化率提高 11.6 个百分点，达到 64.7%，2021 年城镇

居民人均住房建筑面积达到 41.0 平方米；建成世界最大的高速铁路网，高速公路网、机场港口、水利、能源、信息等基础设施建设也取得重大成就。国家重大建设工程的实施与运行，为经济社会持续健康快速发展提供了重要保障。随着"一带一路"倡议的不断推进，工程建设企业深度参与沿线国家和地区重大项目的规划和建设，建成一系列民生工程、满意工程、精品工程，为世界经济发展和增进人民福祉贡献了中国力量和中国方案。

二、发展现状

（一）政策环境

党中央始终高度重视科技创新工作。党的十八大提出实施创新驱动发展战略，推动以科技创新为核心的全面创新；十九大提出创新是引领发展的第一动力，科技创新引领全面创新；二十大提出加快实现高水平科技自立自强，建设科技强国。同时，党中央在"十三五"规划纲要、"十四五"规划纲要中均对科技创新作出详细部署。

1. 布局总体战略规划

加强顶层设计，注重战略规划。2016 年 5 月，中共中央、国务院印发了《国家创新驱动发展战略纲要》，提出了"三步走"战略目标：到 2020 年进入创新型国家行列，到 2030 年跻身创新型国家前列，到 2050 年建成世界科技创新强国。纲要为我国科技创新发展进行了系统谋划和全面部署，成为我们落实创新驱动发展战略的总体方案。2016 年 8 月，中共中央出台了《"十三五"国家科技创新规划》，提出了国家科技创新的指导思想、总体要求、战略任务和改革举措，全面开启创新驱动发展战略。2020 年 9 月，科技部面向高校、科研院所、企业、行业协会及国际组织等，征集"十四五"国家科技创新规划重大问题研究单位。为贯彻落实党中央决策部署，住房城乡建设部、交通运输部、水利部、国家能源局等工程建设相关部门及各地方政府相继发布了科技创新发展规划。

2. 深化科技体制改革

科技体制改革全面发力。2015 年 3 月，《中共中央 国务院关于深化体制机制改革加快实施创新驱动发展战略的若干意见》下发，明确指出将从八大方面 30 个领域着手，推动创新驱动发展战略落地。2015 年 9 月，《深化科技体制改革实施方案》出炉，部署了到 2020 年要完成 10 个方面 143 项改革任务，并给出明确清晰的时间表与路线图。2021 年 11 月，中央全面深化改革委员会审议通过了《科技体制改革三年攻坚方案（2021—2023 年）》，提出从体制机制上增强科技创新和应急应变能力，加快建立保障高水平科技自立自强的制度体系，提升科技创新体系化能力。

聚焦重点改革方向，中共中央与国务院出台一系列针对性政策措施。在人才方面，印发了《关于深化人才发展体制机制改革的意见》，提出构建科学规范、开放包容、运行高效的人才发展治理体系。在基础研究方面，出台了《国务院关于全面加强基础科学研究的若干意见》，提出要促进基础研究与应用研究融通创新发展，着力实现前瞻性基础研究、引领性原创成果重大突破，全面提升创新能力。在科研经费管理方面，发布了《国务院办公厅关于改革完善中央财政科研经费管理的若干意见》，进一步激励科研人员多出高质量科技成果、为实现高水平科技自立自强作出更大贡献。

3. 推进科技成果转化

加速推动科技成果向现实生产力转化。2015 年 8 月，第十二届全国人大常务委员会审议修订了《中华人民共和国促进科技成果转化法》，解决制约科技成果转化的突出问题，充分激发科技人员在科技成果转化和大众创业、万众创新中的积极性，为科技人员提供法律保障。

2016 年 2 月，国务院印发《实施〈中华人民共和国促进科技成果转化法〉若干规定》，鼓励企业建立健全科技成果转化的激励分配机制，进一步提升科技人员开展科技成果转化积极性。2016 年 5 月，国务院印发《促进科技成果转移转化行动方案》，提出要开展科技成果信息汇交与发布，协同开展科技成果转移转化，建设科技成果中试与产业基地，推动科技型创新创业，强化多元化资金投入等关键措施。2021 年 7 月，《国务院办公厅关于完善科技成果评价机制的指导意见》提出，健全完善科技成果评价体系，更好发挥科技成果评价作用。相关部委和地方政府相继发布了授权空间、权益分配、制度建设、免责情况等鼓励政策，积极推动科技成果转化。

4. 强化企业创新主体地位

加强企业在科技创新方面的主体地位和作用。2013 年 2 月，国务院办公厅发布了《国务院办公厅关于强化企业技术创新主体地位全面提升企业创新能力的意见》，进一步支持企业建立研发机构，推进重大科技成果产业化，不断强化企业技术创新主体地位。2015 年 6 月，国务院发布《国务院关于大力推进大众创业万众创新若干政策措

施的意见》，支持各类市场企业开发新产品、开拓新市场、培育新兴产业，实现创新驱动发展，打造新引擎、形成新动力。2021 年 8 月，交通运输部、科技部印发《交通运输部　科学技术部　关于科技创新驱动加快建设交通强国的意见》，提出强化企业技术创新主体地位，建立健全产学研用深度融合的协同创新机制。2022 年 2 月，习近平总书记主持召开中央全面深化改革委员会第二十四次会议，审议通过《关于加快建设世界一流企业的指导意见》《关于推进国有企业打造原创技术策源地的指导意见》，为如何加快建设世界一流企业、打造原创技术策源地指明了方向、提供了遵循。2022 年 8 月，科技部、财政部联合印发《企业技术创新能力提升行动方案（2022—2023 年）》，聚焦企业创新能力关键环节，引导支持各类企业将科技创新作为核心竞争力。2022 年 9 月，财政部、国家税务总局、科技部发布《关于加大支持科技创新税前扣除力度的公告》，支持高新技术企业创新发展，大力支持加大科技创新税前扣除力度，促进企业设备更新和技术升级。

（二）工作成效

工程建设企业持续完善科技创新体系，改进科研项目组织模式，探索实行"揭榜挂帅""赛马"等制度，激发了创新活力；拓宽科技投入渠道，改善科研基础设施条件，研发投入强度持续提高；加强创新平台建设，汇聚各类资源，实现跨学科、跨产业协同攻关，部分技术实现了从"跟跑"到"领跑"的跨越；深化人才发展机制，注重专业技术人员培养，加强创新团队建设，科技人才队伍逐渐壮大。科技创新为企业发展提供了有力支撑，为重大工程建设提供了重要保障。

1. 国家高新技术企业数量快速增长

为引导企业调整产业结构，走自主创新、持续创新的发展道路，激发企业自主创新的热情，提高企业的科技创新能力，我国培育了一大批高新技术企业。2021 年全国高新技术企业数量从十多年前的 4.9 万家增加到 33 万家。其中，工程建设行业高新技术企业由 2016 年的 1817 家提升至 2021 年的 9027 家，增长了 396.8%。国家高新技术企业中工程建设企业所占比重由 2016 年的 2.17% 提高至 2021 年的 3.09%。工程建设行业高新技术企业数量显著提升，促进了行业科技创新生态全面优化。

2. 高水平企业技术中心不断涌现

国家大力推进企业技术中心建设，强化企业科技创新主体地位，引导和支持企业增强技术创新能力。企业技术中心已成为行业创新的源头和核心，是技术进步和技术创新的主要依托，更是行业自主创新活动的主要力量。2016 年以来，工程建设行业拥有的省级及以上企业技术中心由原来的 913 家提升至 2021 年的 1709 家，增长了 87.2%。企业技术中心的飞速发展和提档升级，提高了企业技术创新能力，为企业提供了强劲的发展动力。

3. 研发机构创新能力日益增强

工程建设企业高度重视理论基础研究和应用技术研究。根据国家战略需要，截至 2021 年，联合高校和科研院所累计建成国家重点实验室 20 家、国家工程技术研究中心 6 家、国家工程研究中心 10 家和多个省市级高水平研发机构，取得一批有重大国际影响的原创性科研成果，推动了行业关键核心技术突破。企业整体技术实力和核心竞争力显著提升，在若干重要领域和方向已跻身国际前沿。

4. 科技创新人才队伍逐渐壮大

高质量发展阶段，企业对人才的需求更加迫切。随着企业加大对人才的引进和培养，高学历、高素质、高技能人才逐渐增多。截至 2020 年 10 月 12 日，全国一级建筑师注册人数为 30 863 人，一级建造师注册人数为 523 927 人，一级结构工程师注册人数为 37 435 人，岩土工程师注册人数为 17 272 人。工程建设行业拥有院士 108 人、全国工程勘察设计大师 471 人，培养造就了一大批领军人才、大国工匠、青年拔尖人才，构建形成了不同年龄、不同层次、不同专业的高素质科技创新人才队伍，为企业科技创新发展提供了坚实的智力支撑。

5. 知识产权保护力度持续提升

工程建设企业高度重视知识产权保护与运用，促进科技创新健康发展。国家知识产权局《知识产权统计年报 2021》数据显示，2021 年我国发明专利授权 69.59 万件，同比增长 31.3%；实用新型专利授权 312.00 万件，同比增长 31.2%。其中，工程建设行业专利授权数量（发明专利和实用新型专利）由 2016 年的 17.25 万件提高至 2021 年的 27.15 万件，增长 57.4%。2016—2021 年，工程建设行业软件著作权和注册商标数量大幅增长，从参与统计的工程建设企业数据来看，每万人拥有的软件著作权数量增长 176.9%，每万人拥有的注册商标数量增长 123.7%。工程建设行业知识产权授权数量的快速增长，保证了企业创新创造更有活力。

（三）建设成就

工程建设企业深入实施国家创新驱动发展战略，加快建立健全以市场为导向、企业为主体、产学研紧密结合的技术创新体系，以技术创新引领传统建筑产业的转型升级，一大批关键核心技术实现了突破，部分技术达到了世界领先水平，有力支撑了重大工程项目建设，具有世界顶尖水准的工程项目不断涌现。

1. 房屋建筑工程

我国房屋建筑规模不断扩大，建设技术不断突破。超高层建筑、大型机场、深基坑支护、大型结构和设备整体吊装、大体积混凝土等多项技术均达到国际先进水平。数字化与人工智能技术逐渐普及，行业转型升级加快。2021 年，全国建筑业企业房屋施工面积达 157.5 亿平方米，比 2012 年增长 59.7%。中国第一高、世界第二高的上海中心大厦，世界第四高的深圳平安金融中心，以及北京大兴国际机场、国家速滑馆等一系列重大工程相继建成，彰显了我国建筑工程领域的强大技术实力。

2. 高铁工程

中国高铁从无到有，由"追赶者"一跃成为世界铁路的"领跑者"，已成为一张亮丽的"中国名片"。我国已系统掌握各种复杂地质及气候条件下高铁建造成套技术，成功建设了世界上规模最大、现代化水平最高的高速铁路网。截至 2021 年底，中国高铁运营里程达到 4 万公里，位居世界第一。十年来，"四纵四横"高铁网全面建成，"八纵八横"高铁网加密形成，有力支撑了国家重大战略。雅万高铁的开工建设，标志着中国高铁走出国门、冲向世界。

3. 桥梁工程

中国现代桥梁建设虽起步晚，却实现了跨越式发展，在高强度钢材、新型桥型研发、桥梁结构健康监测、超大跨度桥梁建造等方面取得了一批自主创新成果，不断刷新世界桥梁纪录，持续创造着"第一"与"之最"。建成了世界第一长跨海大桥——港珠澳大桥、世界上首座跨度超千米的公铁两用斜拉桥——沪苏通长江公铁大桥、世界第一高桥——北盘江大桥等一大批具有国际影响力的桥梁。在世界排名前十的各类桥梁中，中国桥梁占据了一大半，中国桥梁在规模、跨度、载重等方面已处于世界领先。

4. 隧道工程

当前，我国已成为世界上隧道工程建设规模最大的国家，在水下隧道、高海拔隧道、超大直径盾构隧道、复杂条件下长大隧道、超深埋特大引水隧洞等的建造技术创新方面也达到了新的高度，跻身世界前列。穿越富水粉细砂地层的长大隧道——胡麻岭隧道、高原铁路隧道——新关角隧道、川藏公路"第一险"——雀儿山隧道、首次从底部横穿中国南北方分界——秦岭输水隧洞等隧道、隧洞相继建设运营，国内最大直径盾构隧道——江阴靖江长江隧道成功始发掘进。截至 2021 年底，我国运营铁路隧道总数 17 532 座，总长 21 055 km；公路隧道 23 268 座，总长 24 698.9 km；城市轨道交通线路 270 条，其中地铁运营线路长度 7253 km。

5. 港口工程

我国已建成世界级港口群，港口规模稳居世界第一，港口工程建造水平处于世界领先。在国际上率先创造了系统完备的离岸深水港建设核心技术，形成了近浅海新型构筑物设计、施工与安全保障关键技术体系，解决了恶劣自然条件下建设大型深水港口的世界性难题，使中国具备了在世界任何地方建设港口的实力。在共建"一带一路"倡议推动下，世界众多国家的重要港口工程均有中国企业的身影，港口"中国造"正在成为又一张闪亮的"中国名片"。

6. 电力工程

我国电力总装机和发电量均居世界首位。2021 年，全国发电装机容量约 23.8 亿千瓦，发电量 85 342.5 亿千瓦时。随着我国发电总量稳定增长，输电技术也快速发展，特高压交直流输电技术及设备大幅提升了我国在国际电工领域的影响力和话语权，支撑着我国大规模跨区域能源优化战略。风电、光伏等可再生能源产业实现了从小到大、由弱到强的跨越式发展，我国已经建成全球最大的清洁电力供应体系。此外，超超临界燃煤发电工程、第四代核电站等工程的建造技术处于世界领先水平。

7. 水利水电工程

水电是我国可再生能源发电的主力军，截至 2021 年，水电装机约为 3.9 亿千瓦，约占全国发电装机容量的 16.4%。依托国家重大工程建设，我国在 300 m 级特高拱坝、高混凝土坝结构安全、超深与复杂地质条件混凝土防渗墙等方面不断取得技术突破。白鹤滩水电站、乌东德水电站、老挝南欧江流域梯级水电站等重大水电工程建成发电，南

水北调东、中线一期工程建成通水，茅洲河生态修复治理，标志着中国水利水电工程建造技术走在世界前列。

8. 工业基础设施工程

我国已成为世界第一工业大国，能源开采、衍生产品研发与制造技术显著提升，在热轧钢材控轧控冷、油藏开发、百万吨级乙烯装置、煤层气开发、大型煤间接液化等技术创新方面成绩显著。2021年，一次能源生产总量43.3亿吨标准煤，稳居世界首位，粗钢以10.64亿吨产量蝉联世界第一，10种有色金属产量6454.3万吨；我国已建成世界规模最大、原料配套最为齐全、发展潜力最大的化工产业体系，生产了全球40%的化学品；油气管网布局不断完善，基础设施网络基本成型，全国油气管道里程达到18万公里。我国工业基础设施建设水平处于国际前列，为经济社会平稳发展提供了重要保障。

9. 工程装备

重大工程装备标志着一个国家工程建造的发展能力和水平。世界领先的超高层整体爬升钢平台模架装备，世界最大直径全断面硬岩掘进机（TBM）"高加索号"、世界首台桩梁一体智能造桥机"共工号"、世界首台千吨级架桥机"昆仑号"、世界最大的单臂全回转起重船振华30号等装备一次次打破世界纪录。中国工程装备为我国建筑业高质量发展提供了有力支撑。

十年来，我国工程建设行业持续快速发展，建造技术不断成熟，装备水平不断提高，一座座地标建筑拔地而起，一项项重大工程建成运营。但随着新一轮科技革命和产业变革加速演进，新技术与传统产业加快融合发展，推动着工程建设向新型建造方式转变，工程建设企业将在工业化、数智化、绿色低碳方面迎来新的挑战。以工业化带动行业全面转型升级、以数智化促进行业高质量发展、以绿色低碳技术助力生态文明建设将是工程建设行业发展的必然趋势。

三、新形势新要求

我国正处在迈上全面建设社会主义现代化国家新征程、向第二个百年奋斗目标进军的关键历史时期，工程建设行业的科技创新发展面临新的形势和任务要求。

（一）中国式现代化建设的要求

党的十八大以来，我们党进一步深化对社会主义现代化建设规律的认识，成功推进和拓展了中国式现代化，深刻展现了以中国式现代化全面推进中华民族伟大复兴的实践逻辑。科技创新是中国式现代化建设的基础性和战略性支撑。作为我国现代化建设的重要组成部分，工程建设行业的发展能够大大推进中国式现代化建设的进程。我们必须正确把握中国式现代化对科技创新的要求，完善科技创新体制机制，做实科技创新平台，加强创新人才队伍建设，强化企业创新主体地位，不断增强中国式现代化建设的动力和活力，加快建成社会主义现代化强国。

（二）高质量发展的要求

高质量发展是全面建设社会主义现代化国家的首要任务，是"十四五"乃至更长时期我国经济社会发展的主题。我国已经开始全面转向高质量发展阶段，科技创新是高质量发展的"关键变量"和"最大增量"，发挥着重要的战略支撑和引领作用。随着科技强国、质量强国、交通强国、数字中国等重大战略的部署，"一带一路"倡议的推进，"双碳"目标的实施，对工程建设行业发展方式提出了新的要求。工程建设行业必须加快推进由要素驱动和投资驱动向创新驱动转变，开辟发展新领域新赛道，不断塑造发展新动能新优势。

（三）科技自立自强的要求

当前，百年变局与全球疫情交织叠加，经济全球化遭遇逆流，保护主义抬头，我国发展处于重要战略机遇期。工程建设行业作为我国国民经济的支柱产业之一，在改革开放后迎来高速发展，对推动国家经济和社会的发展发挥着至关重要的作用，但在设计软件开发、工程装备研制、智能建造方式创新、绿色低碳技术等领域仍与世界领先水平存在差距。行业必须集聚力量进行原创性引领性科技攻关，努力增强原始创新能力，早日突破各类"卡脖子"难题，加快实现高水平科技自立自强，助力国家顺利实现建设世界科技强国的战略目标。

第二章

工程建设企业科技创新特征分析

——基于 2021 年中国施工企业管理协会企业科技创新问卷调查数据

为全面了解我国工程建设企业科技创新情况，研究企业科技管理工作发展规律，增强企业自主创新内生动力，参考国家统计局全国企业创新调查工作形式，中国施工企业管理协会首次开展了工程建设企业科技信息征集工作，以问卷的形式对企业创新活动特征进行定性调查。一是针对企业科技工作机构设置情况，分别对企业负责科技管理、科技研发、科技转化的机构设置进行问卷调查；二是针对企业制度建设情况，分别就科技创新规划和制度建设进行问卷调查；三是针对企业科技创新活动基本情况，分别就活动类型、创新模式、外部合作、创新资金、信息来源进行问卷调查；四是针对企业知识产权保护进行问卷调查；五是针对企业享受政策情况，分别就享受到的主要政策、影响政策落实的原因进行问卷调查；六是针对企业家对科技创新的认识进行问卷调查。

参与本次科技信息征集的企业共 1090 家。从征集的信息看，我国工程建设企业科技创新活跃度高、开展面广、影响力强；企业对科技创新工作高度重视，建立了相应的保障制度，开展了形式多样的科技创新活动，积极拓展与外部单位合作，不断加强知识产权保护；企业家高度认同科技创新对企业发展的积极作用。

一、参与调查企业的基本情况

（一）企业性质、类别及地区分布

从企业的性质看，国有企业占比 79.2%；民营企业占比 20.1%；外资企业占比 0.7%。从企业的地区分布看，东部地区企业占比 55.7%；中部地区企业占比 21.6%；西

部地区企业占比 19.4%；东北地区企业占比 3.3%（图 2-1-1）[①]。其中上市公司 41 家，占总数的 3.8%。

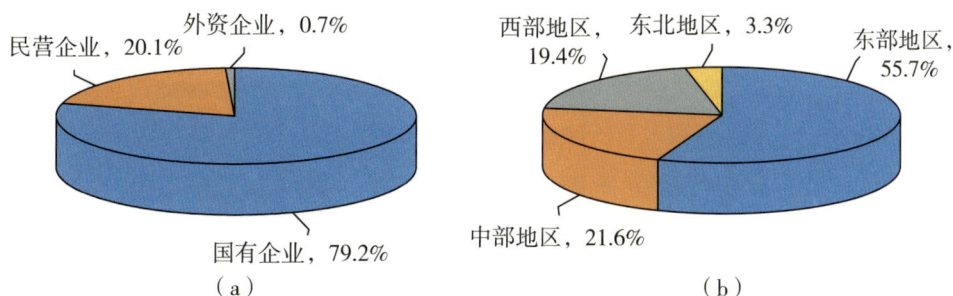

图 2-1-1　参与调查的企业性质及地区分布

从企业类型上看，施工单位 791 家，占比 72.6%；建设、咨询、检测等单位 128 家，占比 11.7%；勘察设计单位 127 家，占比 11.7%；装备制造单位 44 家，占比 4.0%。参与信息征集的企业中，高新技术企业 734 家，占比 67.3%，非高新技术企业占比 32.7%（图 2-1-2）。

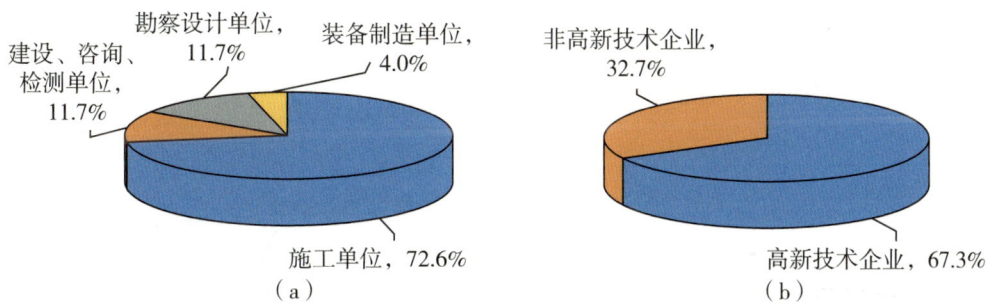

图 2-1-2　参与信息征集的企业类型及高新技术企业占比

（二）企业科技工作机构设置

1. 科技管理机构

企业负责科技管理工作的机构不尽相同，其中 62.0% 的企业设立了科技部（技术

---

① 东部地区包括北京、天津、河北、上海、江苏、浙江、福建、山东、广东和海南 10 个省（直辖市）；中部地区包括山西、安徽、江西、河南、湖北和湖南 6 个省；西部地区包括内蒙古、广西、重庆、四川、贵州、云南、西藏、陕西、甘肃、青海、宁夏和新疆 12 个省（自治区、直辖市）；东北地区包括辽宁、吉林和黑龙江 3 个省。

部）；38.6% 的企业设立了技术中心，17.6% 的企业设立了技术质量部；16.1% 的企业设立了工程技术部；13.7% 的企业设立了总工办；12.3% 的企业设立了科技与信息化（数字化）部；8.4% 的企业设立了研究院；3.5% 的企业设立了其他机构（图 2-1-3）。

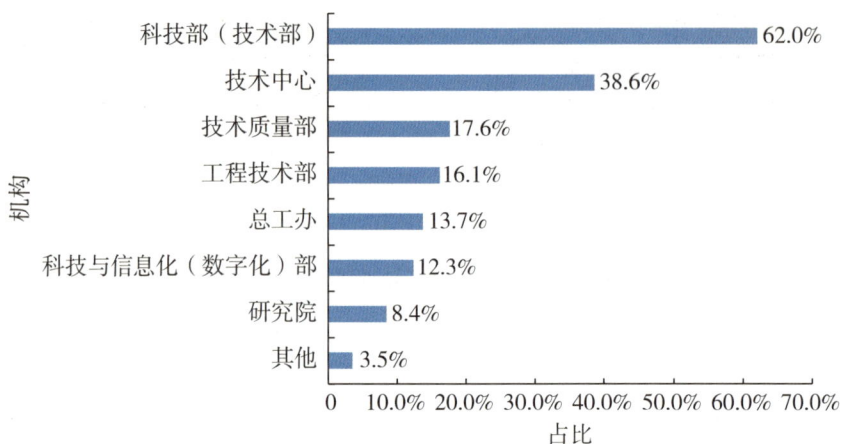

图 2-1-3　企业负责科技管理工作机构设立情况（调查选项为多选）

科技管理工作由专职部门负责的企业占总数的 77.0%，未由专职部门负责的企业占总数的 23.0%。中央企业、地方国企、民营企业中设置了专职部门的企业占比分别为 77.0%、75.0%、79.2%（图 2-1-4）。

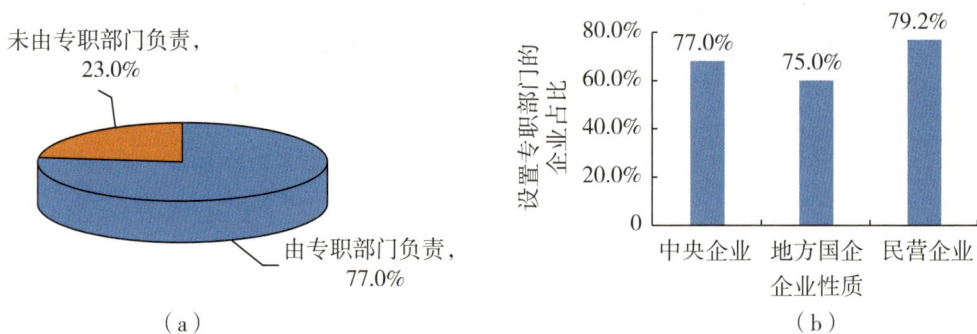

（a）　　　　　　　　　　　　　　　（b）

图 2-1-4　企业科技管理工作情况

2. 科技研发机构

企业负责科技研发工作的机构不尽相同。其中，55.1% 的企业设立了技术中心；48.4% 的企业设立了科技部（技术部）；分别有 22.2%、18.1% 的企业设立了工程技术部、技术质量部；15.4% 的企业设立了研究院；13.9% 的企业设立了总工办；13.6% 的企业设立了科技与信息化（数字化）部；5.4% 的企业设立了其他机构（图 2-1-5）。

图 2-1-5　企业负责科技研发工作机构设立情况（调查选项为多选）

3. 科技转化机构

企业负责科技转化工作的机构不尽相同，51.0% 的企业由技术中心负责；48.7% 的企业由科技部（技术部）负责；25.8% 的企业由工程技术部负责；20.4% 的企业由技术质量部负责；分别有 15.0%、13.5%、13.3% 的企业由总工办、科技与信息化（数字化）部、研究院负责；6.1% 的企业由其他机构负责（图 2-1-6）。

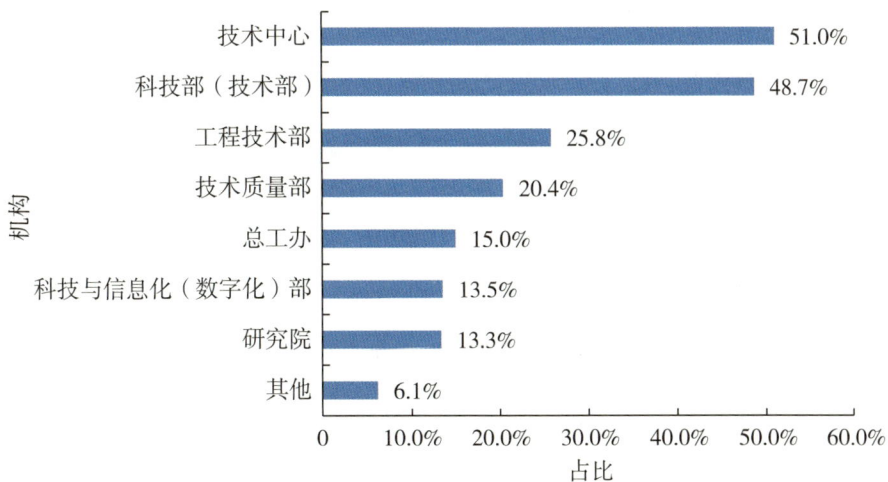

图 2-1-6　企业负责科技转化工作机构设立情况（调查选项为多选）

4. 小结

从调查数据看，企业对科技工作高度重视，根据自身发展情况和实际需要，不断优化科技工作组织架构。其中，科技部（技术部）是企业科技管理工作的中坚力量，大部分企业设立了科技部（技术部）专职负责科技管理工作。技术中心则肩负着企业科技研发与转化工作的重任。科技与信息化（数字化）部、工程技术部、技术质量部等复合型机构在科技工作中发挥了资源整合和创新联动作用。科技工作机构的设置为企业科技创新提供了有力组织保障。

（三）企业科技创新制度建设

有 5.3% 的企业制定了 10 年及以上科技发展规划；有 65.8% 的企业制定了 5 年科技发展规划；有 24.3% 的企业制定了 3 年科技发展规划；有 4.7% 的企业未制定科技发展规划（图 2-1-7）。

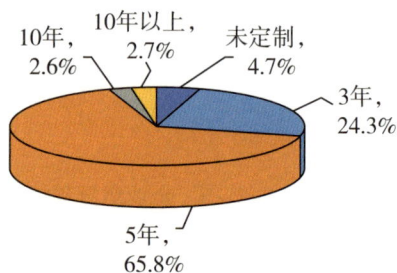

图 2-1-7　企业中长期科技发展规划建设情况

在科技创新制度建设方面，91.4% 的企业制定了科技成果转化制度；92.6% 的企业制定了科技人才培养和支持计划；96.6% 的企业制定了知识产权保护制度；98.6% 的企业制定了科技研发管理制度；98.7% 的企业制定了科技创新奖励制度（图 2-1-8）。

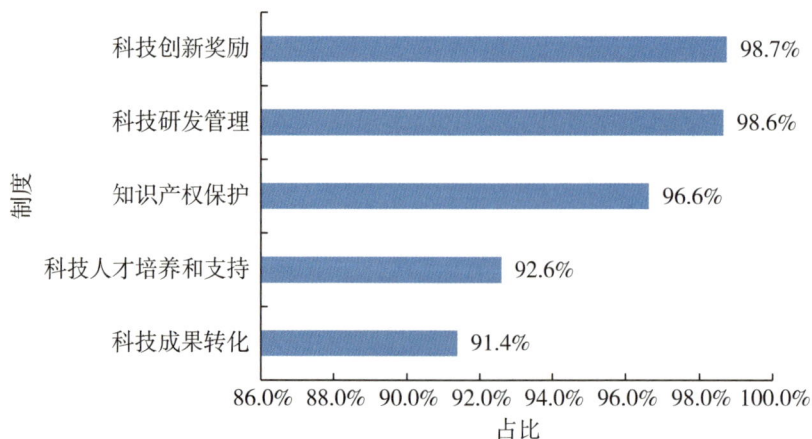

图 2-1-8　企业科技创新制度建设情况（调查选项为多选）

随着工程建设行业迅速发展，企业不断健全科技创新制度，积极营造出激励创新的良好氛围，为科技创新提供坚强的制度保障。但也要认识到制度建设还存在不足，部分企业在科技成果转化、科技人才培养和支持方面的制度建设相对落后。

二、企业开展创新活动情况

（一）创新活动类型

研发工作、科技培训、成果转化是企业主要的创新活动。95.0%的企业开展了内部研发活动；分别有63.3%、61.7%的企业组织内部培训、参与外部培训；分别有63.2%、55.9%的企业开展科技成果转化、参与外部研发；30.5%的企业从外部获取技术（图2-2-1）。结果表明，企业科技创新活动形式多样，内部研发是企业开展创新活动最主要的方式，从外部获取技术则是企业创新活动的有益补充。

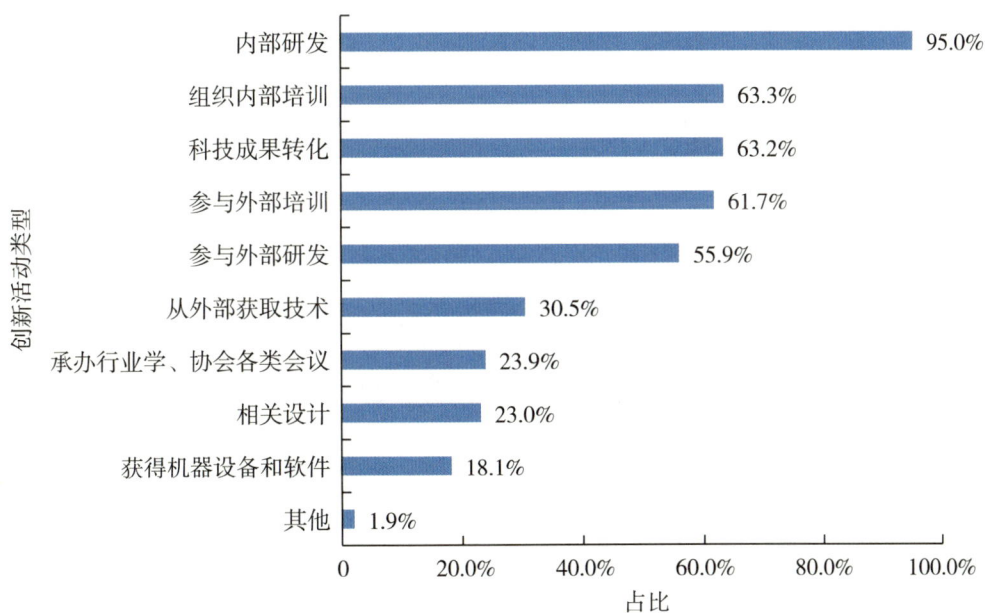

图2-2-1　企业开展创新活动类型（调查选项为多选）

企业研发活动主要面向新技术、新工艺、新材料、新设备（简称"四新"技术）。参与调查的企业中有1067家开展了新技术、新工艺、新材料或新设备创新，占97.9%。其中，开展新技术创新、新工艺创新的企业分别为996家和909家，占91.4%和

83.4%；开展新设备创新、新材料创新的企业分别为 575 家和 524 家，占 52.8% 和 48.1%（图 2-2-2）。开展了新技术创新和新工艺创新的比例显著高于新设备和新材料。企业在相关材料、装备等领域的创新研究仍然不足，有待进一步提高。

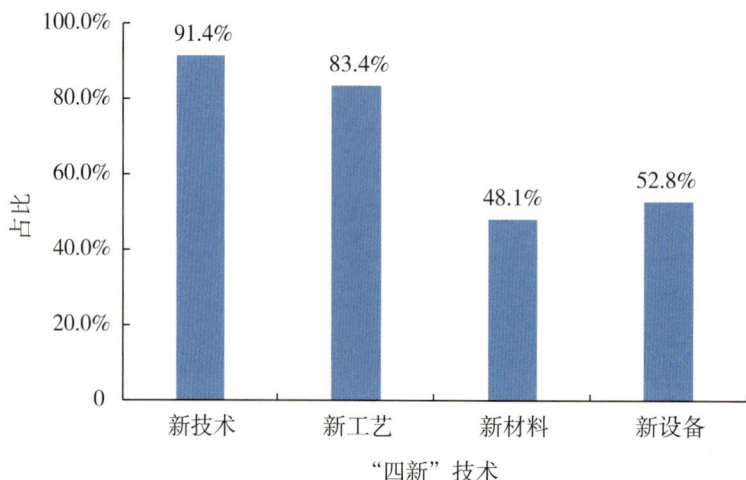

图 2-2-2　企业开展"四新"技术创新情况一（调查选项为多选）

开展"四新"技术创新的企业中，只有 37.2% 的企业开展全部"四新"技术创新（图 2-2-3）。

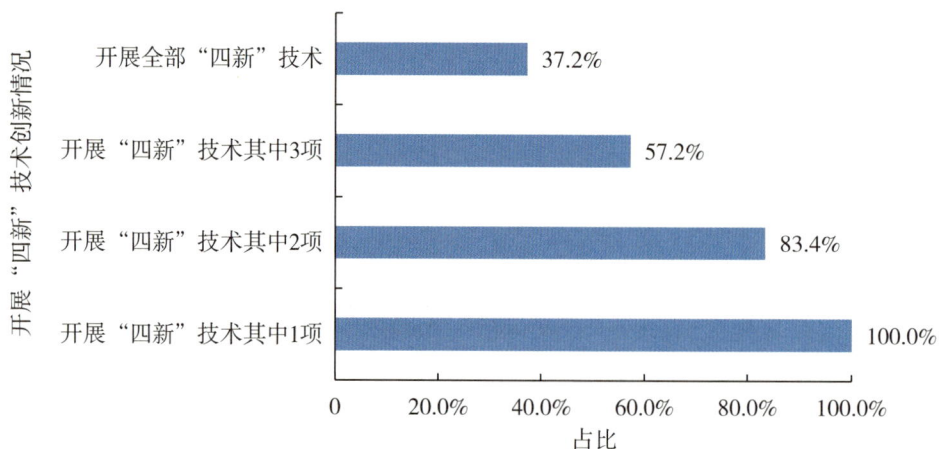

图 2-2-3　企业开展"四新"技术创新情况二（调查选项为多选）

（二）创新模式

独立开发、协作开发为企业开展创新的主要模式。88.8%的企业选择企业独立开发；82.8%的企业选择与境内高校合作；分别有57.7%、44.0%的企业选择与境内其他企业、研究机构合作；49.0%的企业选择与集团内企业合作（图2-2-4）。

图2-2-4 企业创新模式选择情况（调查选项为多选）

受新冠感染疫情等因素影响，仅有5.0%的企业与境外企业或机构合作。《中国科技统计年鉴2021》数据表明，我国对外科技合作总量由2018年的122 776项减少到2020年的11 850项，降幅达90.3%。

（三）外部合作

1. 合作方式

在企业与外部单位的研发合作中，88.2%的企业选择合作进行技术开发；分别有47.8%、43.2%的企业选择聘请专家为顾问、直接转化技术成果；31.6%的企业选择利用院校仪器设备；2.7%的企业选择其他方式（图2-2-5）。

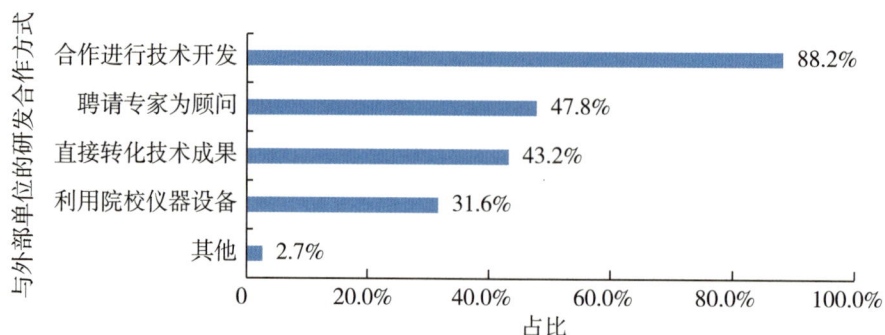

图2-2-5 企业与外部单位的研发合作方式（调查选项为多选）

2. 合作对象

分别有85.3%、52.2%的企业选择与高校、研究机构合作，促进了产学研的紧密结合。68.6%的企业选择与集团内部其他企业合作。分别有46.4%、44.0%、41.0%的企业选择与客户、行业协会、同行企业合作；与风险投资机构合作的企业最少，占比仅2.1%（图2-2-6）。

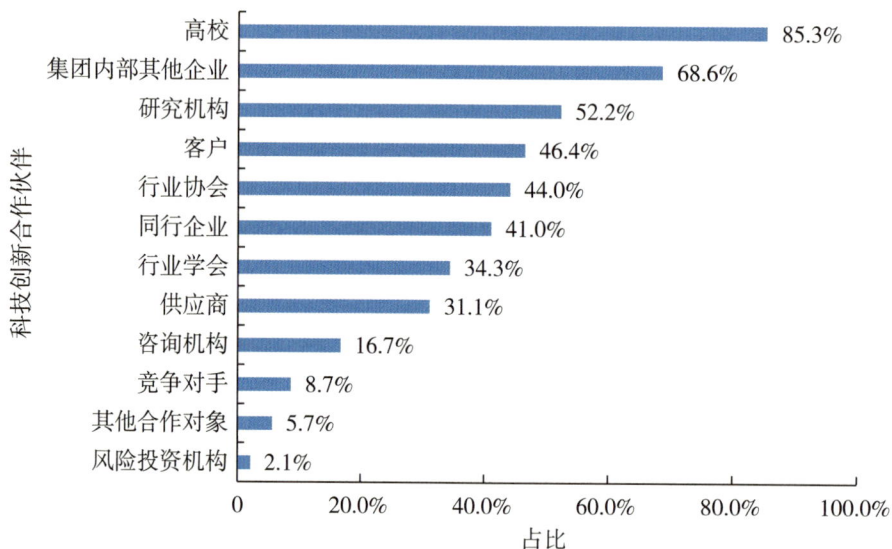

图2-2-6 企业科技创新合作对象（调查选项为多选）

3. 合作课题数量

在协作开发的企业中，96.2%的企业与外部单位开展研发合作课题。从课题数量来看，多数企业（528家）合作数量在10项及10项以下，占比60.4%；11～30项的企业

291 家，占比 26.7%；31 项及 31 项以上的企业 100 家，占比 9.2%。在合作课题 31 项及 31 项以上的企业中，中央企业和地方国企占比 90%，民营企业占比 10%（图 2-2-7）。

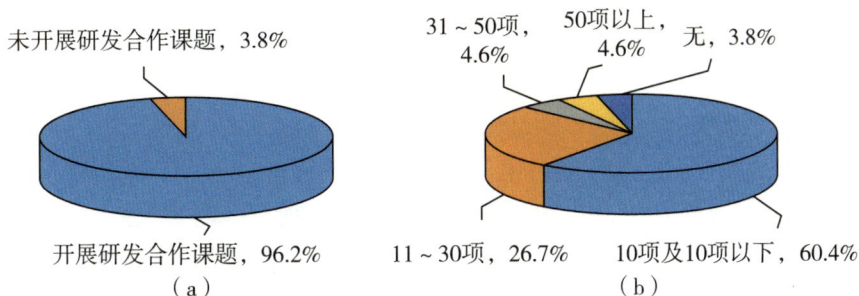

图 2-2-7　企业与外部单位合作课题情况

（四）创新资金

1. 资金来源

自有资金是企业科技创新资金的最主要来源。政府财政资金是企业科技创新资金的第二来源。外部委托资金和社会支持资金较少，占比分别为 18.3% 和 7.7%。银行贷款、风险投资最少，占比仅为 3.3%、1.0%（图 2-2-8）。

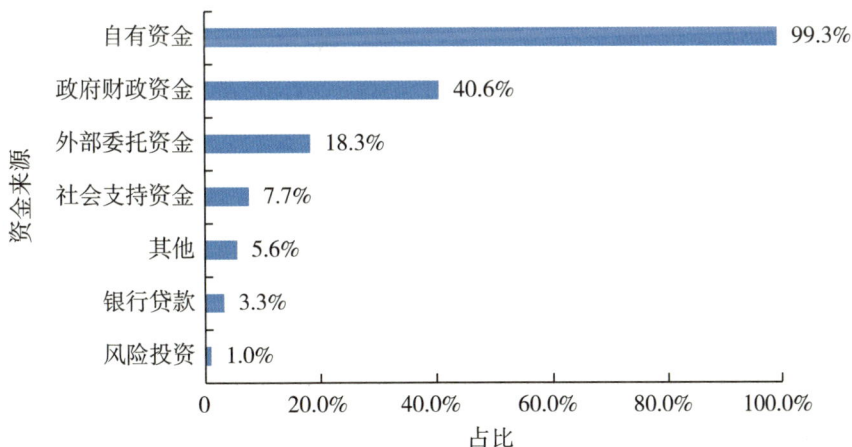

图 2-2-8　企业科技创新资金来源分布（调查选项为多选）

从资金来源的渠道数量上看。46.9% 的企业科技创新资金来源渠道仅有 1 种，其中有 504 家企业科技创新资金只来源于企业自有资金，占到了总数的 46.2%；53.1%

的企业科技创新资金来源渠道在 2 种及以上；17.7% 的企业科技创新资金来源渠道在 3 种及以上，仅有 4.5% 的企业科技创新资金来源渠道在 4 种及以上（图 2-2-9）。

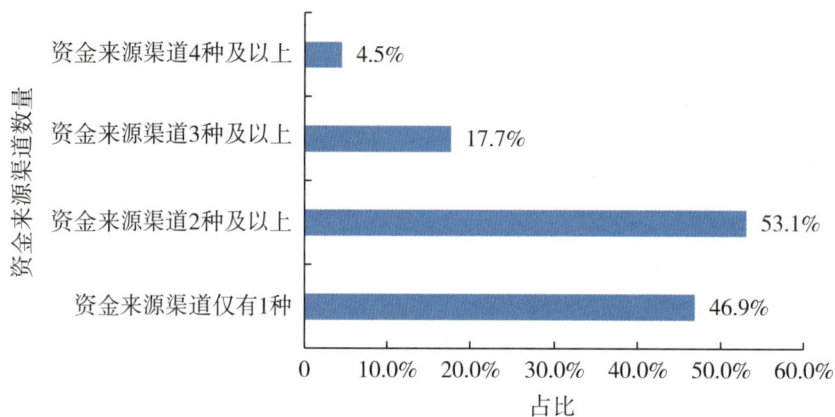

图 2-2-9　企业科技创新资金来源渠道数量（调查选项为多选）

2. 资金用途

55.8% 的企业将一半以上的科技创新资金用于内部研发；外部研发支出相对较低，87.7% 的企业这方面支出不超过科技创新资金的 1/4（图 2-2-10）。

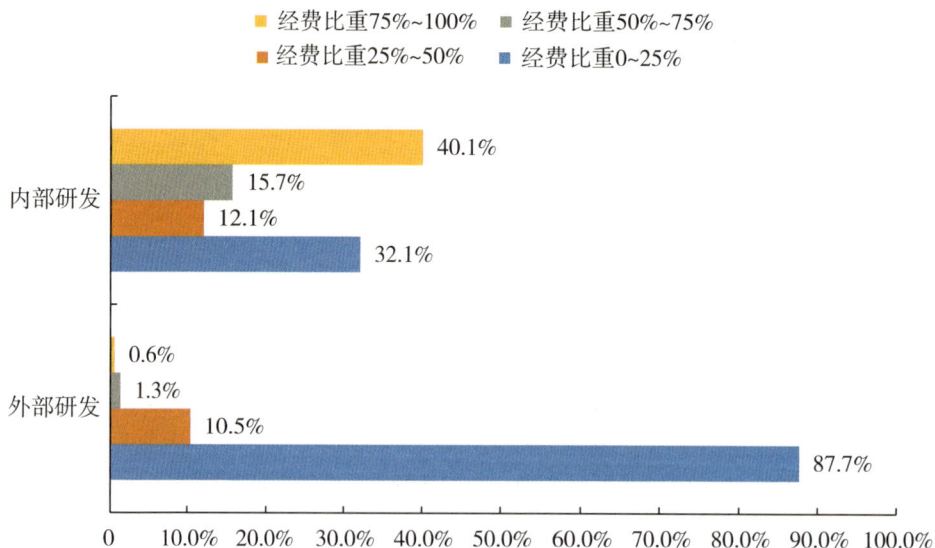

图 2-2-10　企业科技创新资金用途情况

72.2% 的企业在机器设备与软件方面的支出资金占科技创新资金的 0~25%；91.7% 的企业在外部获取相关技术方面的支出资金占科技创新资金的 0~25%（图 2-2-11）。

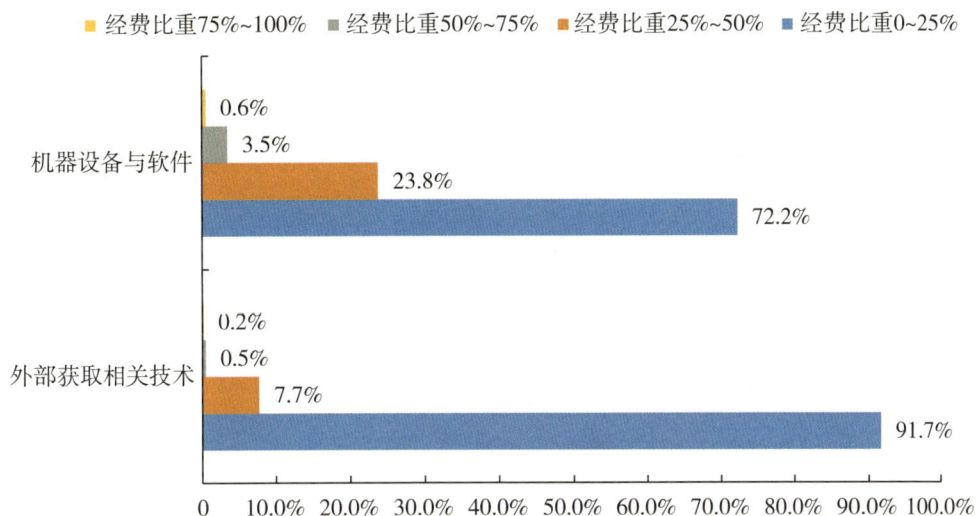

图 2-2-11　企业科技创新资金用途情况二

3. 创新奖励资金

10.2% 的企业每年用于创新奖励的资金超过 300 万元；15.6% 的企业为 100 万 ~ 300 万元；20.0% 的企业为 50 万 ~ 100 万元；36.7% 的企业为 10 万 ~ 50 万元；17.5% 的企业低于 10 万元（图 2-2-12）。

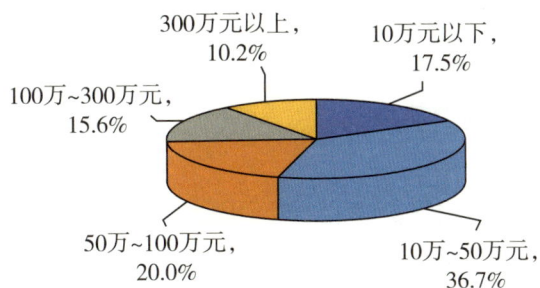

图 2-2-12　企业每年用于创新奖励资金情况

（五）信息来源

企业科技创新信息来源渠道多样。企业内部是科技创新信息来源最主要的渠道。同行企业、行业协会或学会、集团内部、高等院校、客户和研究机构也是信息的重要来源。分别有 40.6%、40.5%、40.1% 的企业从文献、期刊，政府部门与互联网等公开渠道获取信息。从展会、咨询机构、供应商处获取信息的占比均不超过 30%，但也对信息来源进行了拓展和补充（图 2-2-13）。

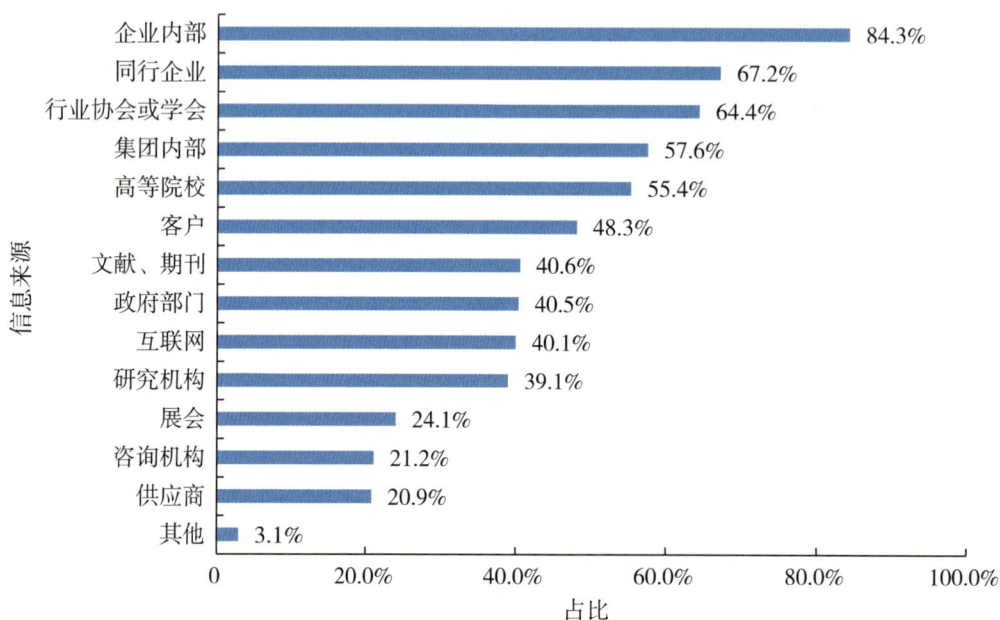

图 2-2-13 企业科技创新信息来源（调查选项为多选）

三、企业知识产权保护情况

申请专利是企业知识产权保护的最主要手段，有 94.3% 的企业申请了发明专利、实用新型专利或外观专利；61.7% 的企业进行了软件著作权登记；48.9% 的企业形成了各级技术标准；43.1% 的企业对技术秘密进行了内部保护；39.7% 的企业发挥了时间上的先发优势；19.1% 的企业申请了注册商标；9.5% 的企业应用了难以复制的复杂技术（图 2-3-1）。

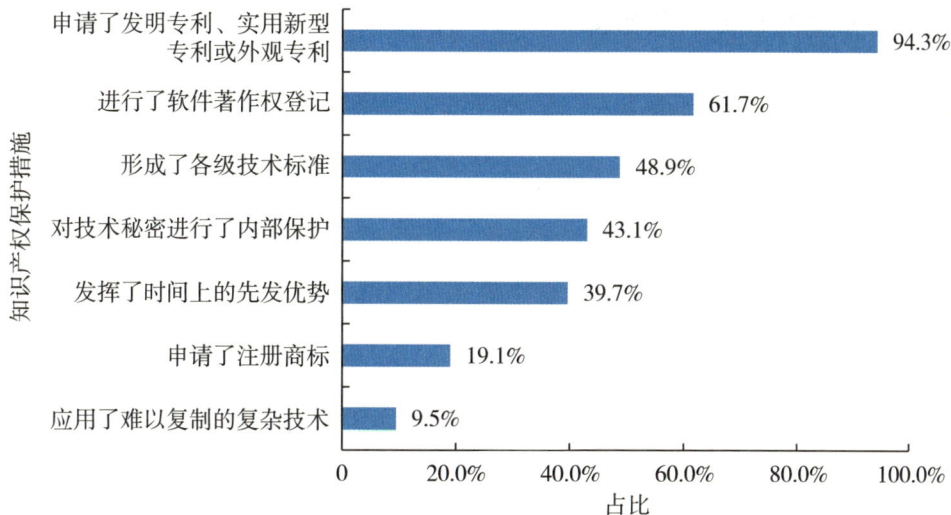

图 2-3-1　知识产权保护相关措施（调查选项为多选）

有 15.8% 的企业发生过知识产权或自有技术被侵权（侵权）法律纠纷。有 57.6% 的企业采取了 3 种以上知识产权保护措施（图 2-3-2）。

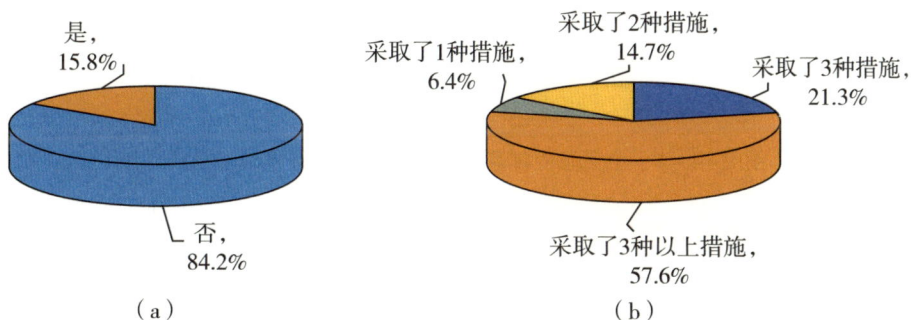

图 2-3-2　企业知识产权侵权及采取保护措施情况

随着我国知识产权保护法律法规及政策措施的不断完善，企业知识产权保护意识逐渐提高。工程建设企业积极开展专利申请、软著登记、标准编制等工作，有力促进了企业科技创新。但由于行业自身特点，受到现场条件的限制，施工企业很难将技术方案或技术创新进行形式化的记录和保存，知识产权保护具有一定难度。加之缺乏综合运用不同类型保护措施的手段，仍有部分企业发生技术侵权法律纠纷。企业需建立知识产权风险评估和预警研判机制，加强对知识产权全方位的保护。

四、企业享受创新政策情况

（一）企业享受到的主要政策

税收减免及知识产权保护政策是企业享受到的最主要政策，占比分别为 80.2% 和 69.1%。平台支持、人才保障也是企业享受到的主要鼓励政策，占比分别为 44.5%、25.8%。企业享受到的金融服务、政府采购政策占比分别为 9.2%、5.2%（图 2-4-1）。

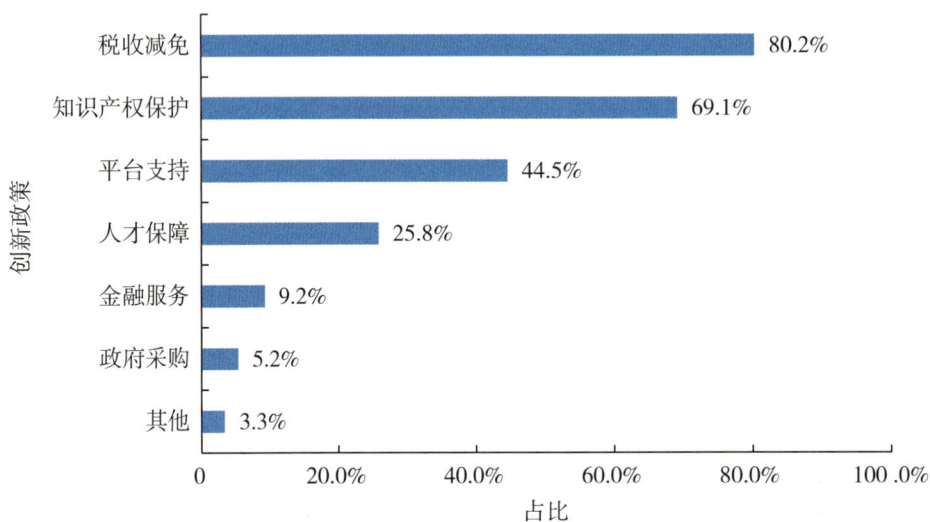

图 2-4-1 企业享受创新政策情况（调查选项为多选）

（二）影响企业创新政策落实的主要因素

在未享受到相关政策的企业中，最大的两个原因为不满足享受政策的条件和不知道有相关政策，占比分别为 48.3% 和 29.2%。政策办理手续烦琐也产生了不利影响，为 18.3%；认为政策吸引力不足和政策执行力度不够的企业占比为 15.6% 和 15.0%（图 2-4-2）。

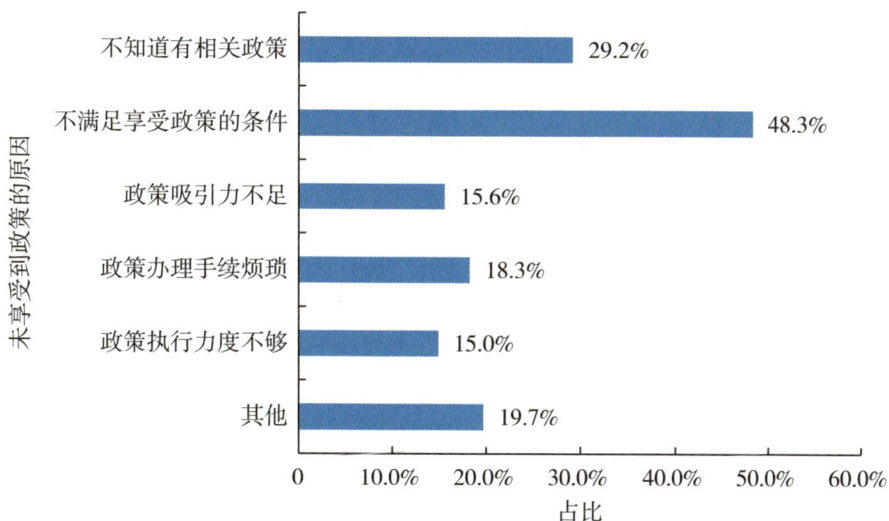

图 2-4-2　影响企业创新政策落实的主要因素（调查选项为多选）

工程建设企业获取政策信息渠道不够畅通，缺乏对政策的收集和系统研究，难以做到应知尽知、知其善用。

五、企业家对科技创新的认识

（一）科技创新提高了生产效率

92.5% 的企业家认为科技创新提高了生产效率。分别有 68.2%、60.7%、59.2% 的企业家认为科技创新降低了人员成本、减少了环境污染、降低了能源消耗。认为科技创新节约了生产材料、提高了生产灵活性或开拓了新市场的企业家占比均超过 50%；分别有 43.9%、38.3%、30.6% 的企业家认为科技创新取代了过时技术、扩大了市场份额、改善了生活条件（图 2-5-1）。从问卷调查结果看，企业家十分认可科技创新在企业发展中的重要作用。

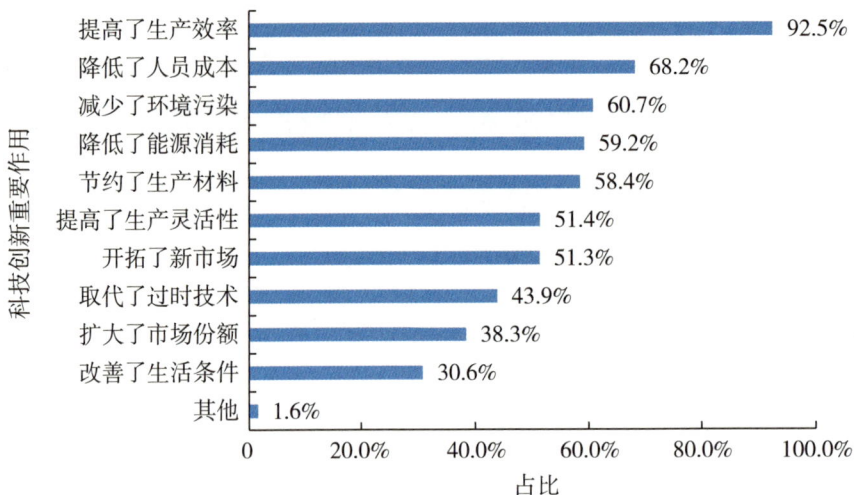

图2-5-1　企业家对科技创新重要作用的认识（调查选项为多选）

（二）提高核心竞争力是企业科技创新最主要战略目标

在制定了中长期科技创新发展规划的企业里，97.8%的企业家都将提升企业核心竞争力作为最主要战略目标，有超过一半的企业家将创新战略目标定为赶超同行业国内领先企业和促进行业科技水平提升；分别有26.1%、21.9%的企业家将创新战略目标定为赶超同行业国际领先企业、保持现有技术水平和生产经营状况（图2-5-2）。可以看出，提升企业核心竞争力已经成为企业家的共识。

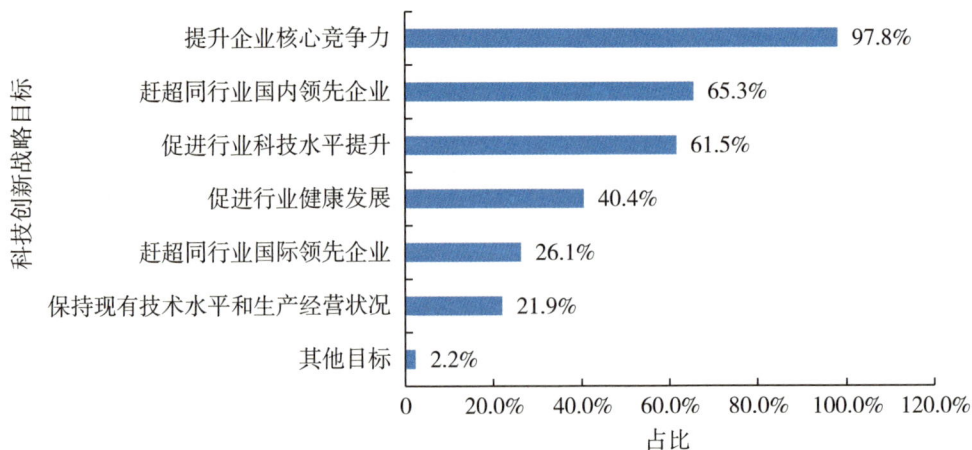

图2-5-2　企业科技创新战略目标分布（调查选项为多选）

（三）政策和人才是影响科技创新成功的重要因素

大多数企业家认为优惠政策扶持、高素质人才队伍、充足的经费支持、企业领导的支持力度是影响科技创新成功的重要因素。分别有 63.6%、60.3% 的企业家认为有效的技术战略、企业内部激励措施是影响科技创新成功的重要因素。分别有 44.3%、38.3%、34.3% 的企业家认为畅通的信息渠道、员工对企业的认同感、可信赖的合作伙伴是科技创新成功的重要因素（图 2-5-3）。

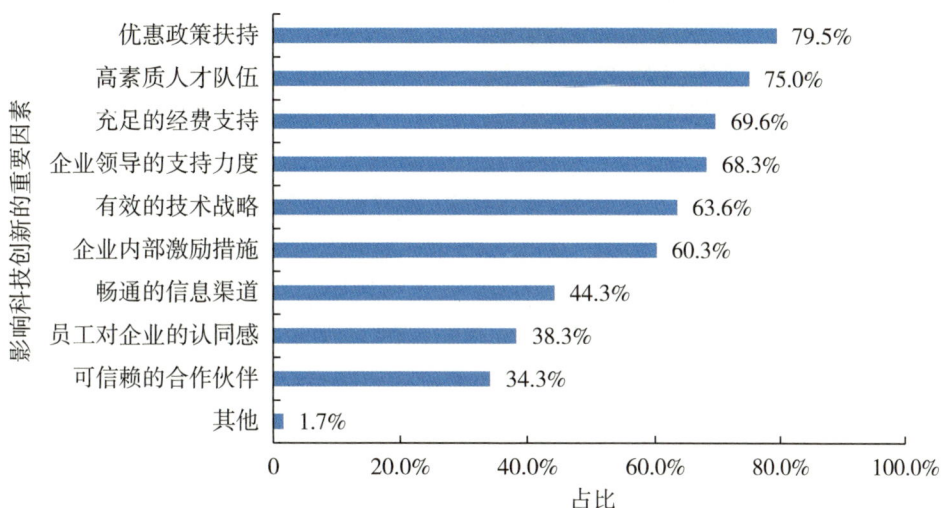

图 2-5-3　企业家对影响科技创新重要因素的认识（调查选项为多选）

从图 2-5-4 可以看出，绝大多数企业家认为研发费用加计扣除税收优惠政策效果良好。国家税务总局数据显示，2021 年企业提前享受研发费用加计扣除政策减免税额3333 亿元，通过减税降费"泵"发创新"动能"。

4.7%	95.3%	企业研发费用加计扣除税收优惠
5.1%	94.9%	高新技术企业所得税减免
5.9%	94.1%	创造和保护知识产权
9.8%	90.2%	鼓励企业吸引和培养人才
11.3%	88.7%	优先发展产业的支持
12.1%	87.9%	技术转让、技术开发收入免征增值税优惠
12.5%	87.5%	促进科技成果转化
13.7%	86.3%	技术转让减免所得税优惠
15.6%	84.4%	科技创新进口税收
17.6%	82.4%	金融支持
18.0%	82.0%	企业研发活动专用仪器设备加速折旧
18.4%	81.6%	关于推进大众创业万众创新

■ 极好或较好　■ 一般或不足　占比

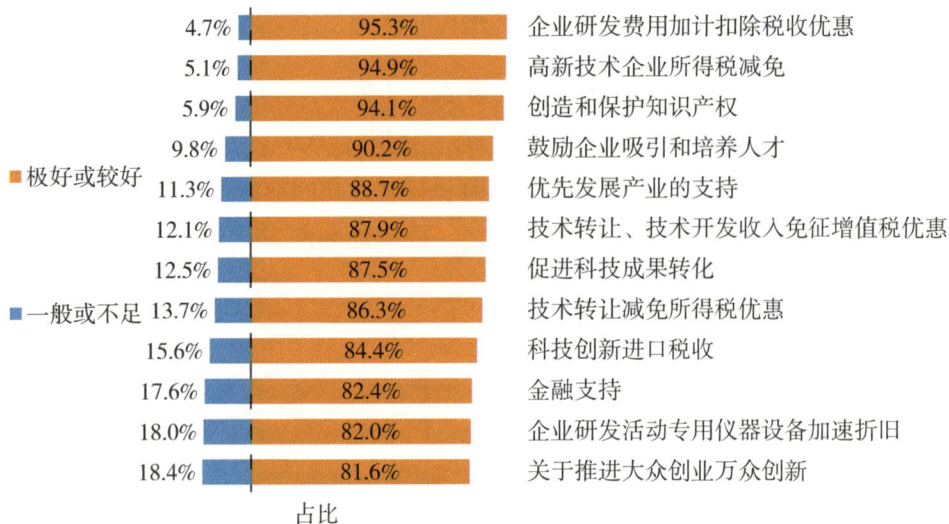

图 2-5-4　企业家对科技创新政策成效的评价

有 90.2% 的企业家认为增加工资或发放奖金措施激励科技创新效果良好；分别有 64.8%、52.8% 的企业家认为提升或调整岗位、提供培训或深造机会是非常有效的科技创新激励措施；有 33.9% 的企业家表示物质奖励作用效果显著；有 4.1% 的企业家强调股权或期权奖励的重要激励作用（图 2-5-5）。

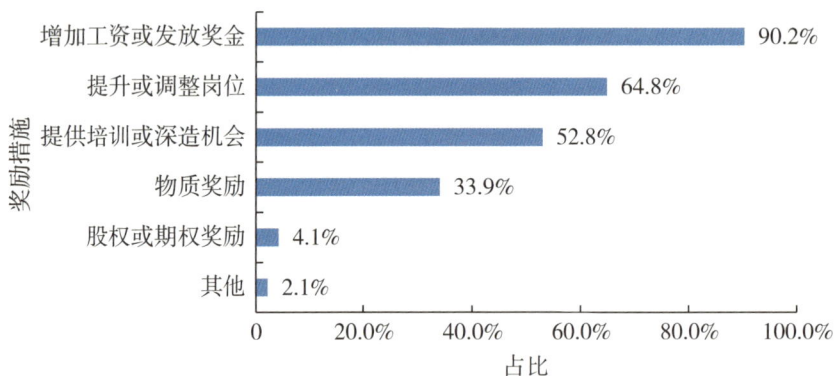

奖励措施	占比
增加工资或发放奖金	90.2%
提升或调整岗位	64.8%
提供培训或深造机会	52.8%
物质奖励	33.9%
股权或期权奖励	4.1%
其他	2.1%

图 2-5-5　企业家对科技创新激励相关措施效果的评估（调查选项为多选）

第三章

工程建设企业科技创新指数构建

为贯彻落实国家创新驱动发展战略，准确测度和反映工程建设行业科技创新发展的变化和趋势，引导企业进一步加强科技管理、增强创新能力、提高发展质量，中国施工企业管理协会联合企业成立课题组开展工程建设企业科技创新指数研究工作。

一、国内外创新指数情况介绍

（一）国际创新指数

1. 全球创新指数（GII）

康奈尔大学、欧洲工商管理学院（INSEAD）和世界知识产权组织（WIPO）编制，2007 年创立，每年发布。全球创新指数根据 80 余项指标对 120 余个经济体进行排名，这些指标包括知识产权申请率、移动应用开发、教育支出、科技出版物等。该指数由欧洲委员会联合研究中心进行独立统计审计，已获得了国际认可，既是衡量创新能力的主要参考，也是决策者的"操作工具"。它反映出在全球经济越来越以知识为基础的背景下，创新驱动的经济发展与社会增长之间的联系。

世界知识产权组织发布的《2022 年全球创新指数报告》显示，中国从 2021 年的第 12 位上升至 2022 年的第 11 位，9 项指标排名全球第一。

2. 欧洲创新记分牌（EIS）

欧洲理事会企业董事会研究所负责开展相关工作，欧盟委员会发布，2001 年创立，每年发布。欧洲创新记分牌通过对欧盟国家及全球其他国家研究和创新绩效进行比较评估，将欧盟 27 个国家划分为创新领导者、强大创新者、中等创新者和一般创新者。

明晰国家在研究和创新系统的相对优势和劣势，跟踪进展并确定优先领域，以提高创新绩效。

2022 年度欧洲创新记分牌显示，中国全球竞争者地位凸显，2015—2022 年，欧盟相对于除了中国以外的全球竞争者的地位都有提高。欧盟与澳大利亚、加拿大、韩国和美国相比，创新绩效差距正在缩小，显著超过了智利、印度、日本、墨西哥和南非。

3. 全球竞争力报告（GCR）

世界经济论坛组织研究并发布，1979 年创立，每年发布。全球竞争力报告通过对一个国家或者地区进行综合因素考评，其竞争力排名以全球竞争力指数为基础。这一指数包括制度、基础设施和宏观经济稳定性等 12 个竞争力因素。

《2021 全球竞争力报告》显示，中国大陆排名上升一位到第 27 位。面对生产成本上涨、人口老龄化、三十年来大量资本投资回报率下降，中国现在必须发展成为通过国内消费创新和需求产生生产力增长来突破，报告指出，中国必须集中精力应对未来挑战的重点领域。

4. 世界竞争力年度报告（IMD）

瑞士洛桑国际管理学院发布，1989 年创立，每年发布。通过对全球 58 个国家和地区进行经济、金融和社会领域的统计，将分析结果分为四大类：经济表现、政府效率、企业效率和基础设施，然后按照研发质量、资本市场流动性、高速宽带互联网的国内渗透等维度进行国家和地区排名，用以衡量世界各国和地区管理经济和人力、促进增长繁荣的能力。

2021 年度世界竞争力报告显示，中国从 2020 年排名第 20 位攀升至 2021 年的第 16 位。可以看出，2020 年各国都面临两个挑战，即新冠感染疫情的暴发和随之而来的经济危机，中国较好地应对了这两个挑战。

（二）我国创新指数

1. 国家创新指数

中国科学技术发展战略研究院编制，2006 年启动相关工作，2010 年发布第一份报告，之后每年发布。借鉴国内外关于国家竞争力和创新评价等方面的理论与方法，从创新资源、知识创造、企业创新、创新绩效和创新环境 5 个方面构建国家创新指数的指标体系，选取全球 40 个科技创新活动活跃的国家（其 R&D 经费投入之和占全球总量 95%

以上）作为研究对象，采用国际上通用的标杆分析法测算国家创新指数，所用数据均来自各国政府或国际组织的数据库和出版物，具有国际可比性和权威性。根据《国家创新调查制度实施办法》的部署要求，其是国家创新调查制度系列报告之一，是国家层面的创新能力评价报告。

《国家创新指数报告 2021》显示，全球创新发展保持亚美欧三足鼎立格局，中国国家创新指数居第 13 位。

2. 中国创新指数

国家统计局社科文司编制，2010 年启动相关工作，数据内容起始于 2005 年之后每年发布。通过计算创新总指数反映我国创新发展总体情况；通过创新环境、创新投入、创新产出和创新成效 4 个领域所选取的 21 个评价指标反映构成创新能力各方面的具体发展情况，客观反映建设创新型国家进程中我国创新能力的发展情况。

2021 年中国创新指数达到 264.6，较上年增长 8.0%。测算结果表明，2021 年我国创新发展水平加速提升，创新环境明显优化，创新投入稳步提高，创新产出较快增长，创新成效进一步显现，为推动高质量发展提供了有力支撑。

3. 企业创新能力指数

中国科学技术发展战略研究院和中央财经大学经济学院编制，2016 年首次发布，之后每年发布。企业创新能力评价由创新投入能力、协同创新能力、知识产权能力和创新驱动能力 4 个一级指标、12 个二级指标和 24 个三级指标组成，旨在全面监测和评价中国企业的创新活动和创新能力，对中国企业创新能力在国际上所处的位置做出清晰的判断，为科技管理和决策提供参考。

《中国企业创新能力评价报告 2021》显示，2019 年企业创新能力指数达到 221.9，较 2011 年增长 121.9%。总体上，2011—2019 年企业创新能力指数逐年稳步提升，提升幅度持续增加，企业创新能力呈稳步增强态势。

4. 其他领域创新指数

（1）中国金融科技创新发展指数

中央财经大学中国金融科技研究中心编制发布，2018 年首次发布，从金融科技禀赋基础、金融科技业务发展、金融科技认知及金融科技核心能力 4 个层次量化评估我国金融企业及全行业的金融科技发展。

（2）工业企业技术创新能力指数

中国企业联合会和清华大学于 2018 年编制发布，包括创新潜力、创新效率及创新实力 3 个一级维度，旨在为社会各界客观把握企业技术创新能力变化情况，为政府部门和各行业、各企业推进技术创新工作提供参考。

（3）制造业创新指数

中国电子信息产业发展研究院发布，参照全球创新指数的通行做法和一些指标，结合国内数据，选择制造业的创新资源、创新产出、创新协同、创新绩效、创新环境 5 个维度、18 个具体指标构建评价体系。

5. 区域创新指数

为了贯彻国家创新驱动发展战略，北京、上海、广东、湖北、山东、四川等省（自治区、直辖市）也开展了科技创新指数研究工作，并定期发布报告。

二、工程建设企业科技创新指数评价指标体系

课题组结合行业实际，综合参考国际国内成熟创新指数的研究方法，确定了工程建设企业科技创新指数评价指标体系构建的原则、指标选取原则、具体指标及指标体系的选取和说明，以及计算方法。

（一）构建原则

一是构建的指标体系能够全面、系统反映行业科技创新发展的变化和趋势；二是构建的指标体系具有扩展性，可根据行业科技创新的发展需求进行适当调整和补充；三是确保指标数据的权威性、完整性和连续性，以及统计口径的一致性和可对比性，生成评价指标的基础数据均为企业自愿填写数据、公开出版物及政府部门发布数据。

（二）指标选取原则

一是相对独立，综合反映创新方面的优势和劣势、投入和产出、能力和活力；二是相对指标为主、总量指标为辅，兼顾大中小企业的平衡；三是均采用定量统计指标，客观反映行业科技创新发展情况；四是体现行业特色，准确反映行业科技创新发展实际。

（三）指标体系

基于工程建设企业科技创新活动的基本特征，并充分参考国内外关于创新指数的相关研究成果，课题组构建了包括创新资源、创新投入、创新成果和创新绩效4个一级指标、16个二级指标和32个三级指标的工程建设企业科技创新指数评价指标体系。

1. 创新资源

创新资源指标主要从人力资源、创新平台、国家高新技术企业、创新基础4个方面来反映企业科技创新活动的环境与资源，包括4个二级指标和8个三级指标。

其中，人力资源包括大专及以上学历人数所占比重、研究生学历人数所占比重2个指标，分别反映行业总体学历结构及高学历人才所占比重的情况；创新平台包括省部级及以上研发和认证平台数、拥有省级及以上企业技术中心的工程建设企业数2个指标，反映工程建设行业企业高水平研发和认证平台及技术中心的建设情况；国家高新技术企业包含工程建设企业拥有国家高新技术企业认定数、国家高新技术企业中工程建设企业所占比重2个指标，分别反映工程建设行业国家高新技术企业认定及占比的情况；创新基础包括工程建设企业人均固定资产投资额、人均企业技术开发仪器设备原值2个指标，分别反映行业固定资产投资规模和发展速度及投入技术开发仪器设备的资金投入力度的情况。

2. 创新投入

创新投入指标主要从创新经费、创新人才、科研课题、对外合作4个方面来反映企业开展创新活动的意愿和投入力度，包括4个二级指标和8个三级指标。

其中，创新经费包括研发人员人均研发经费支出、研发经费支出占主营业务收入的比重2个指标，分别反映创新经费投入总量及创新经费投入比例的情况；创新人才包括高级工程师及以上人员所占比重、研发人员所占比重2个指标，分别反映行业企业科技创新工作核心人员及科研业务骨干占比的情况；科研课题包括每万人在研研发项目数量、每万人省部级及以上在研研发项目数量2个指标，分别反映企业科技创新积极性与能动性及依靠科技创新获取省部级以上科研项目的情况；对外合作包括每万人其他企业委托在研研发项目数量、开展产学研合作的企业占总企业数量比重2个指标，分别反映企业吸引外部企业创新委托及协同创新发展的情况。

3. 创新成果

创新成果指标主要从专利、标准工法、软著商标、论文 4 个方面来反映企业在科技成果研发总结方面的表现，包括 4 个二级指标和 8 个三级指标。

其中，专利包括每万人拥有的有效专利数量、有效发明专利数占全部有效专利比重 2 个指标，分别反映专利的产出效率及质量的情况；标准工法包括每万人拥有的团体及以上标准规范数量、每万人拥有的省部级及以上工法数量 2 个指标，分别反映企业参与行业标准规范制定及施工技术（工艺）标准化的情况；软著商标包括每万人拥有的软件著作权数量、每万人拥有的注册商标数量 2 个指标，分别反映企业数字化建设及品牌建设的情况；论文包括每万人当年发表 SCI 和 EI 科技论文数量、每万人当年发表中文核心期刊科技论文数量 2 个指标，分别反映企业应用基础研究及论文质量的情况。

4. 创新绩效

创新绩效指标，主要从创新奖项、创新价值实现、技术转移转化、企业经营效益 4 个方面来反映企业在创新价值实现、增强市场竞争力和推动经济发展方式转变方面的表现，包括 4 个二级指标和 8 个三级指标。

其中，创新奖项包括每十万人拥有的国家科学技术奖和中国专利奖数量、每万人拥有的省部级科技奖数量 2 个指标，表现企业获得高水平科技创新成果的情况；创新价值实现包括新技术新装备新材料销售收入占主营业务收入的比重、新技术新装备新材料销售利润占利润总额的比重 2 个指标，分别表现企业新技术新装备新材料销售创收及创效的情况；技术转移转化包括人均专利所有权转让及许可和高新技术成果转化的金额、每万人专利所有权转让及许可和高新技术成果转化项目数 2 个指标，分别表现企业创新成果转化为经济收益的质量和效率的情况；企业经营效益包括人均产值、人均利润 2 个指标，表现企业科技创新对企业经营发展的推动作用。指标体系如表 3-2-1 所示。

表 3-2-1　工程建设企业科技创新指数评价指标体系

一级指标	二级指标	三级指标	
创新资源	1. 人力资源	1.1	大专及以上学历人数所占比重
		1.2	研究生学历人数所占比重
	2. 创新平台	2.1	省部级及以上研发和认证平台数
		2.2	拥有省级及以上企业技术中心的工程建设企业数
	3. 国家高新技术企业	3.1	工程建设企业拥有国家高新技术企业认定数
		3.2	国家高新技术企业中工程建设企业所占比重
	4. 创新基础	4.1	工程建设企业人均固定资产投资额
		4.2	人均企业技术开发仪器设备原值
创新投入	5. 创新经费	5.1	研发人员人均研发经费支出
		5.2	研发经费支出占主营业务收入的比重
	6. 创新人才	6.1	高级工程师及以上人员所占比重
		6.2	研发人员所占比重
	7. 科研课题	7.1	每万人在研研发项目数量
		7.2	每万人省部级及以上在研研发项目数量
	8. 对外合作	8.1	每万人其他企业委托在研研发项目数量
		8.2	开展产学研合作的企业占总企业数量比重
创新成果	9. 专利	9.1	每万人拥有的有效专利数量
		9.2	有效发明专利数占全部有效专利比重
	10. 标准工法	10.1	每万人拥有的团体及以上标准规范数量
		10.2	每万人拥有的省部级及以上工法数量
	11. 软著商标	11.1	每万人拥有的软件著作权数量
		11.2	每万人拥有的注册商标数量
	12. 论文	12.1	每万人当年发表 SCI、EI 科技论文数量
		12.2	每万人当年发表中文核心期刊科技论文数量

一级指标	二级指标	三级指标
创新绩效	13. 创新奖项	13.1 每十万人拥有的国家科学技术奖和中国专利奖数量
		13.2 每万人拥有的省部级科技奖数量
	14. 创新价值实现	14.1 新技术新装备新材料销售收入占主营业务收入的比重
		14.2 新技术新装备新材料销售利润占利润总额的比重
	15. 技术转移转化	15.1 人均专利所有权转让及许可和高新技术成果转化的金额
		15.2 每万人专利所有权转让及许可和高新技术成果转化项目数
	16. 企业经营效益	16.1 人均产值
		16.2 人均利润

（四）指标说明

1. 人力资源

（1）大专及以上学历人数所占比重

该指标反映行业总体学历结构。

（2）研究生学历人数所占比重

该指标反映行业高学历人才所占比重。

2. 创新平台

（1）省部级及以上研发和认证平台数

该指标反映工程建设行业企业专项研发及认证平台建设情况，研发平台包括国家级和省部级工程实验室、工程研究中心、工程技术研究中心、重点实验室、国家地方联合工程实验室、国家地方联合工程研究中心等，认证平台包括中国合格评定国家认可委员会、国家认证认可监督管理委员会（CNCA）、其他国家（国际组织）及各省认证认可机构认证的平台。

（2）拥有省级及以上企业技术中心的工程建设企业数

该指标反映工程建设行业企业技术中心的建设情况，包括国家级企业技术中心及省、自治区、直辖市级企业技术中心。

3. 国家高新技术企业

（1）工程建设企业拥有国家高新技术企业认定数

该指标反映工程建设行业国家高新技术企业认定情况。

（2）国家高新技术企业中工程建设企业所占比重

该指标反映工程建设行业国家高新技术企业在全国占比情况。

4. 创新基础

（1）工程建设企业人均固定资产投资额

该指标反映行业固定资产投资规模和发展速度，为全国固定资产投资额乘行业系数后与建筑业从业人员总数量的比值。

（2）人均企业技术开发仪器设备原值

该指标中企业技术开发仪器设备原值为年末整个企业用于科研、技术开发的仪器、设备、软件的原值（账面原值），反映工程建设企业人均技术开发仪器设备的资金投入力度。

5. 创新经费

（1）研发人员人均研发经费支出

该指标反映企业创新经费投入总量及人均支配研发经费数额。

（2）研发经费支出占主营业务收入的比重

该指标反映企业创新经费投入力度。

6. 创新人才

（1）高级工程师及以上人员所占比重

该指标反映行业企业创新人才基础及以高级工程师为代表的高水平人才队伍建设情况。

（2）研发人员所占比重

该指标反映行业企业创新人才队伍建设情况。

7. 科研课题

（1）每万人在研研发项目数量

该指标反映企业科技创新积极性与能动性，在研研发项目数指在报告期末，未结题验收的研发项目。

（2）每万人省部级及以上在研研发项目数量

该指标反映企业获取省部级以上科研项目的情况，省部级及以上在研研发项目包括国家自然科学基金、国家自然科学基金重大培育计划项目等国家级计划项目及各部委和各省、自治区、直辖市计划项目。

8. 对外合作

（1）每万人其他企业委托在研研发项目数量

该指标反映企业吸引外部企业创新委托的情况。

（2）开展产学研合作的企业占总企业数量比重

该指标反映企业与高校、科研院所开展创新合作的活跃程度。

9. 专利

（1）每万人拥有的有效专利数量

该指标反映企业的专利产出效率。有效专利数量指报告期末企业作为专利权人在报告期拥有的、经国内外知识产权行政部门授权，并且在有效期内的各类专利件数。

（2）有效发明专利数占全部有效专利比重

该指标反映专利产出质量，发明专利是指对产品、方法或者其改进所提出的新的技术方案。平均质量较实用新型专利、外观设计专利要高。

10. 标准工法

（1）每万人拥有的团体及以上标准规范数量

该指标反映企业参与行业标准规范制定的情况，包括国际标准、国家标准、行业标准、地方标准、团体标准。

（2）每万人拥有的省部级及以上工法数量

该指标反映企业对先进工程技术做法进行标准化的情况，包含国家级工法和省部级工法。

11. 软著商标

（1）每万人拥有的软件著作权数量

该指标反映数字化建设情况。

（2）每万人拥有的注册商标数量

该指标反映企业品牌建设情况。

12. 论文

（1）每万人当年发表 SCI、EI 科技论文数量

该指标包括科学引文索引（SCI）、工程索引（EI）收录的论文。

（2）每万人当年发表中文核心期刊科技论文数量

该指标反映北京大学图书馆联合众多学术界权威专家鉴定发布的《中文核心期刊要目总览》收录论文的情况。

13. 创新奖项

（1）每十万人拥有的国家科学技术奖和中国专利奖数量

该指标反映企业国家科学技术奖和中国专利奖的获奖情况。

（2）每万人拥有的省部级科技奖数量

该指标反映企业省部级科技奖及社会力量设奖的获奖情况。

14. 创新价值实现

（1）新技术新装备新材料销售收入占主营业务收入的比重

该指标反映企业新技术新装备新材料销售创收情况。

（2）新技术新装备新材料销售利润占利润总额的比重

该指标反映企业新技术新装备新材料经济创效情况。

15. 技术转移转化

（1）人均专利所有权转让及许可和高新技术成果转化的金额

该指标反映企业创新成果利用和转化为经济收益的情况。

（2）每万人专利所有权转让及许可和高新技术成果转化项目数

该指标反映企业创新成果利用和转化为经济收益的数量。

16. 企业经营效益

（1）人均产值

该指标反映企业科技创新对劳动生产效率提升的作用。

（2）人均利润

该指标反映企业科技创新对企业整体创效水平提升的作用。

（五）计算方法

本指数研究主要目的是测算行业科技创新发展变化和趋势，因此课题组采用以某一历史年份作为基期年份，以基期年份指标值为基准来计算指标的增速，从而测定当前年份指标值的发展速度。

1. 基期年份的选取

在基期年份选取上，根据可操作性原则，兼顾可获得数据的一致性和连续性，课题组确定以 2016 年为基期年份计算工程建设企业科技创新指数。以 2016 年为基期年份，可反映"十三五"期间的工程建设企业科技创新发展变化，有利于分析工程建设企业对我国国民经济和社会发展五年规划中科技创新部分的落实情况。

2. 指标权重

课题组参考国家统计局的中国创新指数、中国科学技术发展战略研究院中央财经大学经济学院的企业创新能力指数的赋权方法，在本次指数研究中采取"逐级等权法"进行权重的分配，即各一级指标的权重均为 1/4，各二级指标占对应的一级指标权重为 1/4，各三级指标占对应的二级指标权重为 1/2。

3. 计算公式

（1）计算三级指标相邻年份增速

$$V_{it} = \left[\frac{X_{it} - X_{it-1}}{(X_{it} + X_{it-1})/2} \right] \times 100, \tag{3-1}$$

其中 X_{it} 为三级指标，i 为指标序号，t 为年份，$t \geq 2017$。由于 $V_{it} = \left| \frac{X_{it} - X_{it-1}}{(X_{it} + X_{it-1})} \right| \times 200$，而 $|X_{it} - X_{it-1}| \leq |X_{it}| + |X_{it-1}|$，对于 $X_{it} > 0$ 和 $X_{it-1} > 0$ 有 $|V_{it}| \leq 200$。

（2）计算二级指标指数

① 根据三级指标增速加权计算二级指标的增速

$$C_t = \sum_{i=1}^{k} W_i \times V_{it}, \tag{3-2}$$

其中 W_i 为各三级指标对其所属二级指标的权重，k 为该二级指标下的三级指标的个数，t 为年份，$t \geq 2017$。

② 计算定基累计发展二级指标指数

$$E_{t+1}=E_t \times \left(\frac{200+C_{t+1}}{200-C_{t-1}} \right), \tag{3-3}$$

其中 t 为年份，$t \geqslant 2016$，$E_{2016}=100$。

已知某二级指标增速 C_{t+1} 及上一年度该指标指数 E_t，计算本年度对应指数 E_{t+1}，由

$$C_{t+1}=\left[\frac{E_{it+1}-E_{it}}{(E_{it+1}+E_{it})/2} \right] \times 100, \tag{3-4}$$

可以变换公式得出

$$E_{t+1}=\left(\frac{2E_t}{1-\dfrac{C_{t+1}}{200}} \right)-E_t=E_t \times \left(\frac{200+C_{t+1}}{200-C_{t-1}} \right). \tag{3-5}$$

（3）计算一级指标指数

$$Y_{t+1}=\sum_{i=1}^{4} b_i \times E_{t+1}, \tag{3-6}$$

其中 t 为年份，$t \geqslant 2016$，b_i 为各二级指标指数对一级指标指数的权数。

（4）计算总指数

$$Z_{t+1}=\sum_{i=1}^{4} a_i Y_{t+1},$$

其中 t 为年份，$t \geqslant 2016$，a_i 为各一级指标指数对总指数的权数。

说明： 由于可能存在某些指标增速过高或过低的情况，会造成指标增速之间不可比（即增速过高或过低的一些指标的作用掩盖了其他指标的作用），从而造成整个指标体系失真的现象。因此，必须对指标体系中各指标增速的范围进行控制。课题组经研究决定将指标增速的基准值设定为该指标的两年平均值，这样计算出来的各项指标增速的范围可以控制在（-200，200）的区间内。

第四章

工程建设企业科技创新指数分析

从本章开始基于对企业科技创新投入、活动、产出的定量调查所获得的指标和数据进行分析研究。2022 年科技信息征集活动共有 1090 家企业填写了信息。经核实与整理，数据不完整、真实性与准确性存疑的企业未被纳入本年度指数研究范围。最终，有 892 家企业的数据用于指数计算与分析。

从企业类别看，工程施工企业 721 家、勘察设计企业 108 家、装备制造企业 30 家、其他类别企业 33 家。从企业性质看，中央企业 541 家、地方国企 212 家、民营企业 139 家。从企业地区分布看，东部地区 485 家、中部地区 191 家、西部地区 183 家、东北地区 33 家，注册地涉及除西藏、宁夏、澳门、台湾外的 30 个省、自治区、直辖市、特别行政区。606 家企业被认定为国家高新技术企业。647 家企业设立了企业技术中心，其中，国家级企业技术中心 74 家、省部级企业技术中心 439 家、地市级企业技术中心 49 家（图 4-0-1）。调查企业覆盖投资、勘察、设计、施工、装备、材料等工程建设全产业链。

2021 年，纳入本次计算与分析的 892 家工程建设企业的主营业务收入合计 91 025.46 亿元，占建筑业营业收入总量的 33.7%[1]。其中，施工总承包特级资质企业 339 家，占特级资质企业总数的 45.6%[2]，主营业务收入 7.1 万亿元，占全部特级资质企业主营业务收入的 90%。调查企业基本能反映我国工程建设企业科技创新的总体特征。

---

① 根据国家统计局数据，2021 年全国建筑业企业实现营业收入 27.0 万亿元。

② 截至 2021 年底，全国特级资质企业共 744 家。

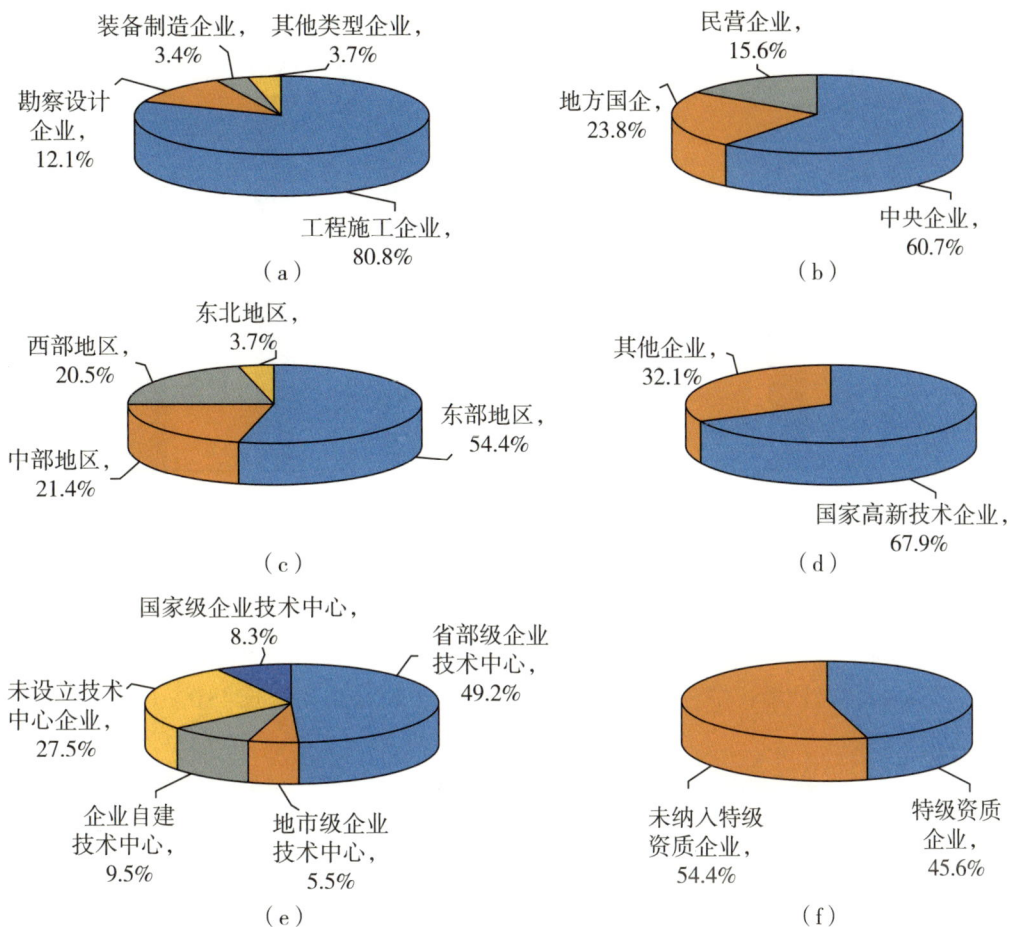

装备制造企业，3.4%　　其他类型企业，3.7%
勘察设计企业，12.1%
工程施工企业，80.8%
（a）

民营企业，15.6%
地方国企，23.8%
中央企业，60.7%
（b）

东北地区，3.7%
西部地区，20.5%
中部地区，21.4%
东部地区，54.4%
（c）

其他企业，32.1%
国家高新技术企业，67.9%
（d）

国家级企业技术中心，8.3%
省部级企业技术中心，49.2%
未设立技术中心企业，27.5%
企业自建技术中心，9.5%
地市级企业技术中心，5.5%
（e）

未纳入特级资质企业，54.4%
特级资质企业，45.6%
（f）

图 4-0-1　参与指数计算的企业组成和分类

一、综合指数分析

2021 年工程建设企业科技创新指数为 167.3，较 2016 年增长了 67.3%（图 4-1-1）。工程建设企业科技创新指数逐年稳步提升，提升幅度持续增加，科技创新能力呈稳步增强态势。

2016—2021 年，工程建设企业高度重视科技创新工作，创新资源持续优化，创新投入力度稳步加大，创新成果产出高速提升，创新绩效逐步显现，行业科技创新工作加快推进。从创新指数提升过程来看，创新成果指数保持快速增长趋势，2021 年创新成果指数为 195.5，较 2016 年增长 95.5%；位居其次的是创新资源指数，2021 年为 166.3，

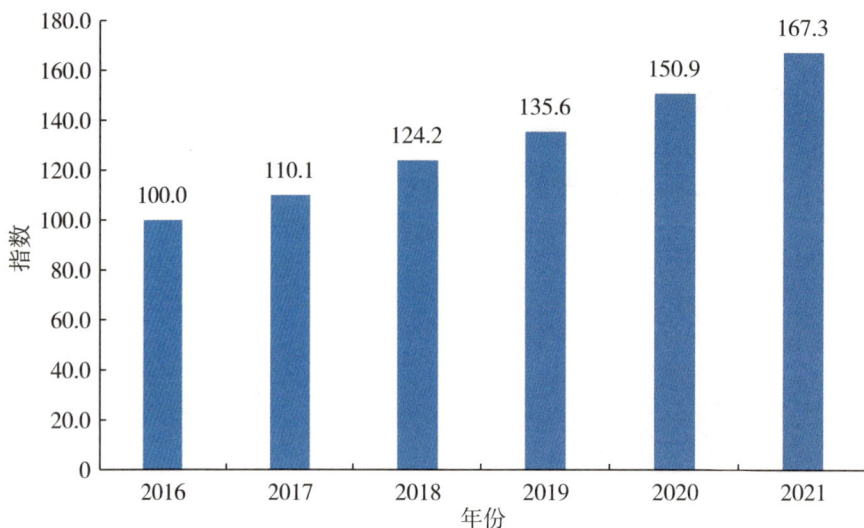

图 4-1-1　科技创新指数（2016—2021 年）

较 2016 年增长 66.3%；位居第三的是创新绩效指数，2021 年为 162.5，较 2016 年增长 62.5%；创新投入指数增长相对缓慢，2021 年为 145.0，较 2016 年增长 45.0%（图 4-1-2）。

图 4-1-2　科技创新分项指数（2016—2021 年）

2016—2021 年，全国 GDP 除 2020 年增速有所放缓外，其他年份均实现 6% 以上的增长。2021 年更是超出预期，增长率达到 8.1%，GDP 总量突破 114 万亿元。在新冠感染疫情影响及世界经济复苏放缓的前提下，中国经济经受住了冲击与挑战，呈现出持续向好的发展态势。2021 年，建筑业总产值达到 29.3 万亿元，是 2012 年的 2.1 倍；增加值达到 8 万亿元，占全国 GDP 的 7%。从科技创新总指数走势看，工程建设行业科技创新工作与经济社会发展密切相关并起到了支撑作用。

二、分项指数分析

（一）创新资源

2016—2021 年，创新资源指数平稳增长，行业创新资源不断丰富。其中，国家高新技术企业指数增长最为突出，2021 年为 264.9，较 2016 年增长 164.9%；其次是创新平台指数，2021 年为 174.7，较 2016 年增长 74.7%；位居第三的是创新资源指数，2021 年为 166.3，较 2016 年增长 66.3%；人力资源指数增长较为平缓，2021 年为 127.8，较 2016 年仅增长 27.8%；创新基础指数 2019—2020 年出现下降趋势，2021 年开始回升，但仍未达到 2016 年的水平（图 4-2-1）。

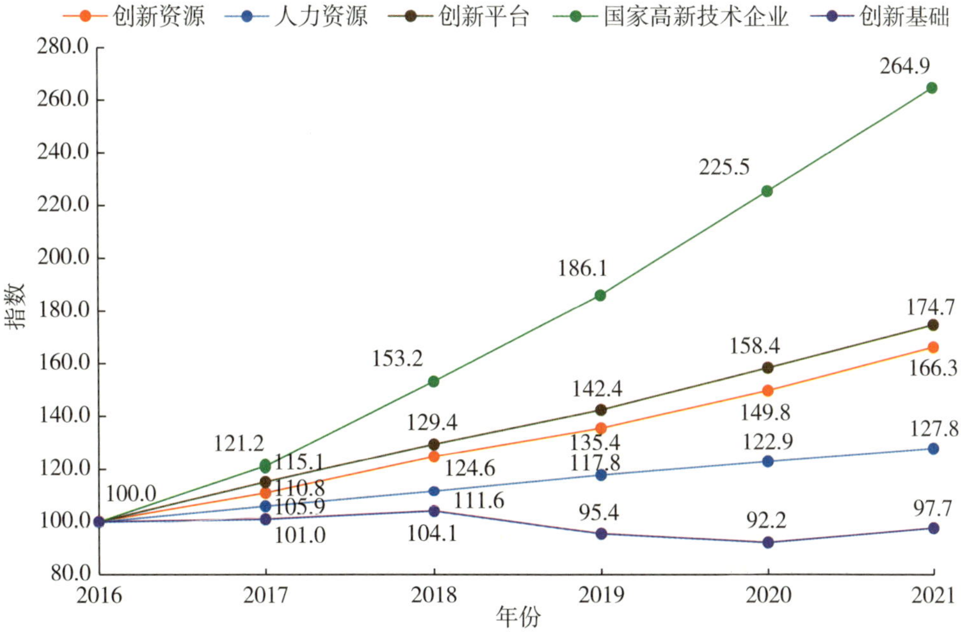

图 4-2-1 创新资源指数及其分项指数（2016—2021 年）

1. 人力资源

工程建设企业大专及以上学历人数所占比重由 2016 年的 57.9% 上升到 2021 年的 66.6%，研究生学历人数所占比重由 2016 年的 3.0% 上升到 2021 年的 4.3%（图 4-2-2）。

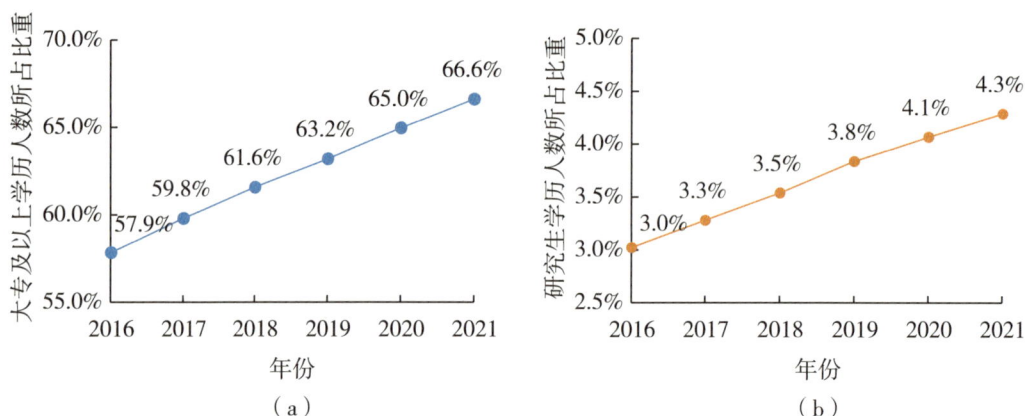

图 4-2-2　人力资源情况（2016—2021 年）

2. 创新平台

2016—2021 年，工程建设行业省部级及以上研发和认证平台数、拥有省级及以上企业技术中心的工程建设企业数稳步增长，2021 年较 2016 年分别增长 63.2% 和 87.2%（图 4-2-3）。但值得注意的是，拥有国家级企业技术中心的企业中工程建设企业占比

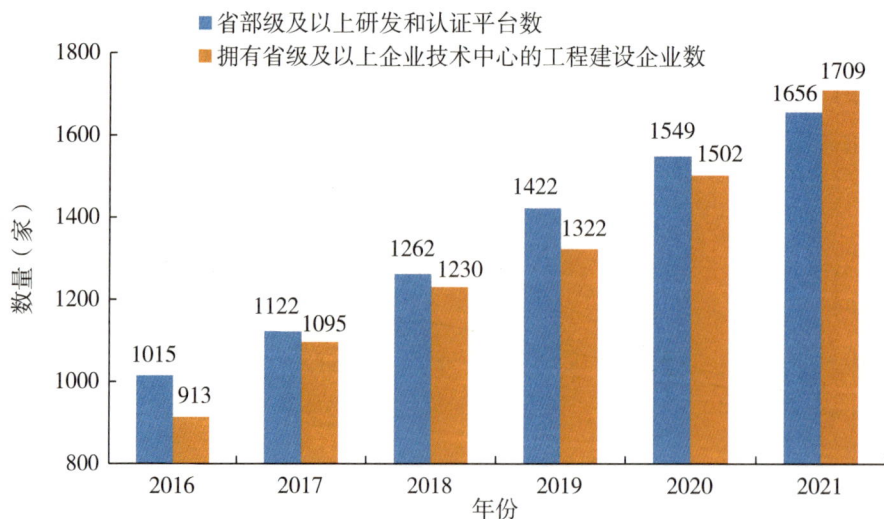

图 4-2-3　创新平台情况（2016—2021 年）

自 2019 年开始呈下降趋势（图 4-2-4），这是因为自 2019 年开始申请认定国家企业技术中心需符合《战略性新兴产业重点产品和服务指导目录》（2016 版）（以下简称《目录》），大部分工程建设企业不在《目录》规定范围内，政策的调整对行业企业参与国家企业技术中心认定产生了不利影响。

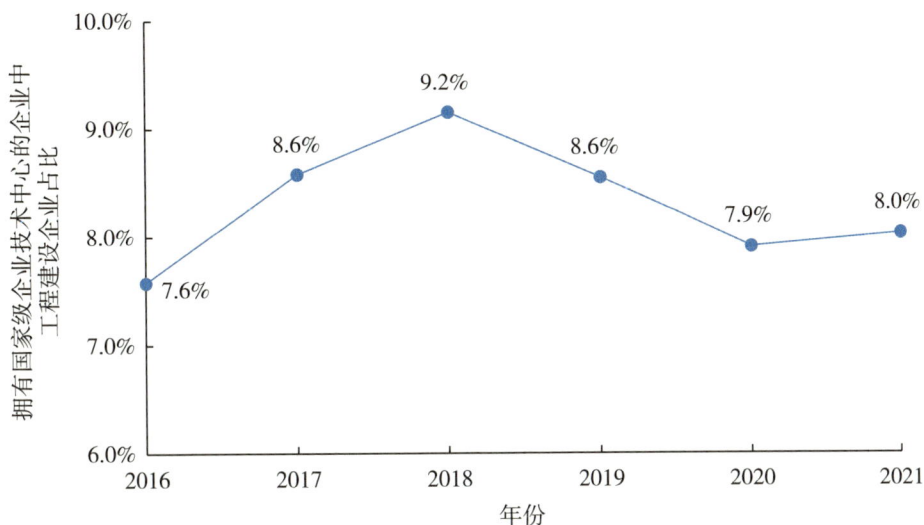

图 4-2-4　拥有国家级企业技术中心的企业中工程建设企业占比（2016—2021 年）

3. 国家高新技术企业

工程建设企业拥有国家高新技术企业认定数大幅增长，2021 年较 2016 年增长396.8%，与此同时，国家高新技术企业中工程建设企业所占比重提高 0.9 个百分点，达到3.1%（图 4-2-5）。2016 年新修订的《高新技术企业认定管理办法》对科技人员、研发费用、产品收入标准均有所放宽，在一定程度上促进了国家高新技术企业的发展。同时，工程建设企业高度重视科技创新工作，积极参与国家高新技术企业的认定也是其拥有国家高新技术企业认定数高速增长的重要因素。

图4-2-5 国家高新技术企业情况（2016—2021 年）

4. 创新基础

人均企业技术开发仪器设备原值增长缓慢，2021 年较 2016 年仅增长 6.4%，其中 2019—2020 年出现连续下降情况（图4-2-6）。根据国家统计局数据，2016—2021 年全国固定资产投资（不含农户）逐年增长，为工程建设企业科技创新提供了强大物质基础。

图4-2-6 创新基础情况（2016—2021 年）

（二）创新投入

创新投入指数逐年上升，2021 年较 2016 年增长 45.0%。其中，科研课题指数在 2017—2020 年始终保持较高的增长速度，2021 年增速放缓，较 2016 年增长 60.9%；对外合作指数也呈快速增长趋势，2021 年较 2016 年增长 56.8%；创新经费指数 2021 年达到 144.0，较 2016 年增长 44.0%；创新人才指数增长较为平缓，2021 年较 2016 年仅增长 18.4%（图 4-2-7）。

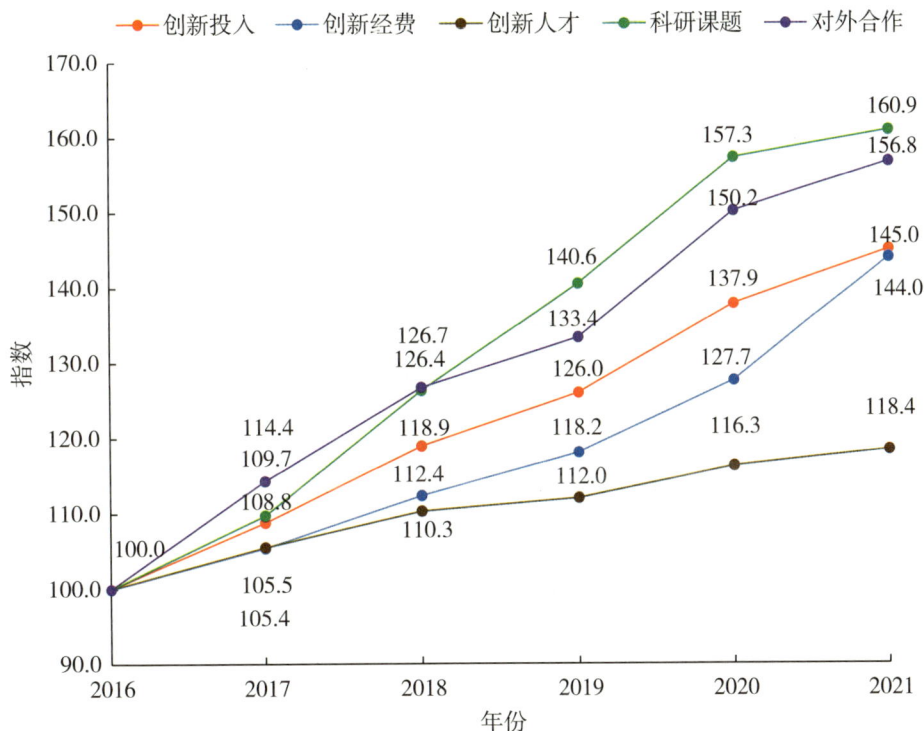

图 4-2-7　创新投入指数及其分项指数（2016—2021 年）

1. 创新经费

2016—2021 年，研发人员人均研发经费支出呈逐年增长趋势，2021 年有很大提升，总体较 2016 年增长 72.0%。研发经费支出占主营业务收入的比重增长缓慢，2021 年较 2016 年提升 0.47 个百分点，其中在 2019 年出现小幅下滑（图 4-2-8）。根据 2016—2021 年《全国科技经费投入统计公报》，规模以上工业企业 R&D 经费投入强度由 2016 年的 0.94% 增长到 2021 年的 1.33%，增长 0.39 个百分点。本次指数计算统计的工程建设企业科研经费投入强度高于全国规模以上工业企业平均水平。

图 4-2-8　创新经费情况（2016—2021 年）

2. 创新人才

高级工程师及以上人员所占比重逐年增长，2021 年较 2016 年提升 2.0 个百分点。研发人员所占比重增长相对平缓，2021 年较 2016 年提升 1.5 个百分点，其中在 2019 年出现小幅下降（图 4-2-9）。以高级工程师为代表的高水平人才队伍的不断扩大，为工程建设企业研发工作提供了有力的人才支撑。

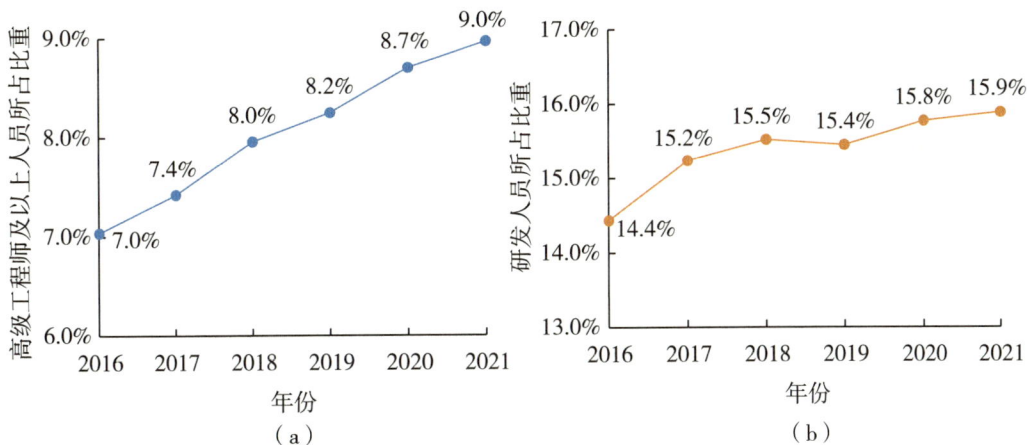

图4-2-9　创新人才情况（2016—2021年）

3. 科研课题

每万人在研研发项目数量呈快速增长趋势，2021年较2016年增长58.6%。每万人省部级及以上在研研发项目数量呈平稳上升趋势，2021年较2016年增加62.1%（图4-2-10）。科研课题数量的快速增长表明工程建设企业科技研发活动处于活跃状态。

图4-2-10　科研课题情况（2016—2021年）

4. 对外合作

每万人其他企业委托在研研发项目数量呈上升趋势，2021年较2016年增长28.6%，其中在2019年出现小幅下滑。开展产学研合作的企业占总企业数量比重稳步提升，2021年较2016年上升23.4个百分点（图4-2-11）。这表明工程建设企业开放创新程度逐步提高，资源整合能力不断增强。

图4-2-11　对外合作情况（2016—2021年）

（三）创新成果

创新成果指数稳定增长，2021年较2016年增长95.5%。其中，软著商标指数增长最为显著，2021年较2016年增长148.3%；其次为标准工法指数，2021年较2016年增长115.4%；论文指数也呈增长趋势，2021年较2016年增长67.7%，但在2017年出现小幅下滑；专利指数增长相对较缓，2021年较2016年增长50.5%（图4-2-12）。

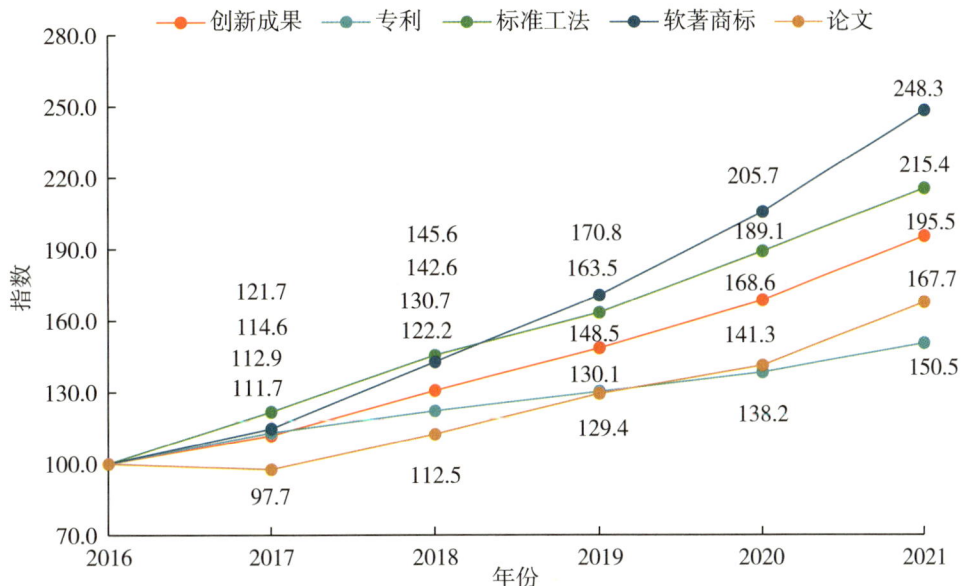

图 4-2-12　创新成果指数及其分项指数（2016—2021 年）

1. 专利

从图 4-2-13 可以看出，每万人拥有的有效专利数量呈逐年上升趋势，2021 年为 633.7 件，较 2016 年增长 225.8%。有效发明专利数占全部有效专利比重从 2016 年的 23.9% 下降到 2021 年的 16.7%，主要是由于 2017 年国家知识产权局修订了《关于规范专利申请行为的若干规定》，严格审查授权，加大了专利审查力度。可以看出，工程建设企业应顺应国家政策导向，持续加强高质量专利挖掘与申请。

图 4-2-13　专利情况（2016—2021 年）

2. 标准工法

2016—2021 年，每万人拥有的团体及以上标准规范数量与每万人拥有的省部级及以上工法数量呈快速增长趋势，2021 年较 2016 年分别增长 128.5%、103.1%（图 4-2-14）。2016 年住房和城乡建设部印发《关于深化工程建设标准化工作改革的意见》，文件的出台增强了工程建设企业标准化意识，进一步推动了工程建设行业标准化工作。

图 4-2-14　标准工法情况（2016—2021 年）

3. 软著商标

2016—2021 年，每万人拥有的软件著作权数量呈快速增长趋势，2021 年较 2016 年增长 176.9%。参与调查企业中拥有软件著作权的企业比重从 2016 年的 27.1% 上升到 2021 年的 70.6%，大多数工程建设企业开展了数字化技术研究工作并取得了一定成果。每万人拥有的注册商标数量也呈较快增长趋势，2021 年较 2016 年增长 123.7%，企业品牌意识逐渐增强（图 4-2-15）。

图 4-2-15　软著商标情况（2016—2021 年）

4. 论文

2016—2021 年，每万人当年发表 SCI、EI 科技论文数量总体呈快速增长趋势，2021 年较 2016 年增长 115.8%；每万人当年发表中文核心期刊科技论文数量增长较缓，2021 年较 2016 年增长 31.9%（图 4-2-16）。数据表明，工程建设企业越来越重视基础性研究。

图 4-2-16　论文情况（2016—2021 年）

（四）创新绩效

2016—2021年，创新绩效指数总体呈平稳增长趋势，2021年较2016年增长62.5%。其中，技术转移转化指数增长最快，增长118.9%；其次为创新奖项指数，增长80.3%；企业经营效益指数稳定增长，增长52.5%；创新价值实现指数无明显变化（图4-2-17）。

图4-2-17　创新绩效指数及其分项指数（2016—2021年）

1.创新奖项

2016—2021年，每十万人拥有的国家科学技术奖和中国专利奖的数量稳步增长，2021年较2016年增长74.0%。每万人拥有的省部级科技奖的数量也呈增长趋势，2021年较2016年增长87.2%（图4-2-18）。数据表明，工程建设企业科技创新质量逐渐提高，高水平科技成果数量日益增多。

图4-2-18　创新奖项情况（2016—2021年）

2. 创新价值实现

2016—2021年，新技术新装备新材料销售收入占主营业务收入的比重为23%～25%，无明显变化；新技术新装备新材料销售利润占利润总额的比重为30%～35%，波动较大。从人均创新价值实现看，人均新技术新装备新材料销售收入、人均新技术新装备新材料销售利润均呈增长趋势，2021年较2016年分别增长60.8%、50.0%（图4-2-19）。

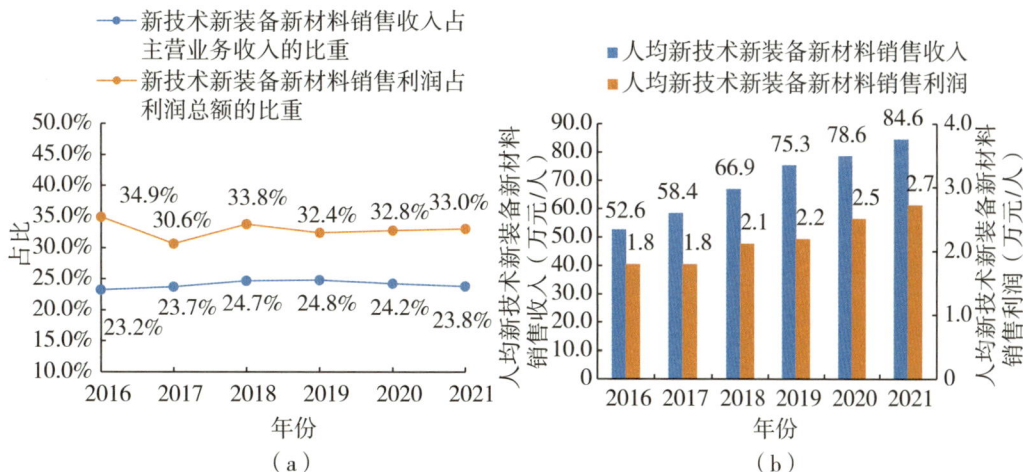

图4-2-19　创新价值实现情况（2016—2021年）

3. 技术转移转化

2016—2021 年，每万人专利所有权转让及许可和高新技术成果转化项目数与人均专利所有权转让及许可和高新技术成果转化的金额均呈较快增长趋势，2021 年较 2016年分别增长 148.3%、93.2%（图 4-2-20）。主要是国家及各地方政府在财政、税收等方面出台了一系列鼓励激励创新政策，促进了工程建设企业科技成果转化。

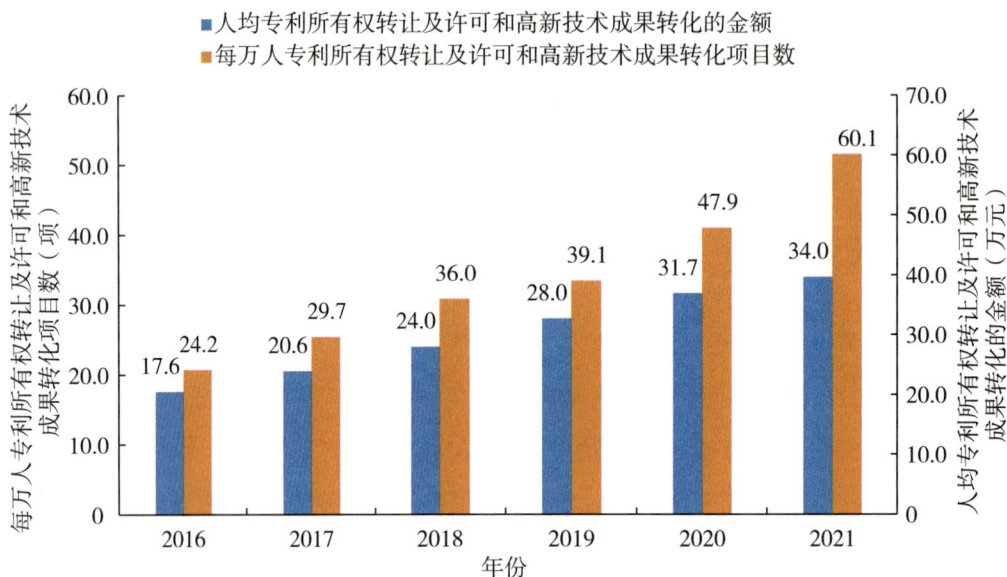

图 4-2-20　技术转移转化情况（2016—2021 年）

4. 企业经营效益

2016—2021 年，工程建设企业经营发展呈现良好态势，人均产值、人均利润稳定增长，2021 年较 2016 年分别增长 48.8%、56.6%（图 4-2-21）。根据经济学基本原理，技术进步一定程度上推动了企业经营发展。

图 4-2-21　企业经营效益情况（2016—2021 年）

第五章

不同性质工程建设企业科技创新指数分析

本章针对不同性质工程建设企业科技创新情况进行分析。将中央企业、地方国企、民营企业、施工总承包特级资质企业、勘察设计企业、国家高新技术企业的创新情况与行业平均水平进行对比，以反映该性质企业相比于行业的创新水平。并选取了部分具有代表性的指标进行展示。

一、中央企业、地方国企和民营企业

本部分主要分析中央企业、地方国企、民营企业的科技创新情况。参与分析企业中，中央企业 541 家、地方国企 212 家、民营企业 139 家（图 5-1-1）。

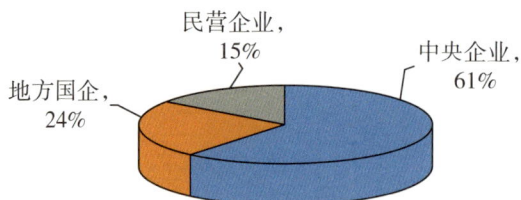

图 5-1-1　工程建设企业中不同性质企业分布情况

（一）中央企业

2016—2021 年，中央企业科技创新总指数稳步增长。其中，创新成果指数增长最快，2021 年较 2016 年增长 110.6%；其次为创新绩效指数，增长 64.1%；创新资源指数平稳增长，增长 57.0%；创新投入指数增长较缓，增长 43.8%（图 5-1-2）。

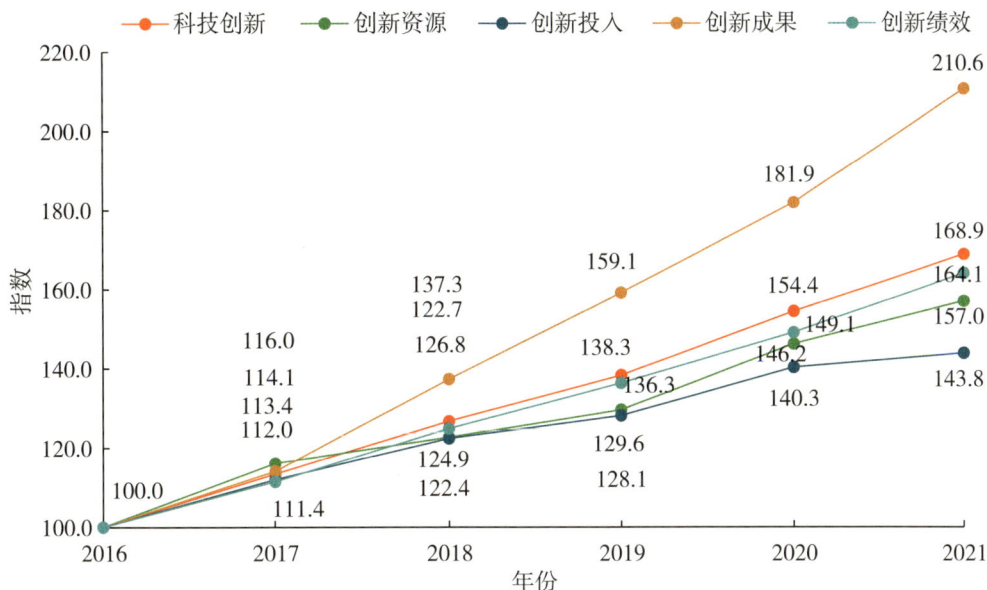

图 5-1-2　中央企业科技创新指数及其分项指数（2016—2021 年）

1. 创新资源

（1）人力资源

2016—2021 年，中央企业从业人员中大专及以上学历人数所占比重、研究生学历人数所占比重持续增长，2021 年较 2016 年分别上升 9.8 个百分点、1.4 个百分点（图 5-1-3），历年数据均高于行业平均水平，表明中央企业一直是高校毕业生及高学历人才的重要选择。

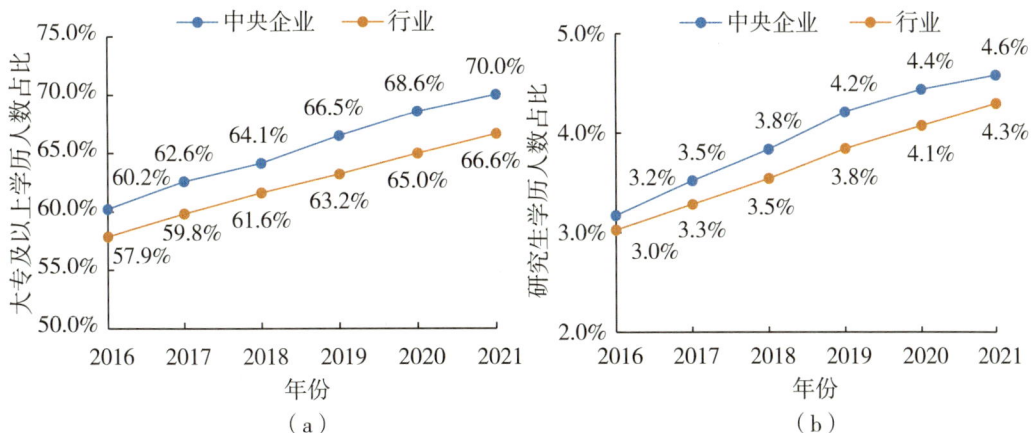

（a）

（b）

图 5-1-3　中央企业人力资源情况（2016—2021 年）

（2）创新基础

2016—2021 年，中央企业省部级及以上研发和认证平台数增长 77.5%，高于行业增长速度（表 5-1-1）；人均企业技术开发仪器设备原值始终高于行业平均水平（图 5-1-4）。这表明中央企业注重科技创新基础设施建设，具备较强的创新实力。

表 5-1-1　中央企业省部级及以上研发和认证平台数

企业性质	2016 年	2021 年	增长率
中央企业	591 个	1049 个	77.5%
行业	1015 个	1656 个	63.2%

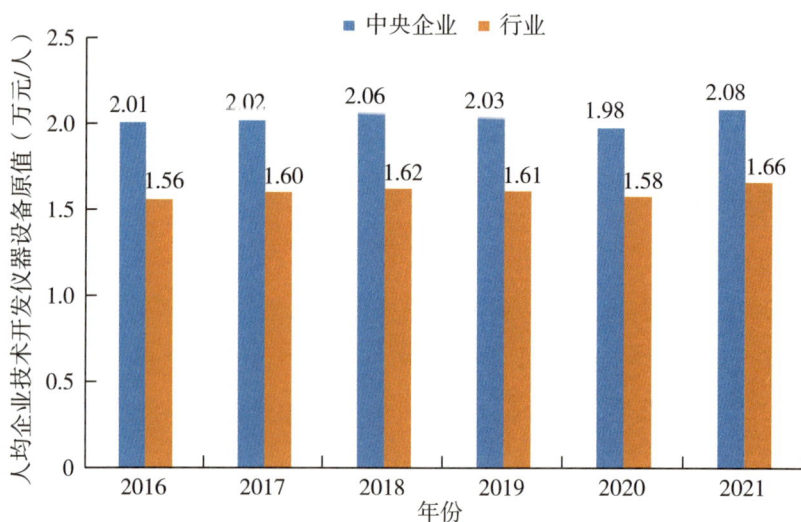

图 5-1-4　中央企业平台及技术开发仪器设备原值情况（2016—2021 年）

2. 创新投入

（1）研发经费及项目

2016—2021 年，中央企业研发经费支出占主营业务收入的比重保持在 2.5% 以上，历年均高于行业平均水平，较高的科研经费投入强度为科技创新发展注入了强大活力。每万人省部级及以上在研研发项目数量总体呈增长趋势，2021 年较 2016 年增长 45.0%，但历年数据均低于行业平均水平（图 5-1-5），表明中央企业需重视省部级研发项目的承接。

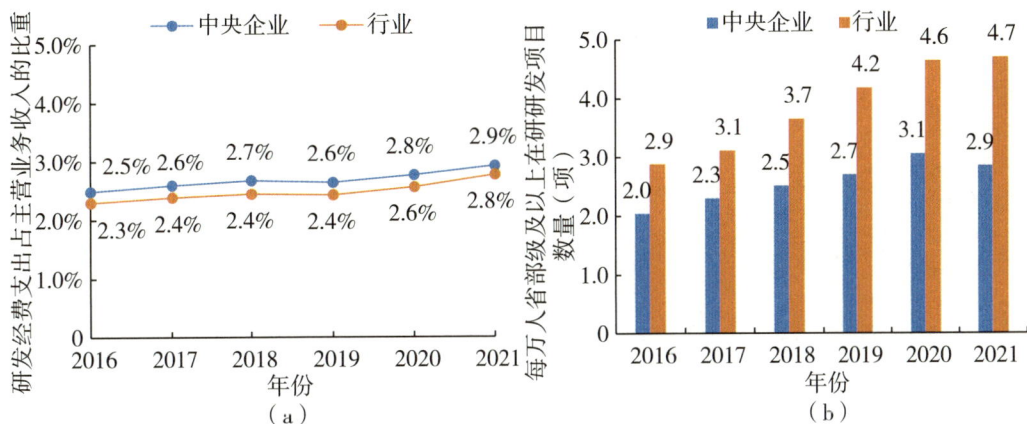

图5-1-5 中央企业创新经费及省部级研发项目情况（2016—2021年）

（2）创新人才

2016—2021年，中央企业从业人员中高级工程师及以上人员所占比重、研发人员所占比重均呈增长趋势，2021年较2016年分别增加2.3个百分点、1.8个百分点（图5-1-6）。两项指标历年数据均高于行业平均水平，表明中央企业一直保持较高的研发人才投入。

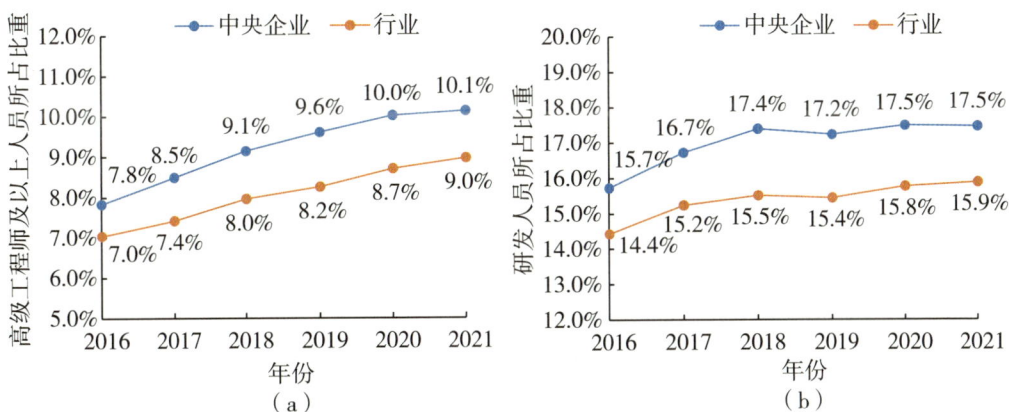

图5-1-6 中央企业创新人才情况（2016—2021年）

3. 创新成果

（1）专利

2016—2021年，中央企业每万人拥有的有效专利数量呈快速增长趋势，2021年较2016年增长225.7%，历年数量均高于行业平均水平，表明中央企业技术创新能力较强。有效发明专利数占全部有效专利比重呈下降趋势，与行业趋势相近（图5-1-7）。

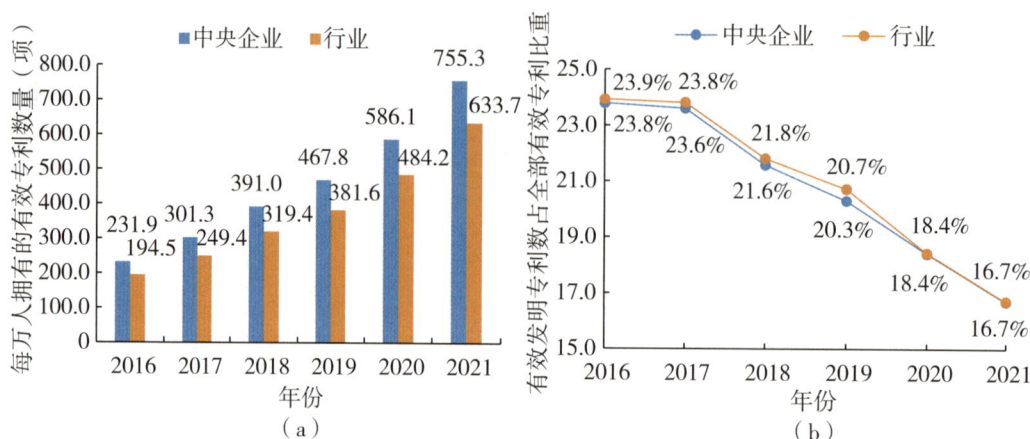

图 5-1-7　中央企业专利情况（2016—2021 年）

（2）软著和 SCI、EI 论文

2016—2021 年，中央企业每万人拥有的软件著作权数量快速增长，2021 年较 2016 年增长 208.6%，历年数据均高于行业平均水平。中央企业中拥有软件著作权的企业比重从 2016 年的 33.8% 上升到 2021 年的 61.9%，表明数字化工作越来越受到中央企业的重视。每万人当年发表 SCI、EI 科技论文数量呈增长趋势，2021 年较 2016 年增长 132.0%，历年数据均高于行业平均水平，表明中央企业在基础性研究方面处于行业前列，这与中央企业在高学历人才方面的优势密不可分（图 5-1-8）。

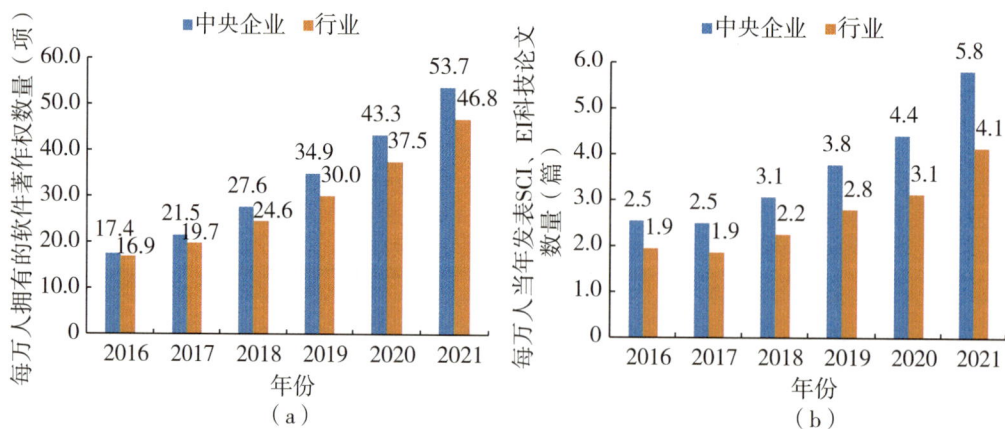

图 5-1-8　中央企业软件著作权和 SCI、EI 科技论文情况（2016—2021 年）

4. 创新绩效

（1）技术转移转化

2016—2021年，中央企业每万人专利所有权转让及许可和高新技术成果转化项目数量、人均专利所有权转让及许可和高新技术成果转化的金额呈增长趋势，2021年较2016年分别增长171.0%、83.7%（图5-1-9）。表明中央企业高度重视科技成果转化工作，并取得良好效果。

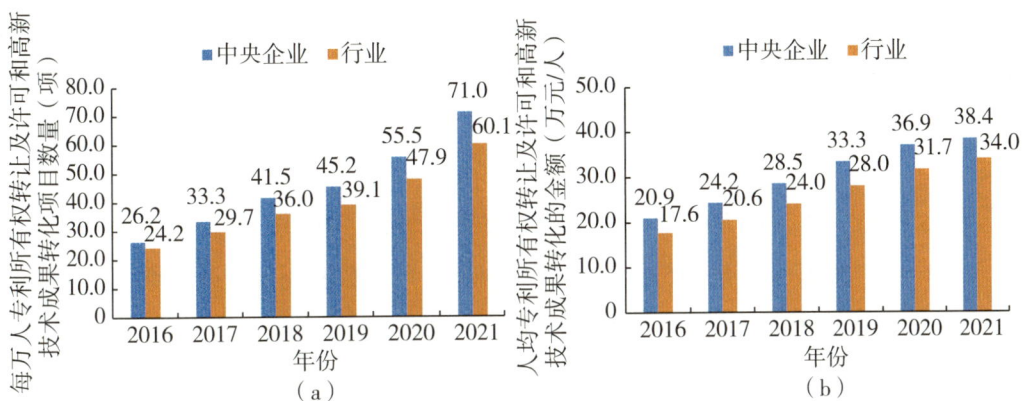

图5-1-9 中央企业技术转移转化情况（2016—2021年）

（2）企业经营效益

2021年，中央企业人均主营业务收入为361.4万元，较2016年增长51.7%，历年数据均高于行业平均水平。人均利润持续增长，但2019年开始低于行业平均水平，表明中央企业需进一步增强盈利能力（图5-1-10）。

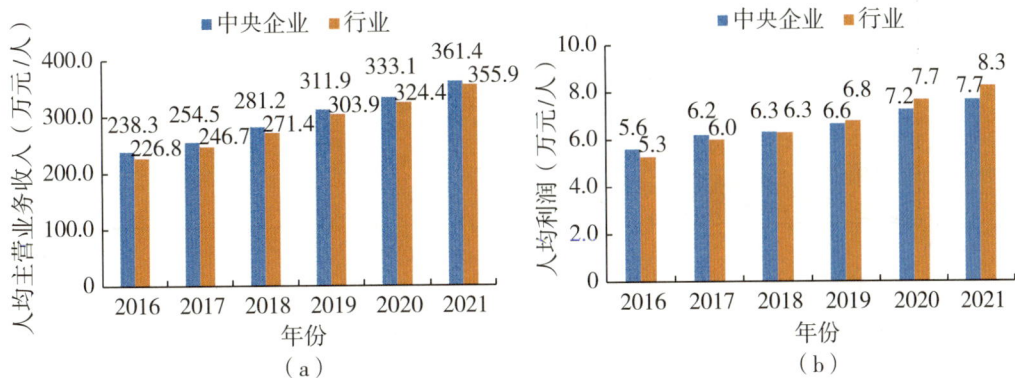

图5-1-10 中央企业经营效益情况（2016—2021年）

5. 小结

近年来，国务院、国有资产监督管理委员会，围绕中央企业科技创新，作出了一系列部署，加大了政策精准供给，持续推动中央企业加大科技创新力度，加快打造原创技术"策源地"，培育现代产业链"链长"，并取得了显著成效。中央企业完整准确全面贯彻新发展理念，主动服务构建新发展格局，按照党中央高质量发展要求，强化企业科技创新，不断聚集优秀人才，持续加大科研经费投入，注重原创性基础性研究，关键核心技术不断突破，重大科技创新成果不断涌现，自主创新能力持续增强，作为科技创新国家队和主力军的地位和作用进一步强化。同时，数字化建设快速发展，企业数字化转型取得积极成效。

（二）地方国企

2016—2021 年，地方国企科技创新指数平稳增长。其中，创新资源指数增长最快，2021 年较 2016 年增长 115.6%；其次为创新成果指数和创新绩效指数，分别增长70.4%、65.6%；创新投入指数增长较缓，增长 39.4%（图 5-1-11）。

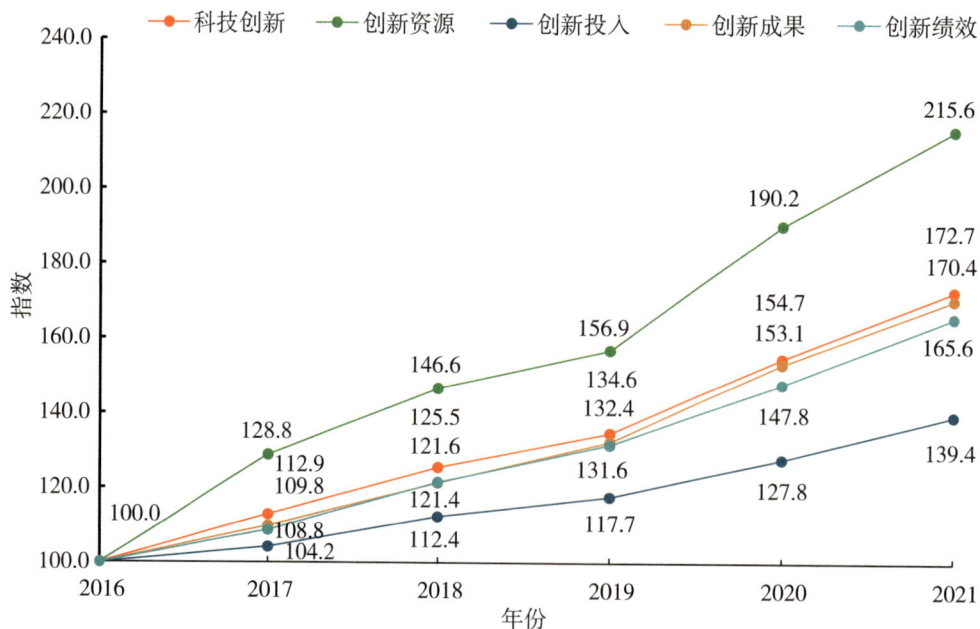

图 5-1-11　地方国企科技创新指数及其分项指数（2016—2021 年）

1. 创新资源

（1）人力资源

2016—2021 年，地方国企从业人员中大专及以上学历人数所占比重、研究生学历人数所占比重分别上升 5.8 个百分点、1.0 个百分点，历年数据均高于行业平均水平（图 5-1-12）。表明地方国企也是高校毕业生及高学历人才的重要选择。

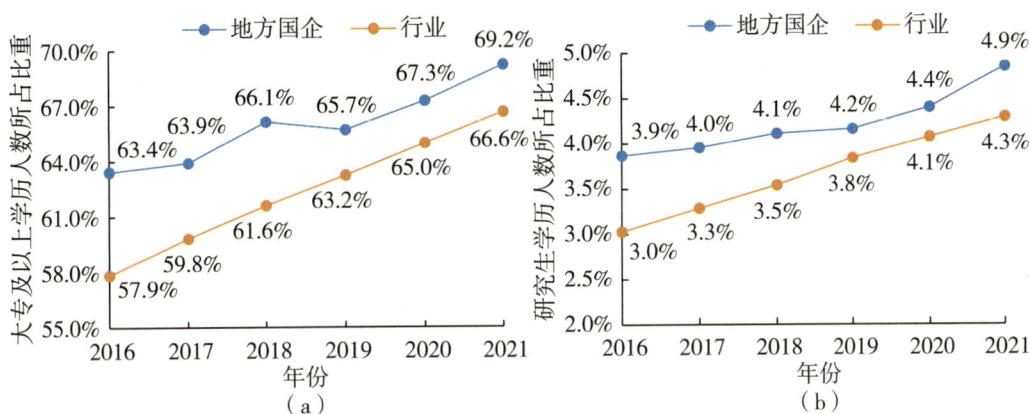

图 5-1-12　地方国企人力资源情况（2016—2021 年）

（2）创新基础

地方国企省部级及以上研发和认证平台数 2021 年较 2016 年增长 33.9%，低于行业增长速度（表 5-1-2）。人均企业技术开发仪器设备原值呈增长趋势，2021 年较 2016 年增长 22.8%，但历年数据均大幅低于行业平均水平（图 5-1-13）。表明地方国企的科技创新基础设施建设力度不足，需进一步加强。

表 5-1-2　地方国企省部级及以上研发和认证平台数

企业性质	2016 年	2021 年	增长率
地方国企	330 个	442 个	33.9%
行业	1015 个	1656 个	63.2%

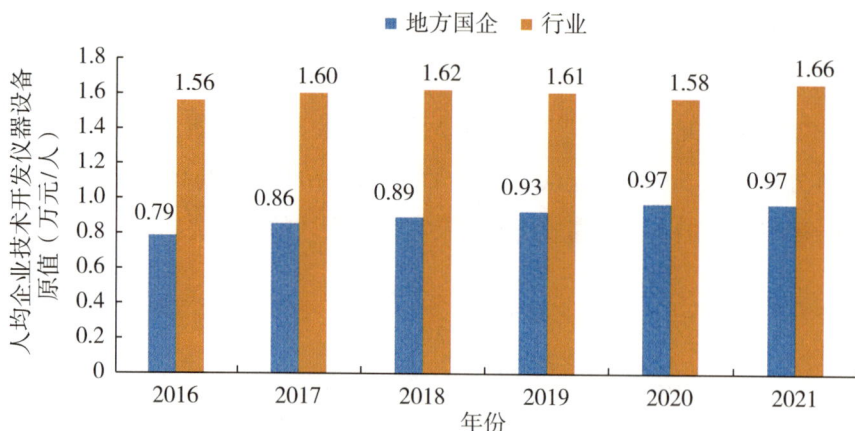

图5-1-13　地方国企研发和认证平台及技术开发仪器设备原值情况（2016—2021年）

2. 创新投入

（1）研发经费

2016—2021年，地方国企研发人员人均研发经费支出呈增长趋势，2018年开始高于行业平均水平，2021年较2016年增长105.5%。研发经费支出占主营业务收入的比重从2016年的2.08%上升到2021年的2.54%，但历年数据均低于行业平均值（图5-1-14）。

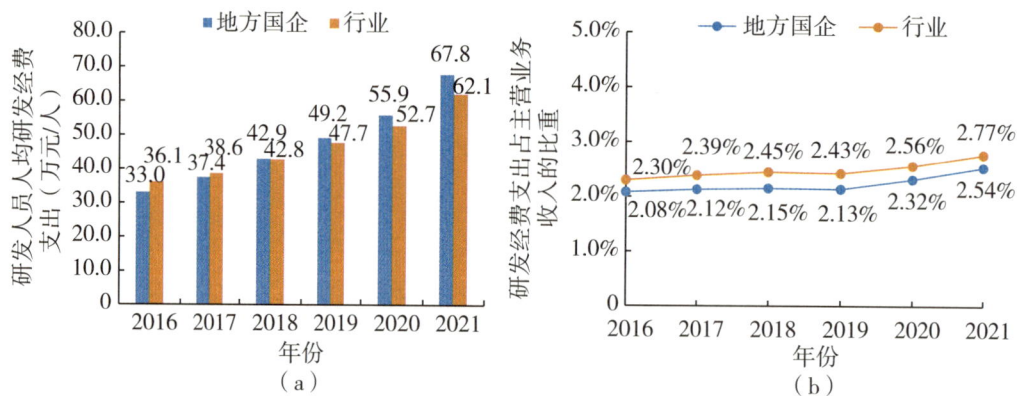

图5-1-14　地方国企创新经费情况（2016—2021年）

（2）研发项目

2016—2021年，地方国企每万人在研研发项目数量、每万人省部级及以上在研研发项目数量均呈增长趋势，2021年较2016年分别增长51.6%、70.7%。历年数据均高于行业平均水平（图5-1-15）。表明地方国企科技研发活动处于非常活跃状态。

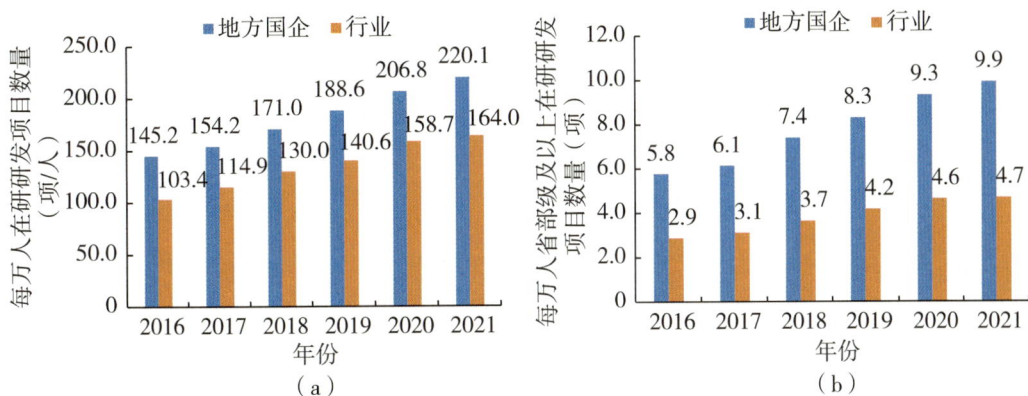

图 5-1-15　地方国企科研课题情况（2016—2021 年）

3. 创新成果

（1）专利

地方国企每万人拥有的有效专利数量呈快速增长趋势，2021 年较 2016 年增长 222.6%，但历年数据均低于行业平均水平。有效发明专利数量占全部有效专利比重呈下降趋势，由 2016 年的 26.2% 下降到 2021 年的 17.6%，下降 8.6 个百分点，虽然历年数据均高于行业平均水平，但其下降速度高于行业下降速度（图 5-1-16）。表明地方国企需要对发明专利的挖掘与申请引起重视。

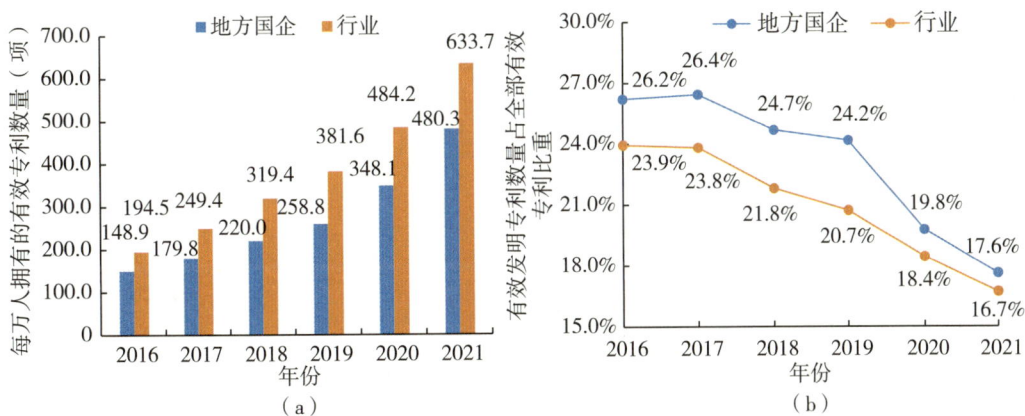

图 5-1-16　地方国企专利情况（2016—2021 年）

（2）标准工法

地方国企每万人拥有的团体及以上标准规范数量呈增长趋势，2021 年较 2016 年增长 97.5%，历年数据均高于行业平均水平，表明地方国企始终高度重视标准化工作。

每万人拥有的省部级及以上工法数量总体增长缓慢，2021年较2016年增长27.6%，2016—2020年数据均高于行业平均水平，但领先优势逐渐减弱，2021年低于行业平均水平，表明地方国企需进一步重视施工工法开发（图5-1-17）。

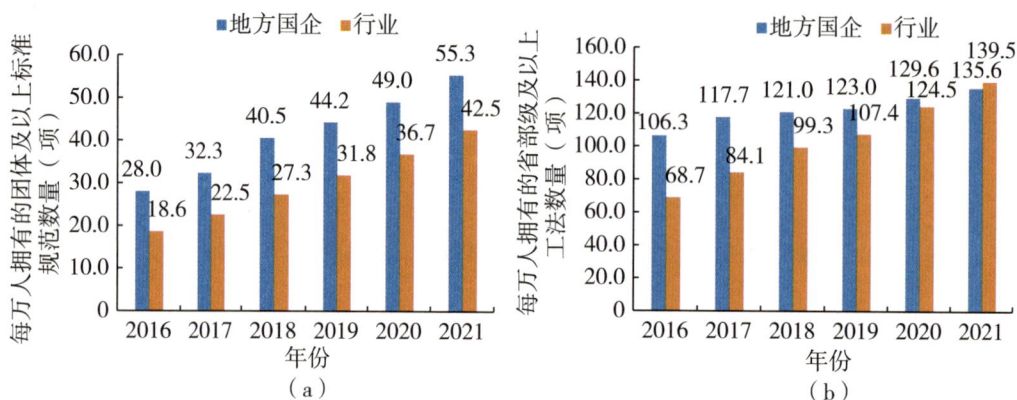

图5-1-17 地方国企标准工法情况（2016—2021年）

4. 创新绩效

（1）技术转移转化

2016—2021年，地方国企每万人专利所有权转让及许可和高新技术成果转化项目数量、人均专利所有权转让及许可和高新技术成果转化的金额均呈增长趋势，2021年较2016年分别增长107.5%、130.8%，但历年数据均低于行业平均水平（图5-1-18）。表明地方国企需加强科技成果转化工作。

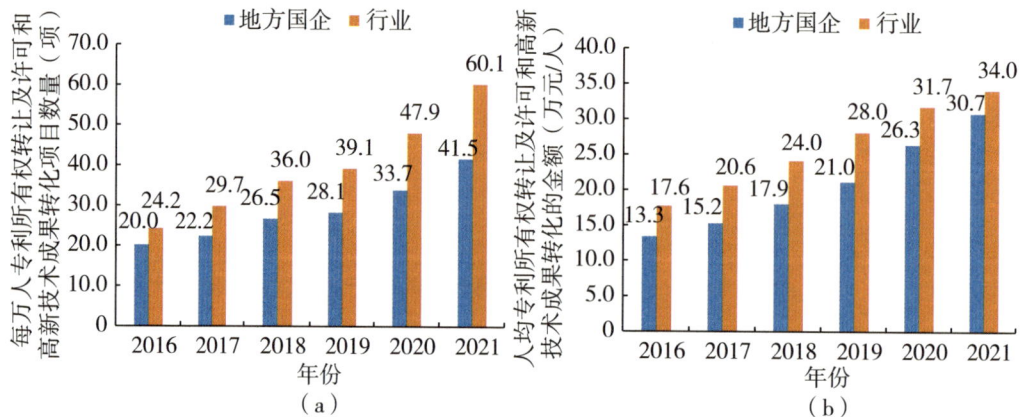

图5-1-18 地方国企技术转移转化情况（2016—2021年）

（2）企业经营效益

2016—2021 年，地方国企人均主营业务收入、人均利润均呈增长趋势，分别增长 71.2%、111.1%，且历年均高于行业平均水平（图5-1-19）。表明地方国企创收及盈利能力较强。

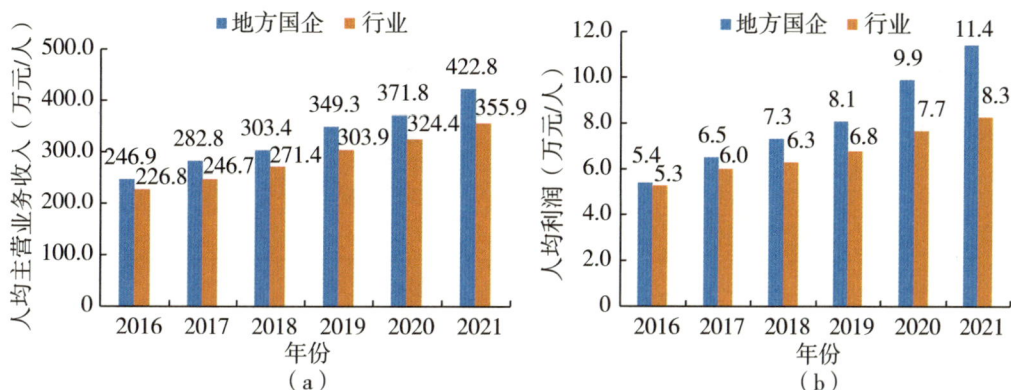

图 5-1-19　地方国企企业经营效益情况（2016—2021 年）

5. 小结

地方国企积极推进科技创新工作，人才资源良好，研发经费持续加大，科技研发项目快速增长，标准化工作保持较大优势，不断取得新的成绩。地方国企具有地域优势，更易于承接省级研发项目，科技成果转化突出，在企业盈利方面也有比较优势。但仍需重视创新人才队伍建设，加强产学研合作、原创性基础性研究等方面工作。

（三）民营企业

2016—2021 年，民营企业科技创新指数增长较快。其中，创新成果指数增长最快，2021 年较 2016 年增长 126.7%；其次为创新资源指数，增长 95.4%；创新绩效指数稳定增长，增长 78.6%；创新投入指数增长缓慢，增长 69.4%（图5-1-20）。

图 5-1-20　民营企业科技创新指数及其分项指数（2016—2021 年）

1. 创新资源

（1）人力资源

2016—2021 年，民营企业从业人员中大专及以上学历人数所占比重、研究生学历人数所占比重分别上升 7.4 个百分点、0.8 个百分点（图 5-1-21）。两项指标历年数据均大幅低于行业平均水平，表明民营企业亟须加强人力资源建设。

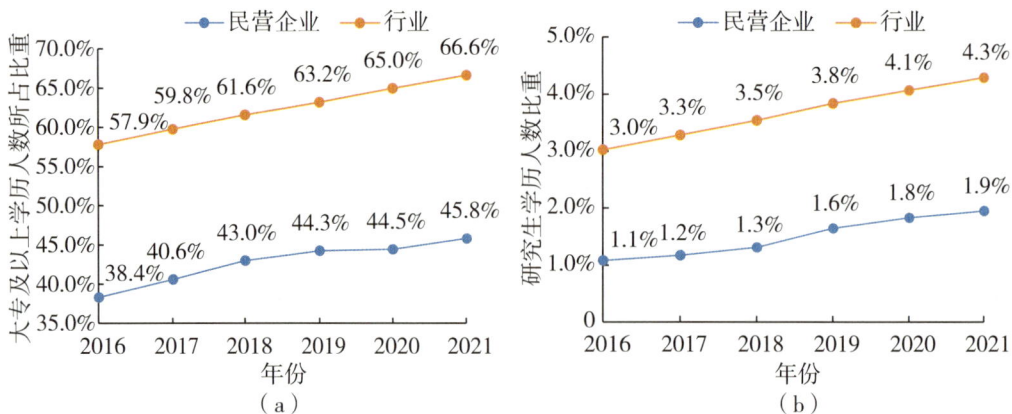

（a）

（b）

图 5-1-21　民营企业人力资源情况（2016—2021 年）

（2）创新基础

民营企业省部级及以上研发和认证平台数量较少，但2021年较2016年增长75.5%，高于行业增长速度，表明民营企业逐渐重视创新平台建设（表5-1-3）。人均企业技术开发仪器设备原值历年数据大幅低于行业平均水平，表明民营企业对科技研发仪器设备软件购置意愿不足（图5-1-22）。

表5-1-3　省部级及以上研发和认证平台数量

企业性质	2016年	2021年	增长率
民营企业	94个	165个	75.5%
行业	1015个	1656个	63.2%

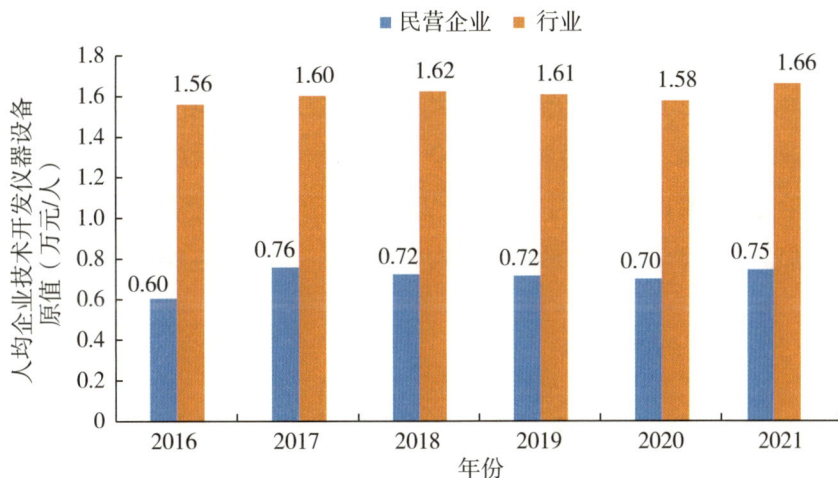

图5-1-22　民营企业平台及技术开发仪器设备原值情况（2016—2021年）

2. 创新投入

（1）研发经费

2016—2021年，民营企业研发人员人均研发经费支出整体呈增长趋势，2021年较2016年增长108.8%，2021年接近行业平均水平。研发经费支出占主营业务收入的比重从2016年的1.3%上升到2021年的2.3%，增加1.0个百分点，与行业的差距逐渐减小（图5-1-23）。随着国家对科技创新重视程度日益提高，民营企业逐渐意识到科技创新对经营发展的重要性，在"十四五"开局之年加大了科技研发经费投入。

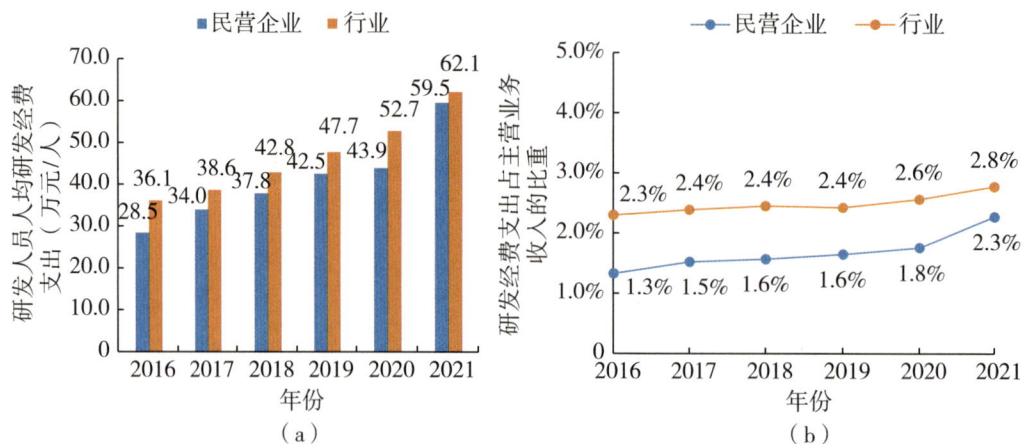

图 5-1-23　民营企业创新经费情况（2016—2021 年）

（2）研发项目和产学研合作

2016—2021 年，民营企业每万人在研研发项目数量呈增长趋势，2021 年较 2016 年增长 89.6%。虽然 2019 年才达到行业平均水平的 57.6%，但增长速度高于行业增速，表明民营企业对科研工作日益重视。开展产学研合作的企业占总企业数量比重由 2016 年的 31.1% 上升到 2021 年的 56.1%，上升 25.0 个百分点，历年数据均高于行业平均水平，表明民营企业对产学研合作的创新方式更加重视（图 5-1-24）。

图 5-1-24　民营企业科研课题及产学研合作情况（2016—2021 年）

3. 创新成果

（1）专利

2016—2021年，民营企业每万人拥有的有效专利数量呈增长趋势，2021年较2016年增长243.6%，但历年均大幅度低于行业平均水平；有效发明专利数量占全部有效专利比重呈下降趋势，由2016年的19.9%下降至2021年的14.8%，下降了5.1个百分点（图5-1-25）。表明民营企业对知识产权保护重视不够。

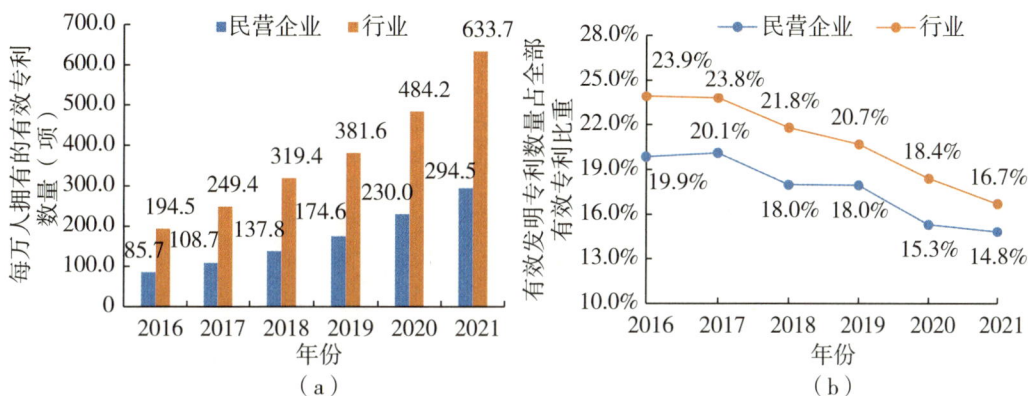

图5-1-25　民营企业专利情况（2016—2021年）

（2）标准和软著

2016—2021年，民营企业每万人拥有的团体及以上标准规范数量、每万人拥有的软件著作权数量呈增长趋势，2021年较2016年分别增长166.0%、207.2%，但均与行业的差距逐渐拉大（图5-1-26）。表明民营企业在标准化、数字化建设方面有较大提升空间。

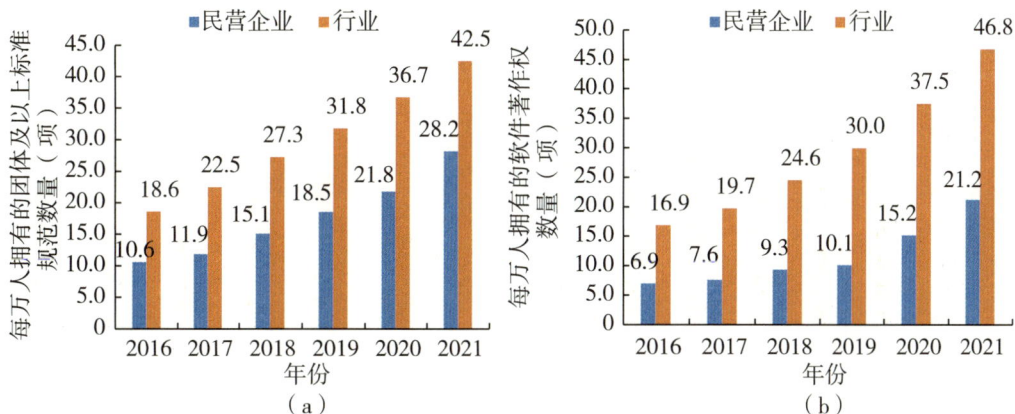

图5-1-26　民营企业标准规范及软件著作权情况（2016—2021年）

4. 创新绩效

（1）技术转移转化

2016—2021 年，民营企业每万人专利所有权转让及许可和高新技术成果转化项目数、人均专利所有权转让及许可和高新技术成果转化金额均呈增长趋势，分别增长 80.0%、114.1%，但历年数据均低于行业平均水平，且与行业差距逐年拉大（图 5-1-27）。表明民营企业需进一步重视科技成果转化工作。

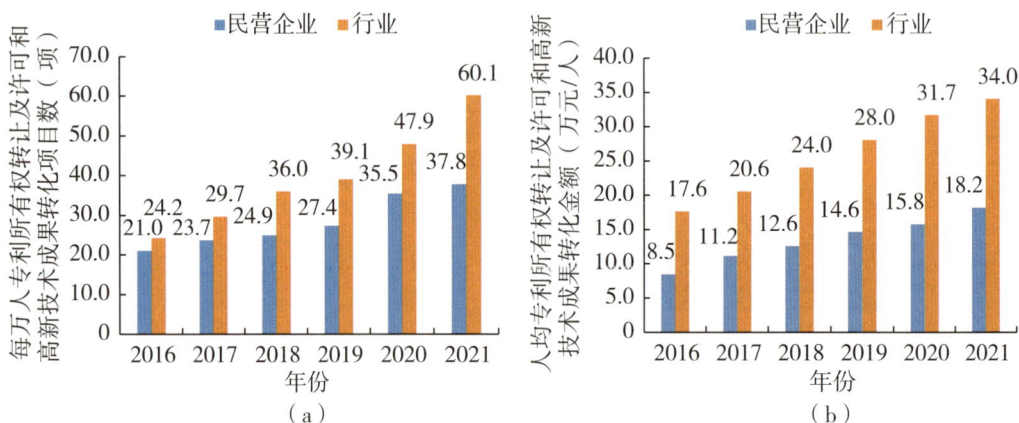

图 5-1-27　民营企业技术转移转化情况（2016—2021 年）

（2）企业经营效益

2016—2021 年，民营企业人均主营业务收入、人均利润呈稳步增长趋势，2021 年较 2016 年分别增长 52.5%、68.6%（图 5-1-28）。但历年数据均低于行业平均水平，表明民营企业更加需要通过科技创新来提高企业经营效益。

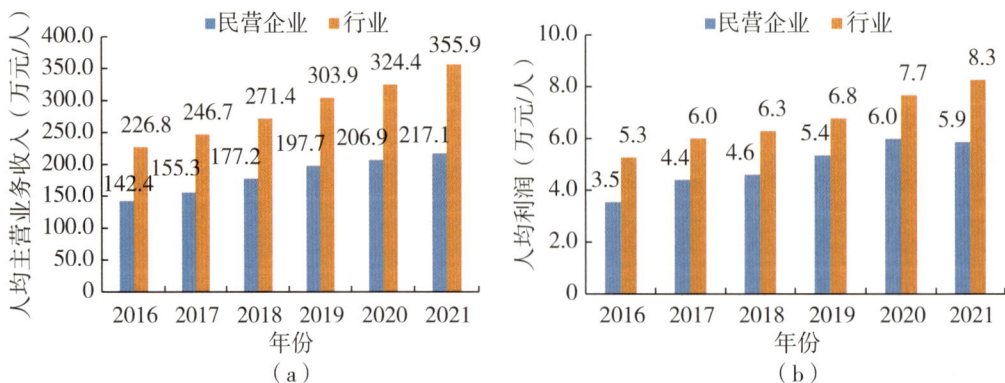

图 5-1-28　民营企业经营效益情况（2016—2021 年）

5. 小结

民营企业是科技创新的重要组成部分。近年来，民营企业不断加大科技创新投入，注重创新平台建设，积极开展产学研合作，科技创新活跃度日益提高。但在人力资源建设、研发经费投入、知识产权保护、科技成果产出及转化等方面还存在较大差距，仍需厚植科技创新文化，持续提升创新能力，推动企业高质量发展。

二、施工总承包特级资质企业

本部分主要分析施工总承包特级资质企业的科技创新情况。参与分析企业中，中央企业183家、地方国企99家、民营企业57家（图5-2-1）。

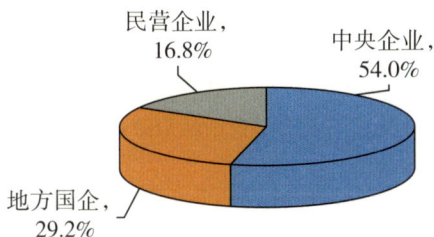

图5-2-1　参与计算的企业性质

施工总承包特级资质企业科技创新指数呈增长态势，2021年较2016年增长67.3%。其中创新成果指数增长最快，增长102.1%；其次为创新资源指数，增长97.3%；创新投入指数和创新绩效指数增长较缓，分别增长39.8%、30.0%（图5-2-2）。

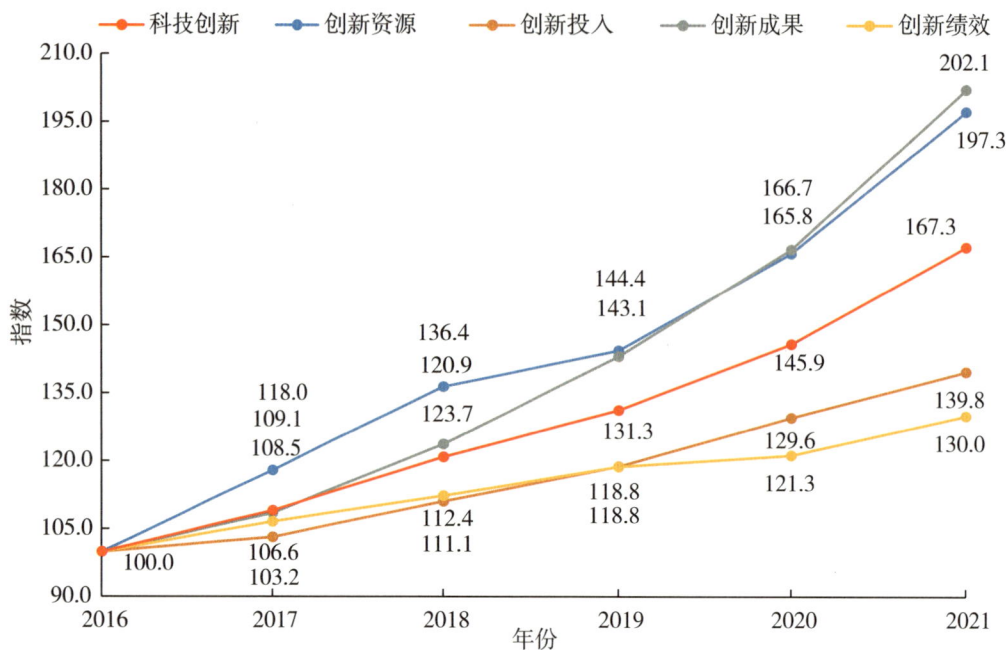

图 5-2-2　施工总承包特级资质企业科技创新指数及其分项指数（2016—2021 年）

1. 创新资源

（1）人力资源

特级企业从业人员中大专及以上学历人数所占比重、研究生人数所占比重均呈上升趋势，2021 年较 2016 年分别提高了 9.9 个百分点及 0.8 个百分点，但历年数据均低于行业平均水平（图 5-2-3）。

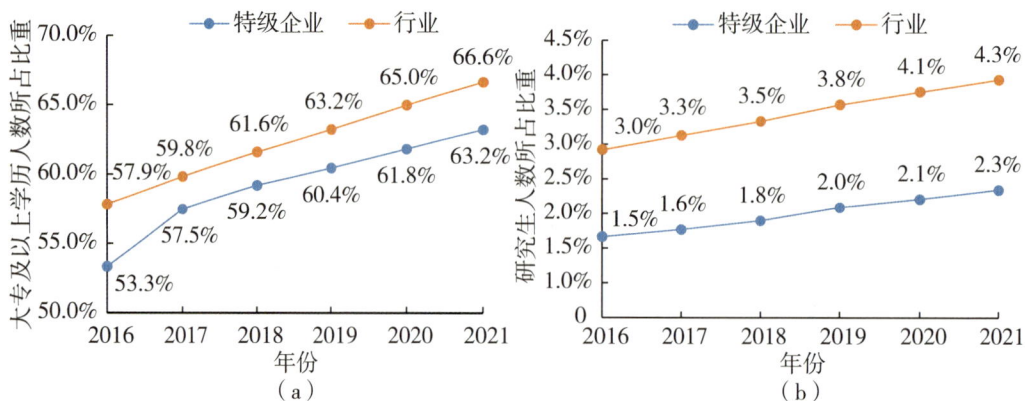

图 5-2-3　人力资源情况（2016—2021 年）

（2）创新基础

特级企业省部级及以上研发和认证平台数量增长 39.4%，低于行业增长速度（表 5-2-1）；特级企业人均技术开发仪器设备原值 2019 年开始呈下降趋势，且历年数据均低于行业平均水平（图 5-2-4）。因此，特级企业创新平台建设和创新基础设施投入不足，有待进一步加强。

表 5-2-1 省部级及以上研发和认证平台数量

企业性质	2016 年	2021 年	增长率
特级企业	630 个	878 个	39.4%
行业	1015 个	1656 个	63.2%

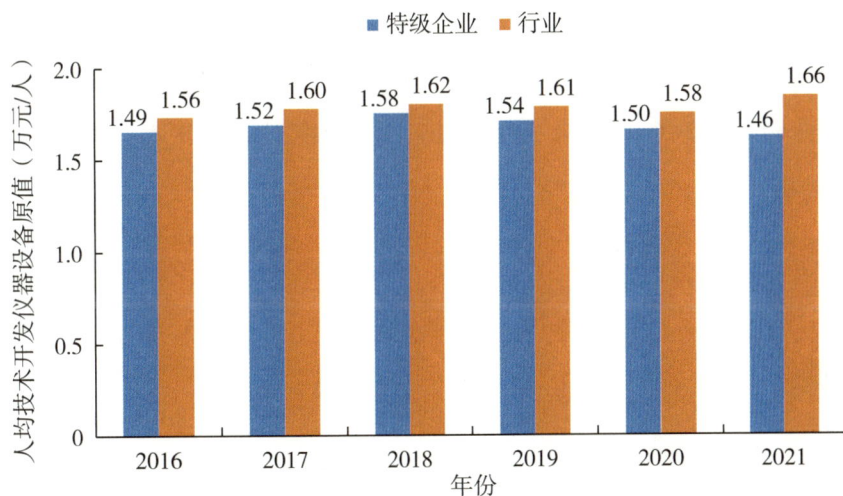

图 5-2-4 创新平台及创新基础情况（2016—2021 年）

2. 创新投入

（1）创新经费

特级企业研发人员人均研发经费支出呈上升趋势，从 2016 年的 42.1 万元上升到 2021 年的 73.4 万元，增长 74.3%，历年数据高于行业平均水平。特级企业研发经费支出占主营业务收入比重低于行业平均水平，但自 2020 年起增长较为明显（图 5-2-5）。

图5-2-5 创新经费投入情况（2016—2021年）

（2）创新人员

特级企业从业人员中高级工程师及以上人员所占比重、研发人员所占比重分别提高了1.8个百分点和1.4个百分点，两项指标均呈增长趋势，但历年数据均低于行业平均水平（图5-2-6）。特级企业应进一步重视科技人才培养，加大对创新人才投入。

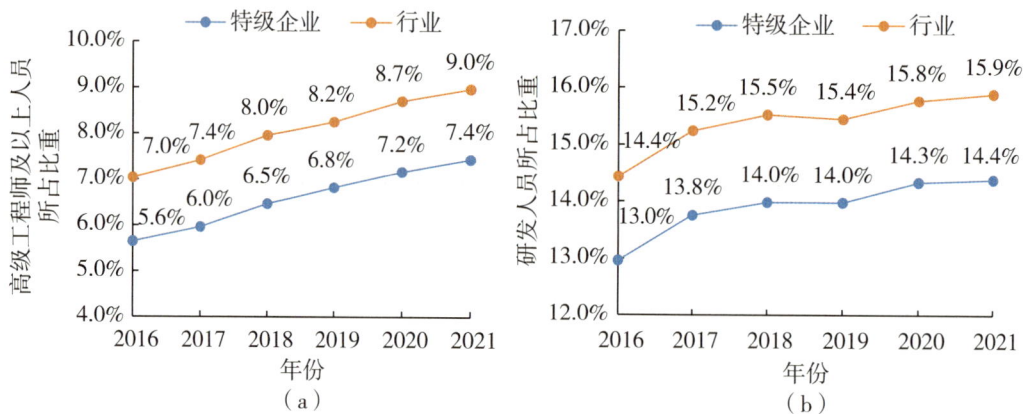

图5-2-6 创新人才投入情况（2016—2021年）

3. 创新成果

（1）专利

特级企业每万人拥有的有效专利数量2021年较2016年增长223.0%，历年数据均低于行业平均水平；特级企业有效发明专利数量占全部有效专利比重呈下降趋势，2019

年起与行业基本一致（图5-2-7）。特级企业作为工程建设施工领域的龙头企业，需要进一步加强知识产权保护。

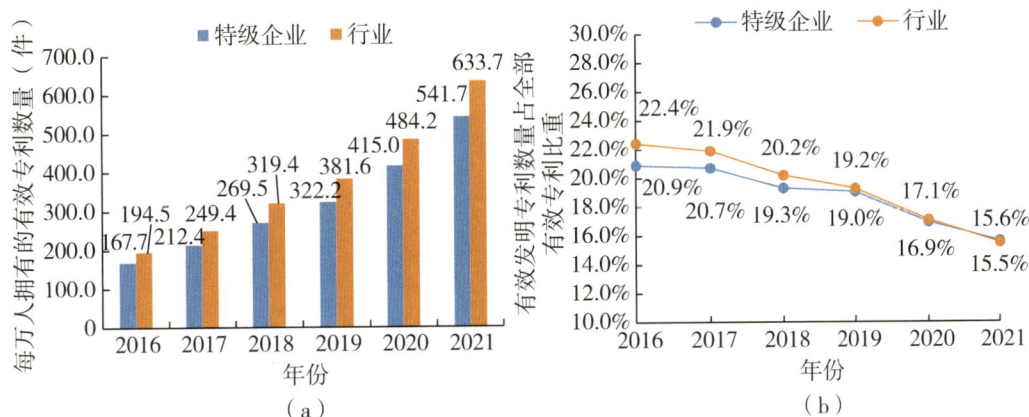

图5-2-7　专利情况（2016—2021年）

（2）软著商标

特级企业每万人拥有的软件著作权数量及每万人拥有的注册商标数量稳步增长，2021年较2016年分别增长273.3%、51.8%，但历年数据远远低于行业（图5-2-8）。随着"数字中国"建设的逐渐深入，特级企业应进一步加强数字化工作，推动企业数字化转型。

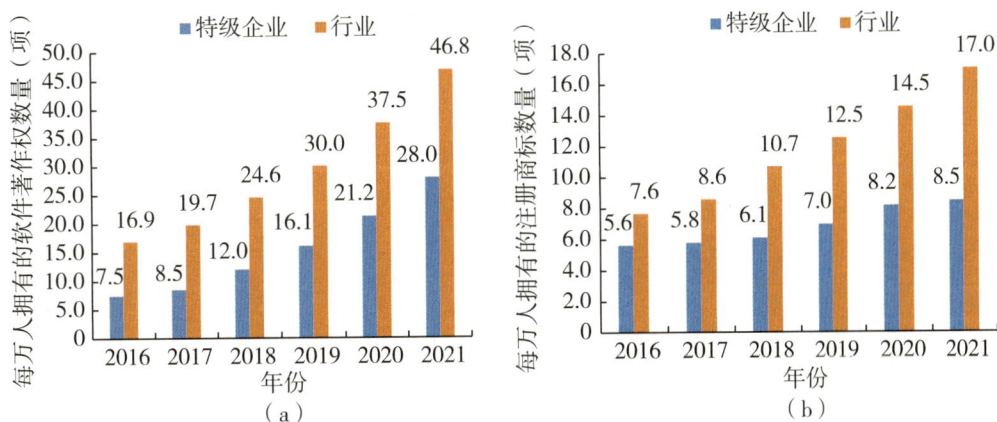

图5-2-8　软著商标情况（2016—2021年）

4. 创新绩效

（1）技术转移转化

特级企业每万人专利所有权转让及许可和高新技术成果转化项目数量稳步增长，历年数据均低于行业平均水平。特级企业人均专利所有权转让及许可和高新技术成果转化的金额逐年提高，2021年较2016年增长91.4%，且历年数据高于行业平均水平（图5-2-9）。因此，特级企业科技成果转化效率较高。

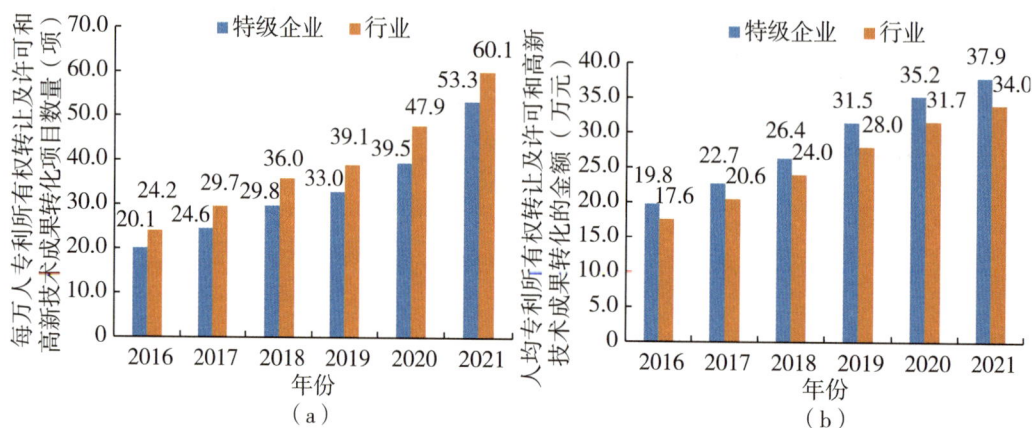

图5-2-9　技术转移转化情况（2016—2021年）

（2）企业经营效益

特级企业在人均主营业务收入方面呈现上升趋势，2021年较2016年增长57.7%，历年数据均高于行业平均水平。特级企业人均利润与行业基本持平，2021年较2016年增长49.5%（图5-2-10）。

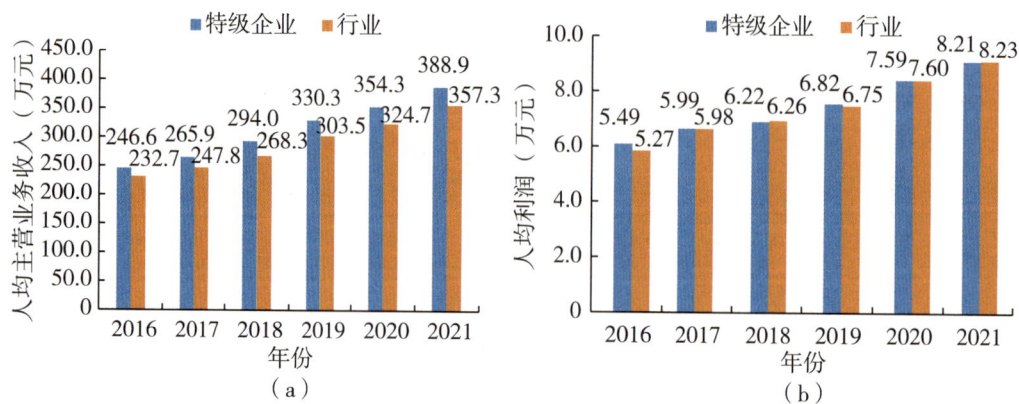

图5-2-10　企业经营效益情况（2016—2021年）

5. 小结

施工总承包特级资质企业各项科技创新指标呈不断上升的发展态势。企业不断加大创新经费投入，科技成果数量和质量不断提升，成果转化效果良好。但作为行业硬实力的代表，在其他指标方面并无明显优势，人力资源建设、研发人员投入、创新基础设施建设、数字化工作等方面低于行业平均水平，人均利润与行业基本持平。随着国家放开市场准入条件，特级企业需要进一步加强科技创新，以科技创新开辟发展新赛道、塑造发展新动能、树立企业品牌新形象，增强核心竞争力，实现高质量发展。

三、勘察设计企业

本节分析了勘察设计企业的科技创新情况。如图 5-3-1 所示，参与分析的企业共 103 家，从企业性质看，中央企业 63 家、地方国企 30 家、民营企业 10 家。

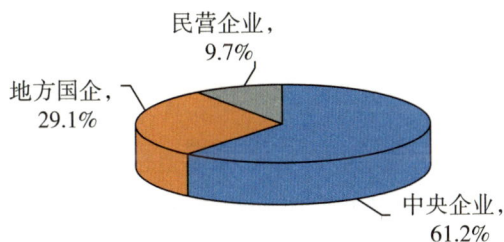

图 5-3-1　勘察设计企业分类

勘察设计企业创新指数逐年增加，总体增长 63.4%。其中创新成果指数增长最快，增长 103.2%；创新绩效指数和创新资源指数与科技创新总指数增长趋势相近，分别增长 64.5%、62.9%，但在 2021 年同时出现增速放缓；创新投入指数增长相对缓慢，仅增长 23.2%（图 5-3-2）。

图 5-3-2　勘察设计企业科技创新指数及其分项指数（2016—2021 年）

1. 创新资源

（1）人力资源

勘察设计企业大专及以上学历人数所占比重增长缓慢，2021 年较 2016 年仅增长 0.5 个百分点；研究生学历人数所占比重增长相对明显，2021 年较 2016 年增长 5.3 个百分点。勘察设计企业的两项指标均远高于行业平均水平，因此，勘察设计企业人力资源优势明显（图 5-3-3）。

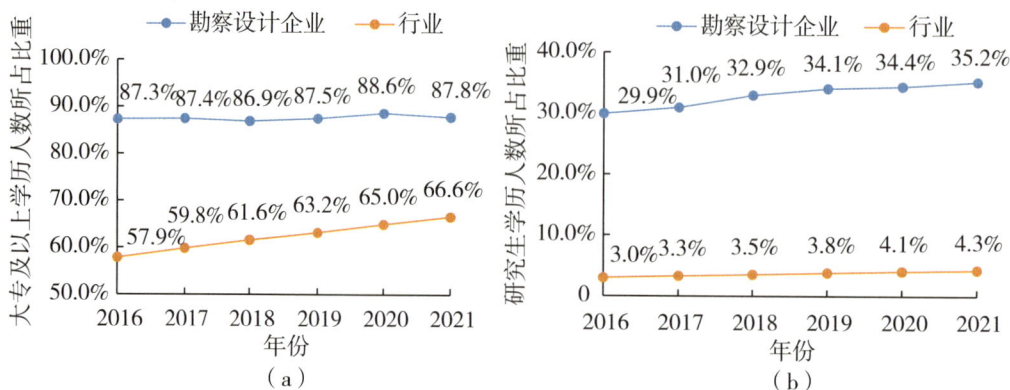

（a）

（b）

图 5-3-3　勘察设计企业人力资源情况（2016—2021 年）

（2）创新基础

勘察设计企业省部级及以上研发和认证平台数量增长 58.7%，低于行业增长速度（表 5-3-1）。勘察设计企业人均企业技术开发仪器设备原值增长缓慢，总体处于较低水平，这与勘察设计企业技术密集、轻资产的特点有关（图 5-3-4）。

表 5-3-1　省部级及以上研发和认证平台数量

企业性质	2016 年	2021 年	增长率
勘察设计企业	94 个	146 个	58.7%
行业	1015 个	1656 个	63.2%

图 5-3-4　勘察设计企业创新基础情况（2016—2021 年）

2. 创新投入

（1）创新经费

勘察设计企业研发人员人均研发经费支出稳步增长，2021 年较 2016 年增长 75.9%，但与行业平均水平有较大差距。勘察设计企业研发经费支出占主营业务收入的比重小幅下降，但历年数据均大幅高于行业平均水平，体现了勘察设计企业对科技研发工作的重视（图 5-3-5）。

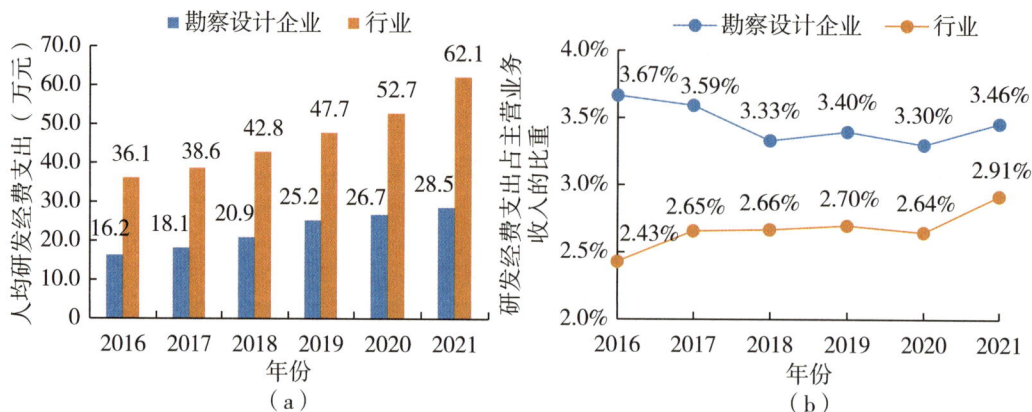

图 5-3-5　勘察设计企业创新经费情况（2016—2021 年）

（2）创新人才

与人力资源情况相似，勘察设计企业高级工程师及以上人员所占比重、研发人员所占比重均远高于行业平均水平（图 5-3-6）。

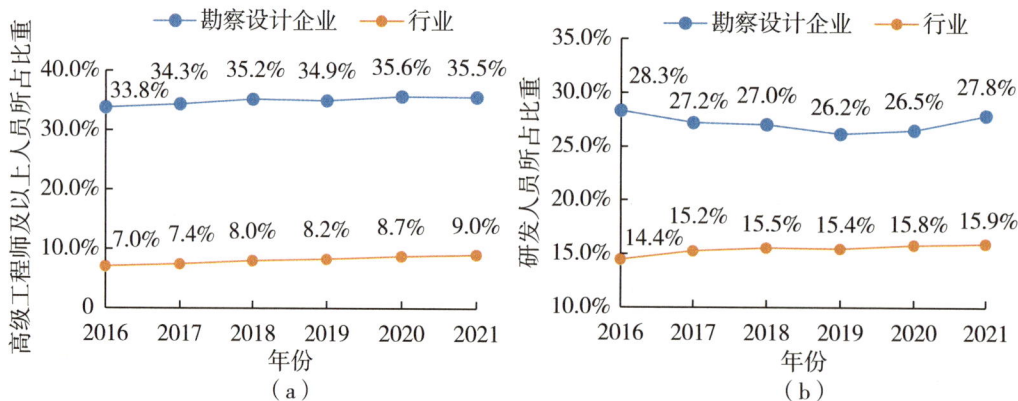

图 5-3-6　勘察设计企业创新人才情况（2016—2021 年）

3. 创新成果

（1）专利

勘察设计企业每万人拥有的有效专利数量有了巨大的提升，2021 年较 2016 年增长 165.7%。勘察设计企业有效发明专利占全部有效专利比重总体有所下降，但历年数据均高于行业平均水平，且下降幅度逐年减缓（图 5-3-7）。勘察设计企业在专利申请方面优势明显，提升数量的同时也注重质量。

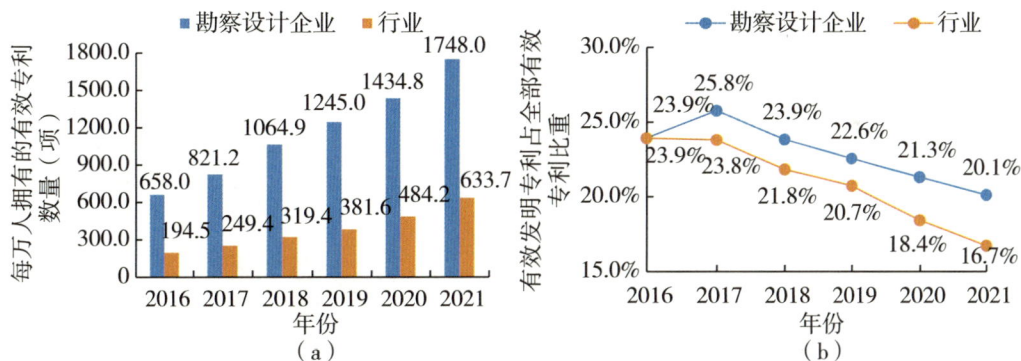

图5-3-7 勘察设计企业专利情况（2016—2021年）

（2）标准工法

勘察设计企业每万人拥有的团体及以上标准规范数量在稳步提升，2021年较2016年增长108.3%，历年数据均远高于行业平均水平。随着勘察设计企业工程总承包业务的发展，近年来工法的数量也有较大突破，每万人拥有的省部级及以上工法数量增长了333.3%（图5-3-8）。

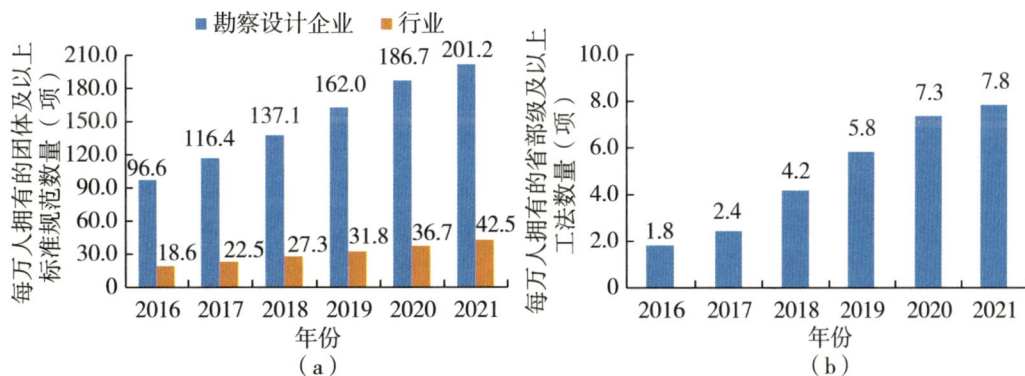

图5-3-8 勘察设计企业标准工法情况（2016—2021年）

4. 创新绩效

（1）科技奖励和创新成果转化

勘察设计企业每万人拥有的省部级科技奖数量、每万人专利所有权转让及许可和高新技术成果转化项目数量均呈逐年上升趋势，2021年较2016年分别增长89.0%、100.5%，且历年数据均高于行业平均水平（图5-3-9）。因此，勘察设计企业的科技创新成果质量更高。

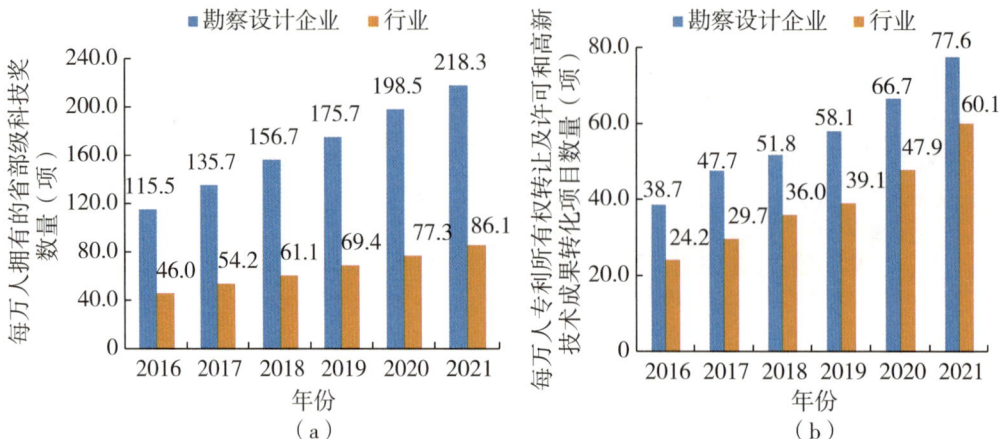

图 5-3-9　勘察设计企业科技奖励和创新成果转化情况（2016—2021 年）

（2）企业经营效益

2016—2021 年勘察设计企业的人均主营业务收入稳步提升，总体增长 83.5%，但与行业平均水平存在较大差距，人均利润呈现上升趋势，总体增长 50.5%，历年数据均高于行业平均水平（图 5-3-10）。数据反映出勘察设计企业技术密集型的特点，表明科技创新对企业经营效益的增长呈显著支撑作用。

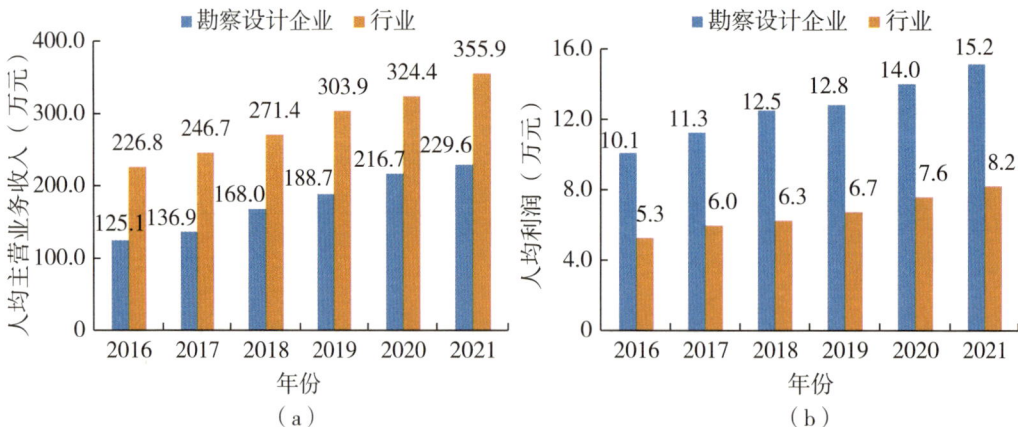

图 5-3-10　勘察设计企业经营效益情况（2016—2021 年）

5. 小结

勘察设计企业属于技术密集型企业，高端人才优势明显，创新经费投入大，创新成果产出高，在科技奖励和成果转化方面尤为突出，科技创新对企业经营发展的支撑作用明显。但在研发基础设施建设方面还需要进一步加强。同时，应发挥勘察设计企业的自身优势，进一步提高工程总承包生产经营规模，为科技创新提供更广阔的应用场景。

四、国家高新技术企业

本节分析国家高新技术企业的科技创新情况。参与分析的企业共608家。从企业性质看，中央企业397家、地方国企138家、民营企业73家、从企业类别看，施工企业464家、勘察设计企业95家、工程装备制造等其他类型企业49家（图5-4-1）。

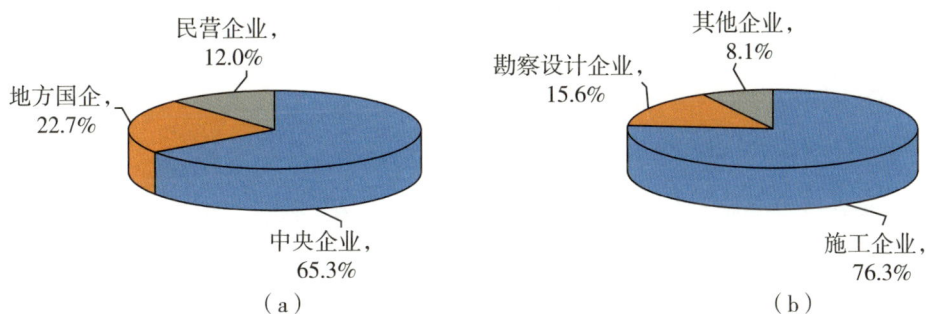

图 5-4-1　国家高新技术企业分类

国家高新技术企业科技创新指数呈稳定的上升趋势，总体增长66.0%。其中创新成果指数增长最快，增长84.2%；创新资源指数增长趋势相对较快，增长76.5%；创新绩效指数变化趋势与总指数相似，增长62.8%；创新投入指数在2016—2018年增长较快，随后有所放缓，总体增长40.4%（图5-4-2）。

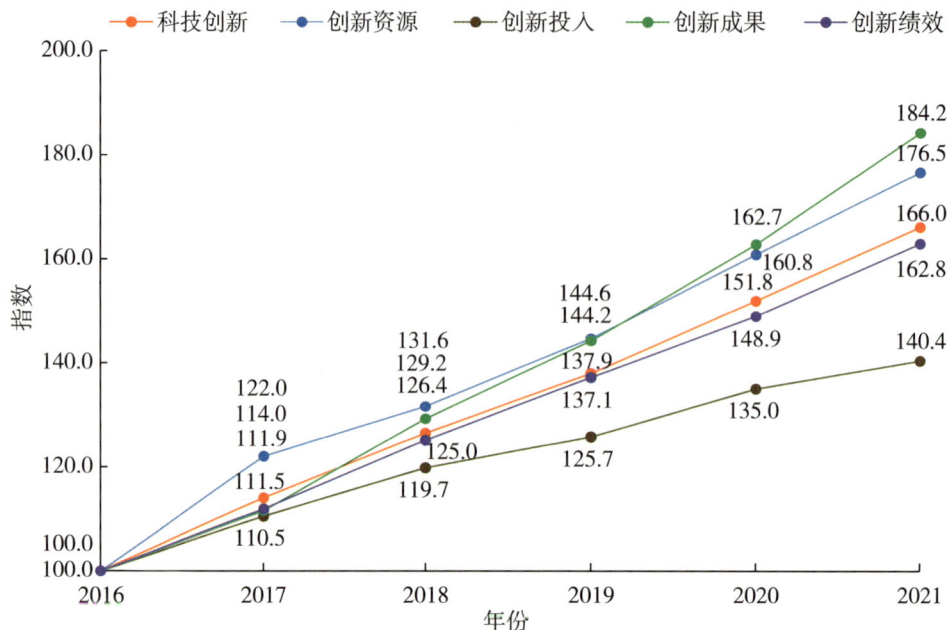

图 5-4-2 国家高新技术企业科技创新指数及其分项指数（2016—2021 年）

1. 创新资源

（1）人力资源

国家高新技术企业大专及以上学历人数所占比重增长较快，2021 年较 2016 年提高 8.5 个百分点；研究生学历人数所占比重增长相对较慢，总体提高 1.5 个百分点。国家高新技术企业的两项指标均高于行业平均水平（图 5-4-3）。

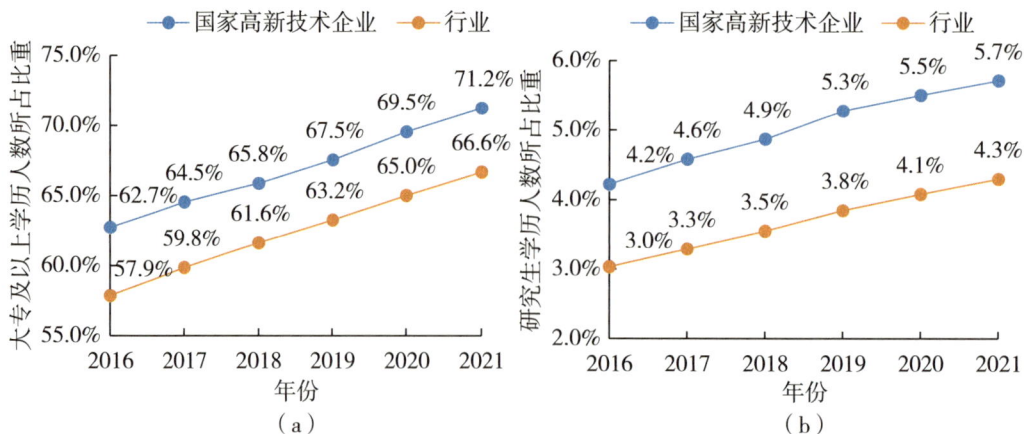

（a）

（b）

图 5-4-3 国家高新技术企业人力资源情况（2016—2021 年）

（2）创新基础

国家高新技术企业省部级及以上研发平台数增长 55.9%，低于行业增长速度（表 5-4-1）。国家高新技术企业人均企业技术开发仪器设备原值有所起伏，但始终高于行业平均水平（图 5-4-4）。

表 5-4-1　省部级及以上研发和认证平台数量

企业性质	2016 年	2021 年	增长率
国家高新技术企业	749 个	1168 个	55.9%
行业	1015 个	1656 个	63.2%

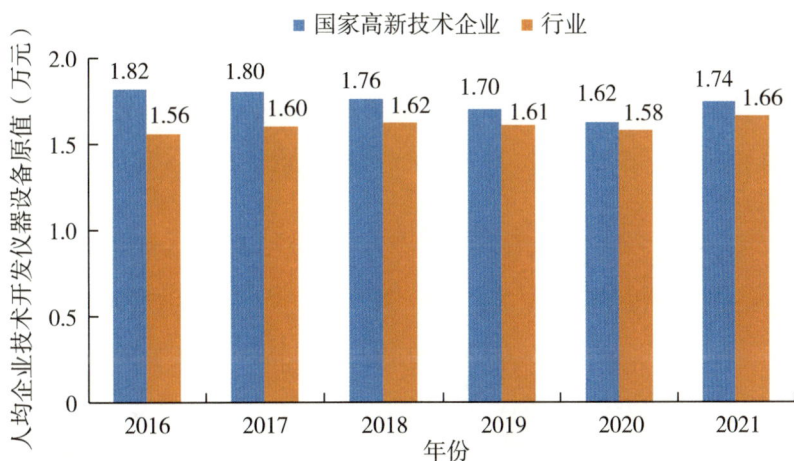

图 5-4-4　国家高新技术企业创新基础情况（2016—2021 年）

2. 创新投入

（1）创新经费及创新人才

国家高新技术企业研发人员人均研发经费支出稳步增加，2021 年较 2016 年增长 70.3%；研发人员所占比重增长趋势与行业相似，2021 年较 2016 年提高 1.1 个百分点。国家高新技术企业的两项指标均高于行业平均水平（图 5-4-5）。

图 5-4-5　国家高新技术企业创新经费及创新人才情况（2016—2021 年）

（2）科研课题

国家高新技术企业每万人企业全部在研研发项目数量、每万人企业省部级及以上在研研发项目数量稳步增长，2021 年较 2016 年分别增长 63.6% 和 38.9%，两项指标均高于行业平均水平（图 5-4-6）。

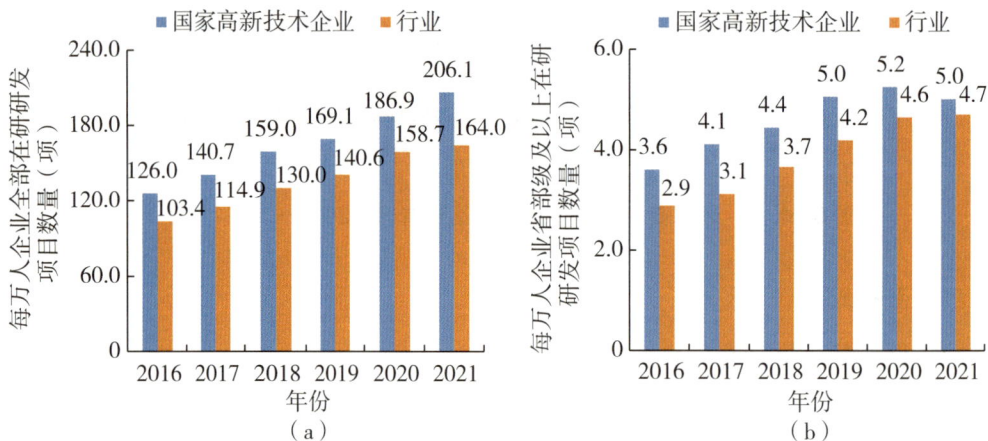

图 5-4-6　国家高新技术企业科研课题情况（2016—2021 年）

3. 创新成果

（1）专利

国家高新技术企业每万人拥有的有效专利数量增长迅速，2021年较2016年增长218.5%，高于行业平均水平；有效发明专利占全部有效专利比重总体在下降，历年数据与行业平均水平差距不大（图5-4-7）。

图5-4-7 国家高新技术企业专利情况（2016—2021年）

（2）标准工法

国家高新技术企业每万人拥有的团体及以上标准规范数量、每万人拥有的省部级及以上工法数量稳步增长，2021年较2016年分别增长115.2%和101.4%，历年数据均高于行业平均水平（图5-4-8）。

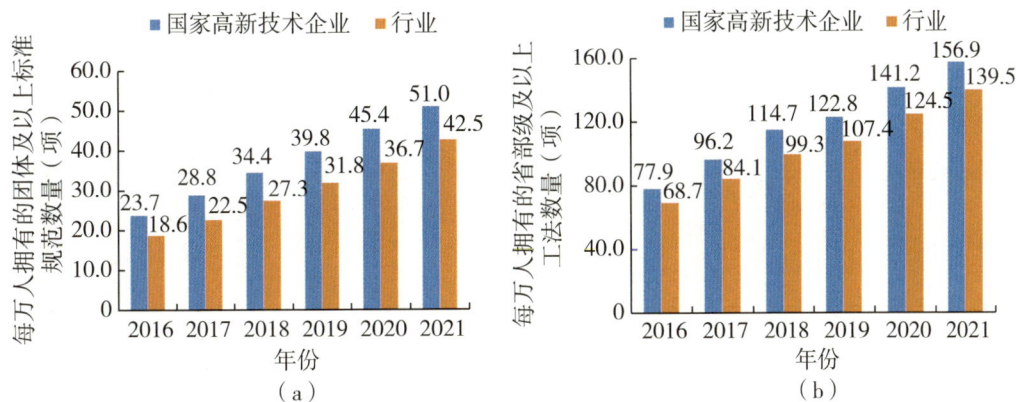

图5-4-8 国家高新技术企业标准工法情况（2016—2021年）

4. 创新绩效

（1）创新成果转化

国家高新技术企业新技术新装备新材料销售收入占主营业务收入的比重变化趋势与行业相似，2021年较2016年变化不大；人均专利所有权转让及许可和高新技术成果转化的金额有很大提升，总体增长146.5%。国家高新技术企业的两项指标均高于行业平均水平（图5-4-9）。

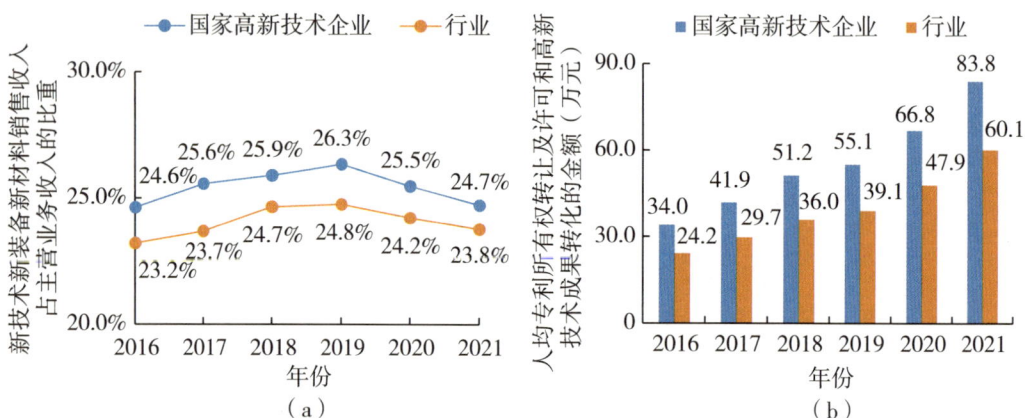

图5-4-9 国家高新技术企业创新成果转化情况（2016—2021年）

（2）企业经营效益

国家高新技术企业的人均主营业务收入和人均利润增长迅速，2021年较2016年分别增长53.6%和53.2%，两项指标均高于行业平均水平（图5-4-10）。

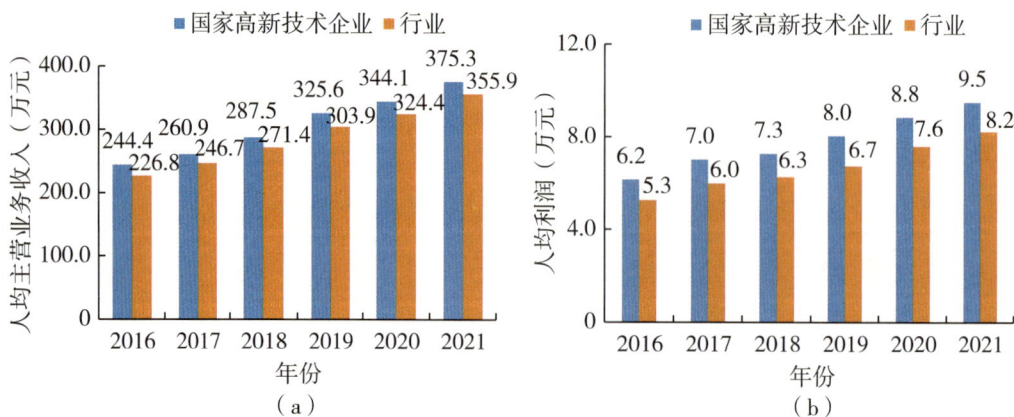

图5-4-10 国家高新技术企业经营效益情况（2016—2021年）

5. 小结

国家高新技术企业作为创新生产力的代表，各项创新指数指标均领先于行业平均水平，在人力资源、创新人才投入、创新成果转化等方面尤为突出，经营效益也具有比较优势。在国家各项奖励补贴和税收优惠政策的支持下，国家高新技术企业正引领工程建设行业的科技创新不断向前发展。

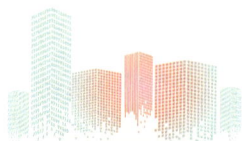

第六章

不同规模工程建设企业科技创新指数分析

本章针对不同规模工程建设企业科技创新情况进行分析。将特大型企业、大型企业、中型企业、小型企业的创新情况与行业平均水平进行对比，以反映该规模企业相比于行业的创新水平。并选取了部分具有代表性的指标进行了展示。

课题组根据工程建设行业的特点，按照主营业务收入情况对参与分析的 892 家企业进行划分，300 亿元以上为特大型企业，共 66 家；100 亿~300 亿元为大型企业，共 124 家；30 亿~100 亿元为中型企业，共 329 家；30 亿元以下为小型企业，共 373 家（图 6-0-1）。

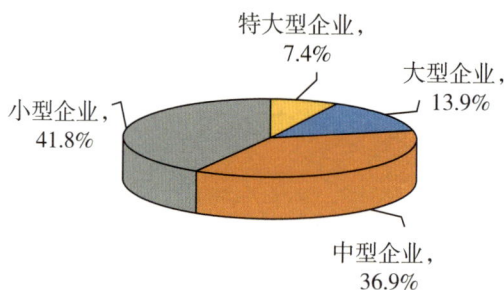

图 6-0-1　不同规模企业占比

一、特大型企业

本节分析特大型企业的科技创新情况。参与分析的企业共 66 家，从企业性质看，中央企业 48 家、地方国企 14 家、民营企业 4 家；从企业类别看，施工企业 65 家、勘察设计企业 1 家（图 6-1-1）。

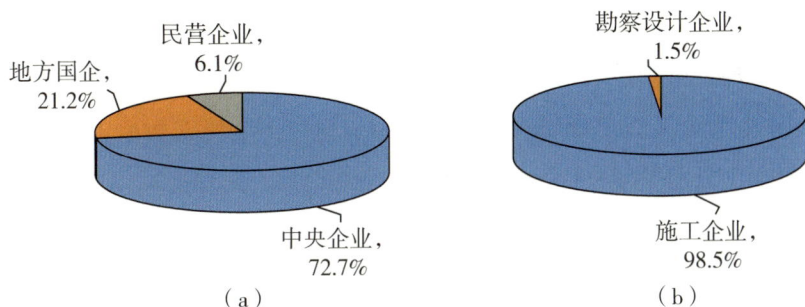

（a）　　　　　　　　　　　　　（b）

图 6-1-1　特大型企业分类

特大型企业科技创新指数稳步增长，2021 年较 2016 年增长 61.4%。其中创新成果指数增长最快，增长 94.9%；创新绩效指数的增长趋势与总指数相近，增长 67.1%；创新资源指数在 2016—2019 年增长较快，随后增速放缓，增长 49.0%；创新投入指数增长较为平缓，增长 34.5%，2020 年后增速加快（图 6-1-2）。

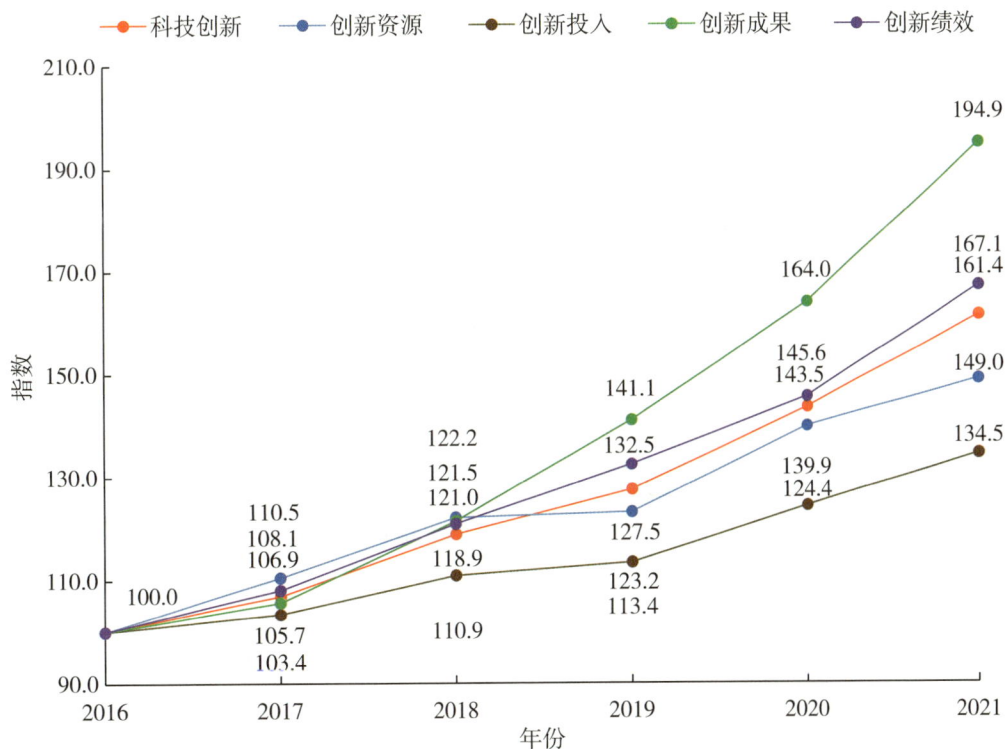

图 6-1-2　特大型企业科技创新指数及其分项指数（2016—2021 年）

1. 创新资源

（1）人力资源

特大型企业大专及以上学历人数所占比重、研究生学历人数所占比重稳步增长，2021年较2016年分别提高8.4个百分点和1.0个百分点，两项指标均低于行业平均水平（图6-1-3）。

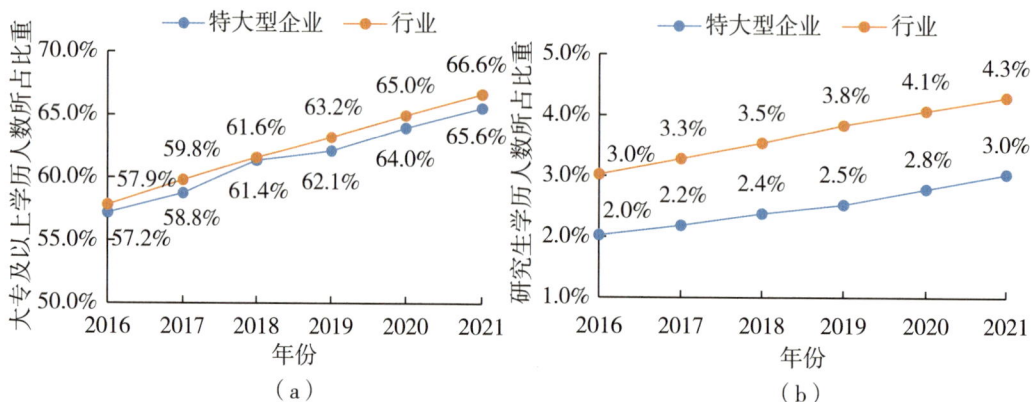

图6-1-3 特大型企业人力资源情况（2016—2021年）

（2）创新基础

特大型企业省部级及以上研发和认证平台数量增长57.9%，低于行业增长速度（表6-1-1）。特大型企业的人均企业技术开发仪器设备原值有所起伏，2021年较2016年变化不大，总体低于行业平均水平（图6-1-4）。

表6-1-1 省部级及以上研发和认证平台数量

企业性质	2016年	2021年	增长率
特大型企业	404个	638个	57.9%
行业	1015个	1656个	63.2%

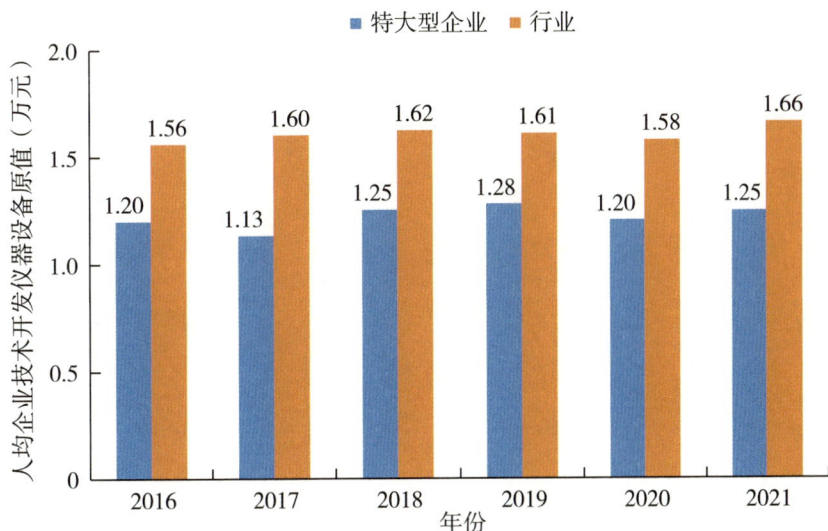

图 6-1-4　特大型企业技术开发仪器设备原值情况（2016—2021 年）

2. 创新投入

（1）创新经费

特大型企业研发人员人均研发经费支出稳步增长，增长速度逐年加快，2021 年较 2016 年增长 81.7%，相对行业平均水平的优势正在扩大。特大型企业研发经费支出占主营业务收入的比重始终低于行业平均水平，2019 年以后随着研发投入的进一步增加，差距逐渐缩小（图 6-1-5）。表明特大型企业对科技创新工作的重视程度越来越高，经费支持力度越来越大。

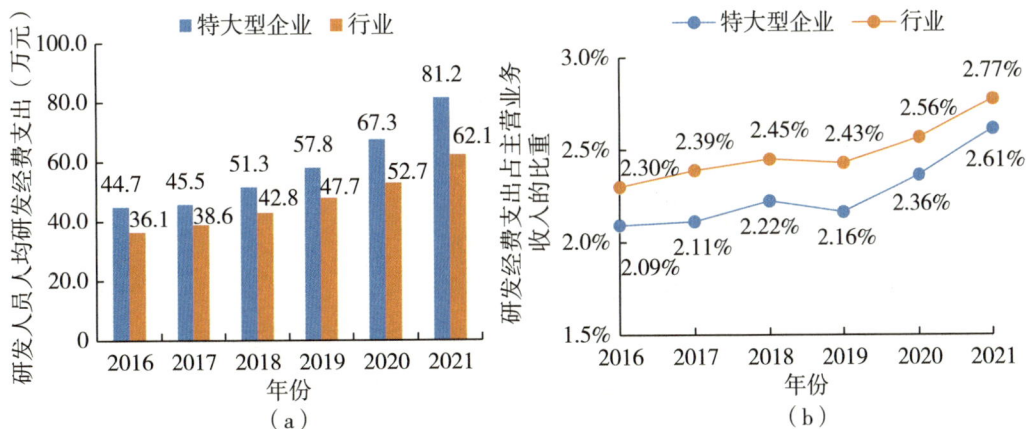

（a）

（b）

图 6-1-5　特大型企业创新经费情况（2016—2021 年）

（2）创新人才

特大型企业高级工程师及以上人员所占比重稳步增长，研发人员所占比重增长相对缓慢，2021年较2016年分别增长2.3个百分点和1.6个百分点，两项指标均低于行业平均水平（图6-1-6）。

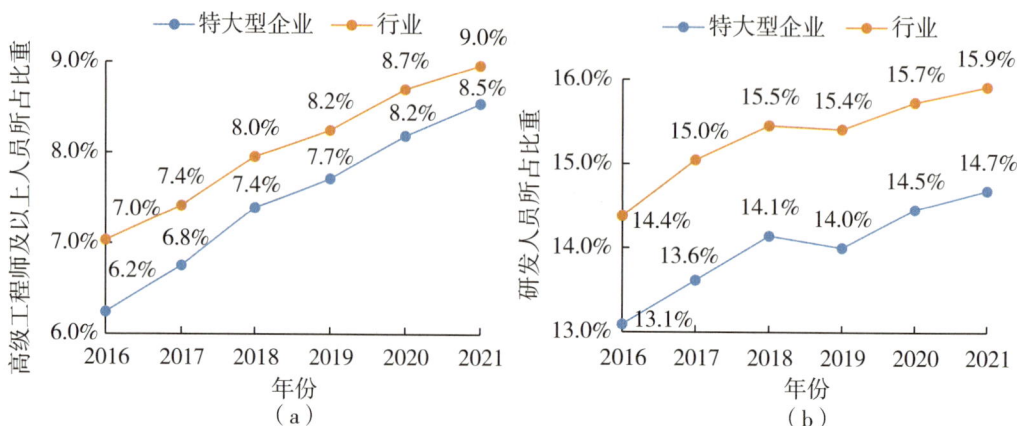

图6-1-6　特大型企业创新资源情况（2016—2021年）

3. 创新成果

（1）专利

特大型企业每万人拥有的有效专利数量持续增加，2020年开始增速加快，但与行业平均水平仍有一定差距。特大型企业有效发明专利数量占全部有效专利的比重逐年降低，但历年数据均高于行业平均水平。因此，特大型企业更加重视知识产权质量（图6-1-7）。

图6-1-7　特大型企业专利情况（2016—2021年）

（2）软件著作权及注册商标

特大型企业每万人拥有的软件著作权数量快速增加，2021年较2016年增长304.5%，但仍与行业平均水平有较大差距。特大型企业每万人拥有的注册商标数量增速相对较慢，总体增长41.4%，与行业平均水平的差距逐渐扩大（图6-1-8）。

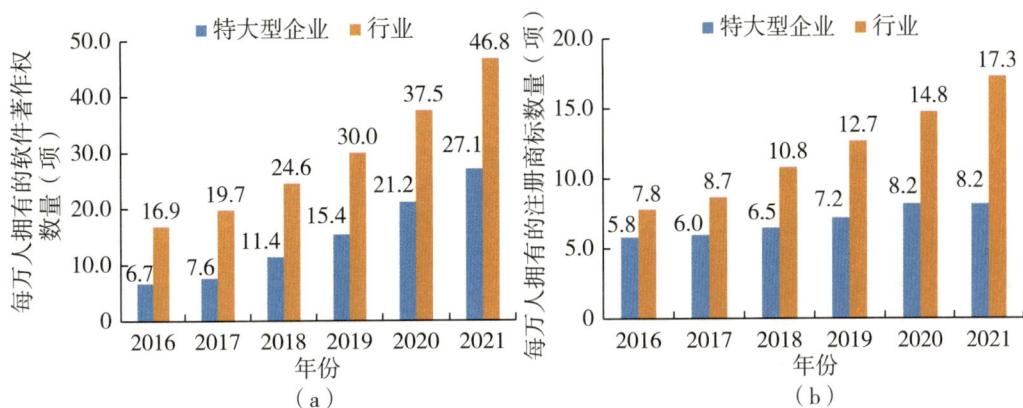

图6-1-8 特大型企业软件著作权及注册商标情况（2016—2021年）

4. 创新绩效

（1）创新成果转化

特大型企业新技术新装备新材料销售收入占主营业务收入的比重增长不明显，2021年较2016年提升1.8个百分点，但与行业平均水平的差距逐渐缩小。特大型企业人均专利所有权转让及许可和高新技术成果转化的金额增长较快，总体增长1倍，历年数据均高于行业平均水平（图6-1-9）。

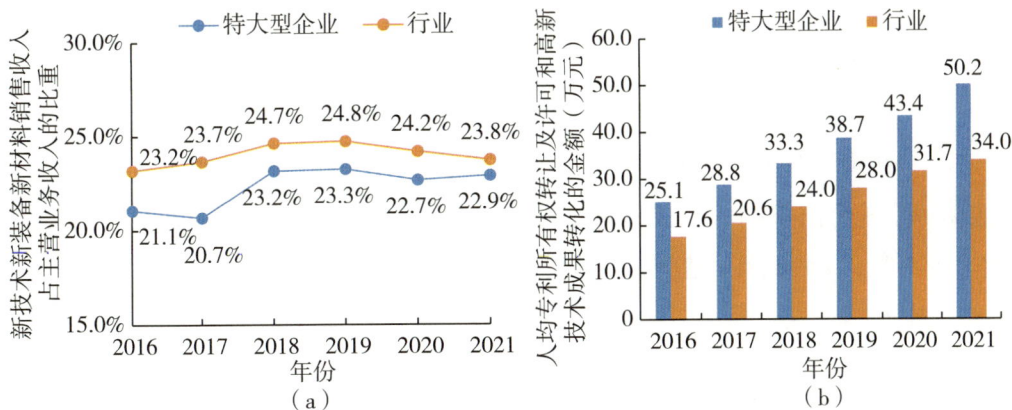

图6-1-9 特大型企业创新成果转化情况（2016—2021年）

（2）企业经营效益

特大型企业人均主营业务收入、人均利润稳步增长，2021年较2016年分别增长61.2%和75.4%，两项指标均高于行业平均水平，且优势逐渐扩大。特大型企业在经营效益上具有明显的规模优势（图6-1-10）。

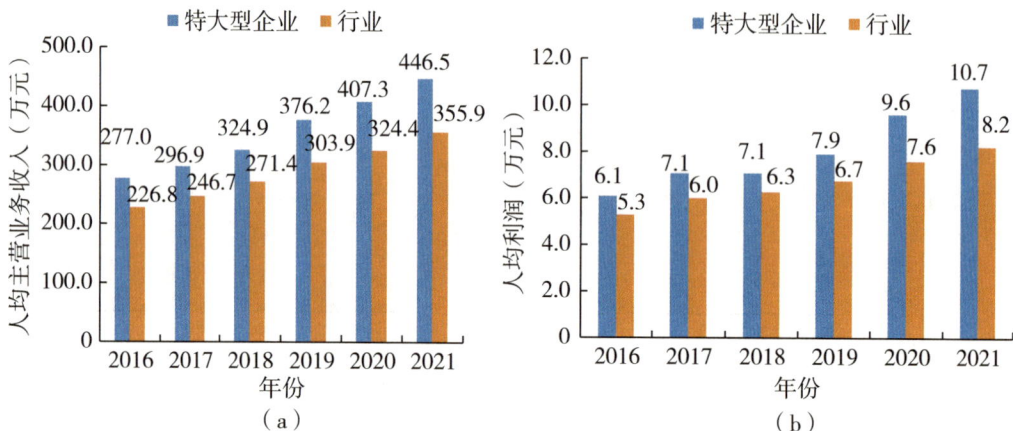

图6-1-10　特大型企业经营效益情况（2016—2021年）

5. 小结

特大型企业具有经营规模大、市场占有率高、创新资源丰富、科技创新基础扎实的优势。近年来，特大型企业创新发展态势良好，研发经费投入不断加大，科技成果转化质量持续提高，高质量的科技创新活动为企业经营发展带来十分积极的影响。但特大型企业在创新人才投入、创新基础设施建设和产学研合作等方面有待进一步加强。

二、大型企业

本节分析大型企业的科技创新情况。参与分析企业共124家，从企业性质看，中央企业68家、地方国企44家、民营企业12家；从企业类别看，施工企业118家、勘察设计企业5家、工程装备制造等其他类型企业1家（图6-2-1）。

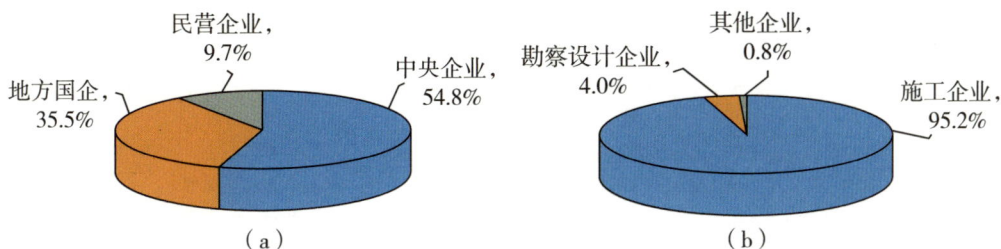

图6-2-1 大型企业分类

大型企业科技创新指数增长较快，2021年较2016年增长了77.1%。其中创新成果指数增长最快，增长111.0%；创新资源指数和创新绩效指数增长趋势相近，分别增长69.3%和73.3%；创新投入指数增长相对缓慢，增长55.0%（图6-2-2）。

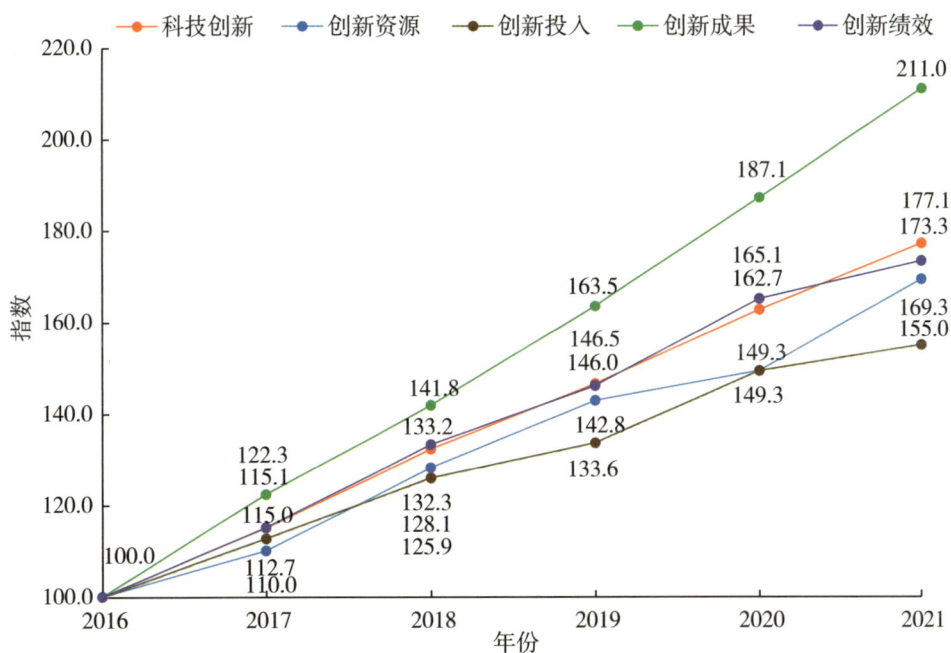

图6-2-2 大型企业科技创新指数及其分项指数（2016—2021年）

1.创新资源

（1）人力资源

大型企业大专及以上学历人数所占比重、研究生学历人数所占比重均稳步增长，2021年较2016年分别提高6.3个百分点和1.2个百分点，两项指标均低于行业平均水平（图6-2-3）。

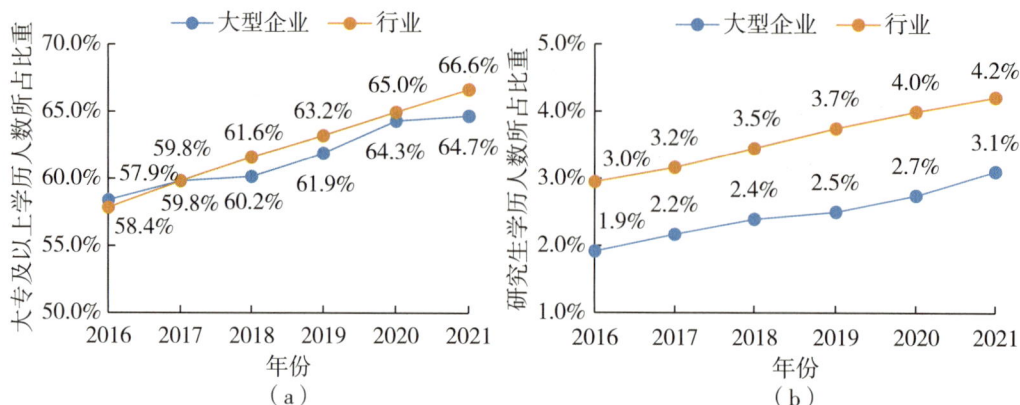

图 6-2-3 大型企业人力资源情况（2016—2021 年）

（2）创新基础

大型企业省部级及以上研发和认证平台数量增长 60.8%，低于行业增长速度（表 6-2-1）。大型企业人均企业技术开发仪器设备原值在 2017 年小幅增长后基本保持不变，2021 年较 2016 年增长 28.7%，低于行业平均水平（图 6-2-4）。

表 6-2-1 大型企业省部级及以上研发和认证平台数量

企业性质	2016 年	2021 年	增长率
大型企业	189 个	304 个	60.8%
行业	1015 个	1656 个	63.2%

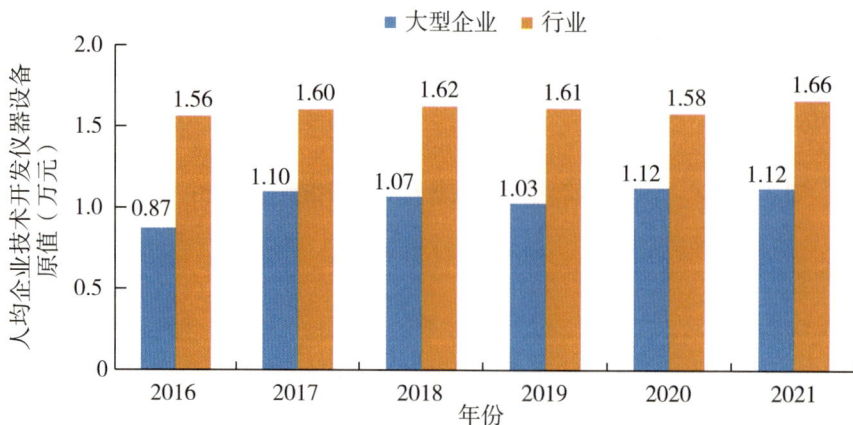

图 6-2-4 大型企业创新基础情况（2016—2021 年）

2. 创新投入

（1）创新经费

大型企业研发人员人均研发经费支出稳步增长，2021 年较 2016 年增长 81.4%；大型企业研发经费支出占主营业务收入的比重提升 0.45 个百分点。大型企业两项指标均略高于行业平均水平（图 6-2-5）。

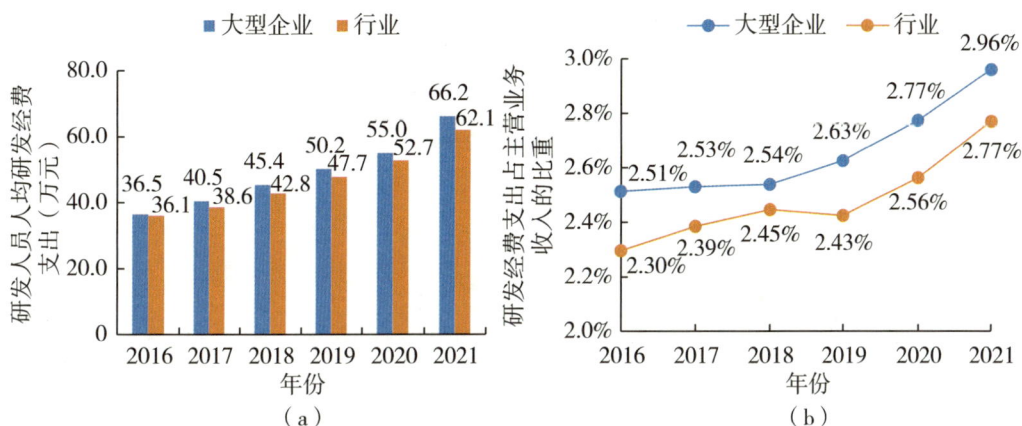

图 6-2-5　大型企业创新经费情况（2016—2021 年）

（2）创新人才

大型企业高级工程师及以上人员所占比重稳步增长，2021 年较 2016 年提高 1.2 个百分点，历年数据均低于行业平均水平；大型企业研发人员所占比重平稳增长，总体提高 1.7 个百分点，2018 年开始高于行业平均水平（图 6-2-6）。

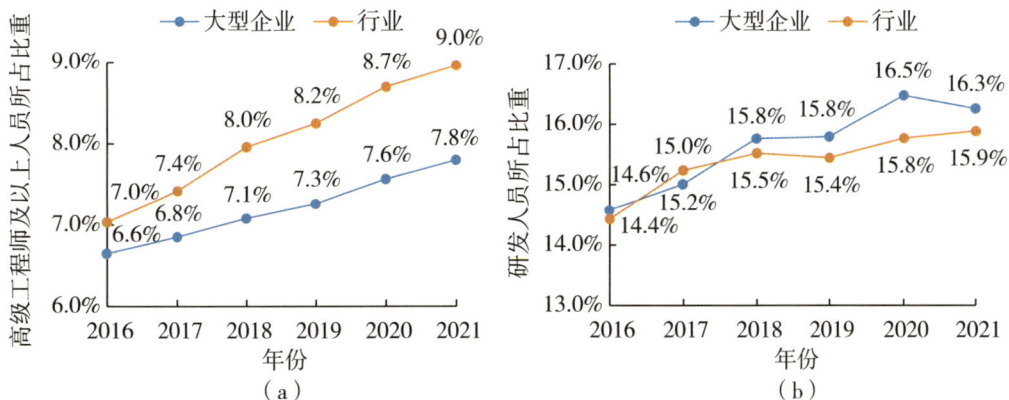

图 6-2-6　大型企业创新人才情况（2016—2021 年）

3. 创新成果

（1）专利

大型企业每万人拥有的有效专利数量在持续增加，2020 年开始增速加快，历年数据均高于行业平均水平；有效发明专利占全部有效专利的比重呈下降趋势，2021 年较 2016 年降低 6.9 个百分点，历年数据均低于行业平均水平（图 6-2-7）。

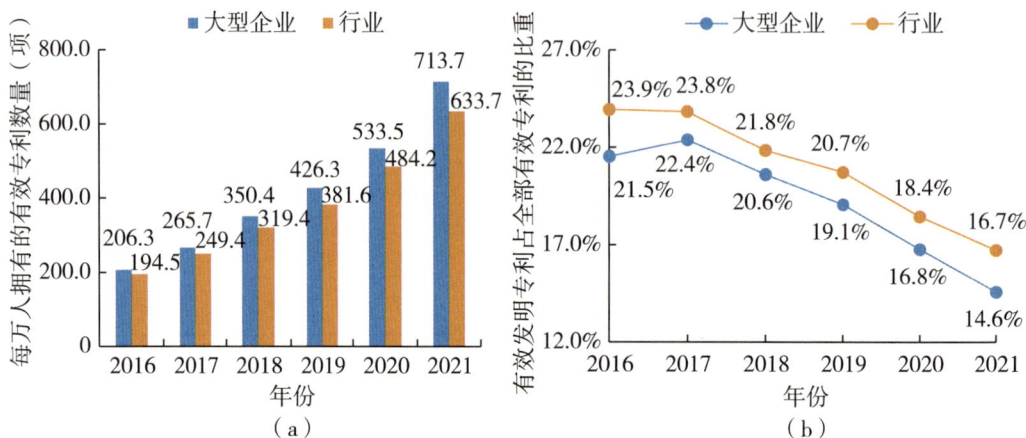

图 6-2-7　大型企业专利情况（2016—2021 年）

（2）标准规范及科技论文

大型企业每万人拥有的团体及以上标准规范数量稳步增长，2021 年较 2016 年增加 111.9%；每万人当年发表中文核心期刊科技论文数量增长相对较慢，总体增长 49.6%。大型企业两项指标均低于行业平均水平（图 6-2-8）。

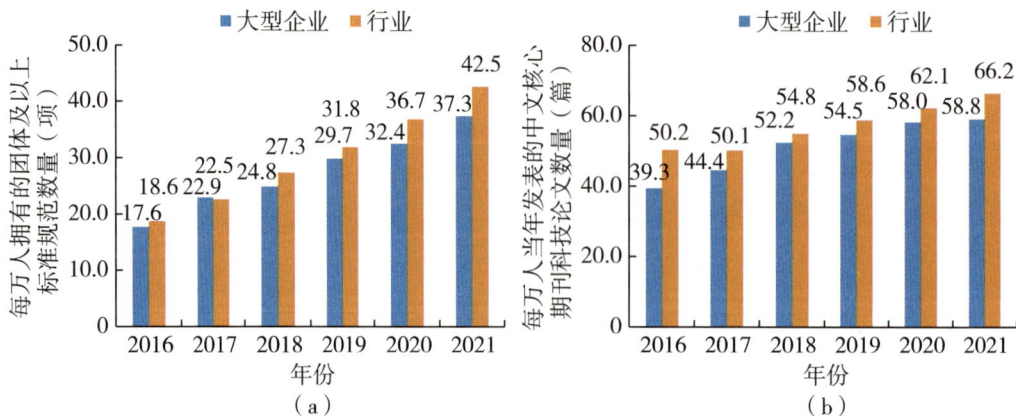

图 6-2-8　大型企业标准规范及科技论文情况（2016—2021 年）

4. 创新绩效

（1）创新成果转化

大型企业新技术新装备新材料销售收入占主营业务收入的比重增长缓慢，2021 年较 2016 年上升 2.3 个百分点，历年数据均高于行业平均水平。大型企业人均专利所有权转让及许可和高新技术成果转化的金额在 2016—2020 年增长迅速，2021 年出现下滑并低于行业平均水平（图 6-2-9）。

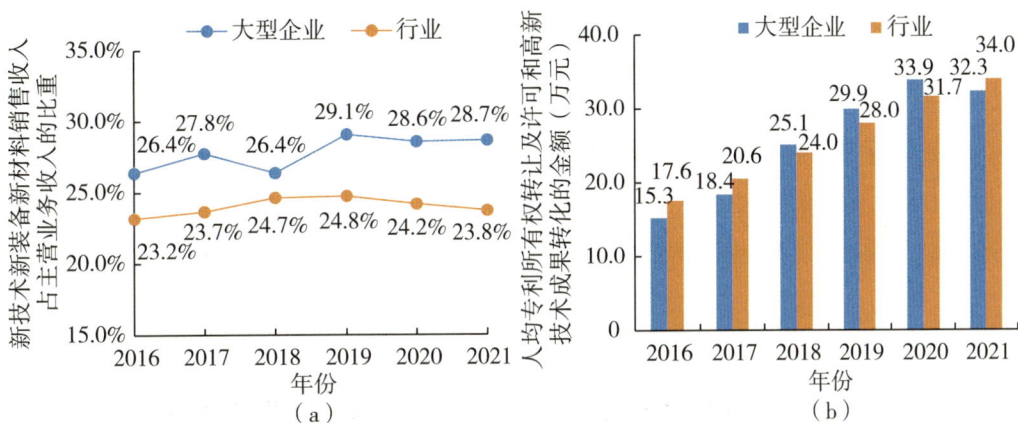

图 6-2-9　大型企业创新成果转化情况（2016—2021 年）

（2）企业经营效益

大型企业人均主营业务收入稳步提升，2021 年较 2016 年增长 71.7%，2018 年开始高于行业平均水平；人均利润增长较为平缓，总体增长 36.6%，2020 年开始低于行业平均水平（图 6-2-10）。

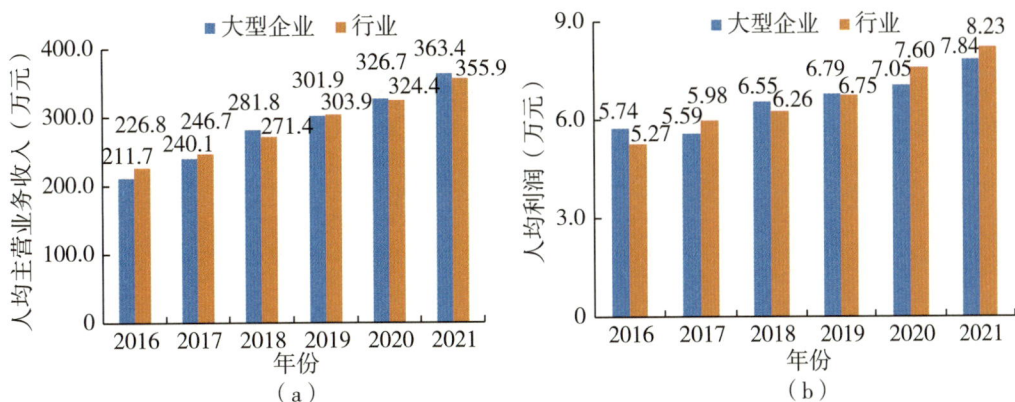

图 6-2-10　大型企业经营效益情况（2016—2021 年）

5. 小结

大型企业相对中小型企业具有一定的规模优势，同时相对特大型企业又具有灵活性优势。近年来，科技创新发展趋势相对较快，在创新平台建设、创新经费投入、研发人员投入方面表现较为突出，并通过成果转化取得了一定的经济效益，科技创新很好地促进了企业的经营发展。但大型企业在人力资源、创新基础设施建设方面稍显不足，标准规范和论文等创新成果相对行业增长较慢，需进一步加强。

三、中型企业

本节分析中型企业的科技创新情况。参与分析企业共 329 家，从企业性质看，中央企业 211 家、地方国企 83 家、民营企业 35 家；从企业类别看，施工企业 291 家、勘察设计企业 30 家、工程装备制造等其他类型企业 8 家（图 6-3-1）。

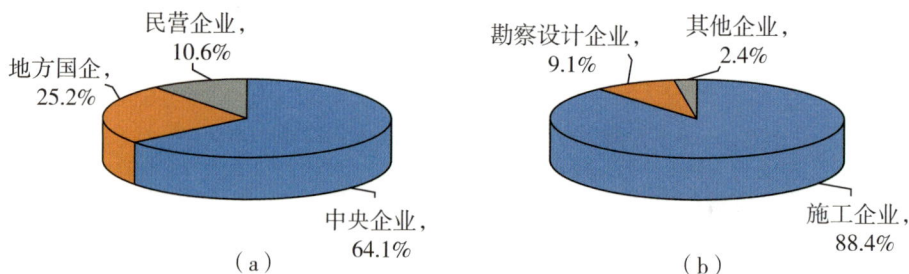

民营企业，
10.6%

地方国企，
25.2%

中央企业，
64.1%

勘察设计企业，
9.1%

其他企业，
2.4%

施工企业，
88.4%

（a）   （b）

图 6-3-1　中型企业分类

中型企业科技创新指数稳步增长，2021 年较 2016 年增长 77.4%。其中创新成果指数增长最快，且增速在逐年加快，增长 124.2%；创新资源指数和创新绩效指数与总指数增长趋势相近，分别增长 73.9% 和 71.9%；创新投入指数增长相对较慢，增长 39.7%（图 6-3-2）。

图6-3-2 中型企业科技创新指数及其分项指数（2016—2021年）

1. 创新资源

（1）人力资源

中型企业大专及以上学历人数所占比重、研究生学历人数所占比重在逐年增长，2021年较2016年分别上升9.5个百分点和1.6个百分点。其中中型企业高学历人才占比高于行业平均水平（图6-3-3）。

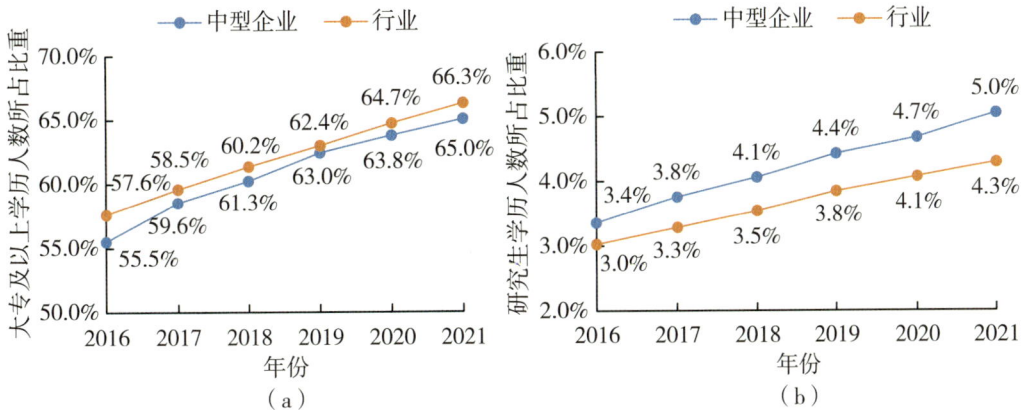

图6-3-3 中型企业人力资源情况（2016—2021年）

（2）创新基础

中型企业省部级及以上研发和认证平台数增长 72.0%，高于行业增长速度
（表 6-3-1）。中型企业人均企业技术开发仪器设备原值增长了 10.0%，高于行业平均水平
（图 6-3-4）。

表 6-3-1　省部级及以上研发和认证平台数量

企业性质	2016 年	2021 年	增长率
中型企业	246 个	423 个	72.0%
行业	1015 个	1656 个	63.2%

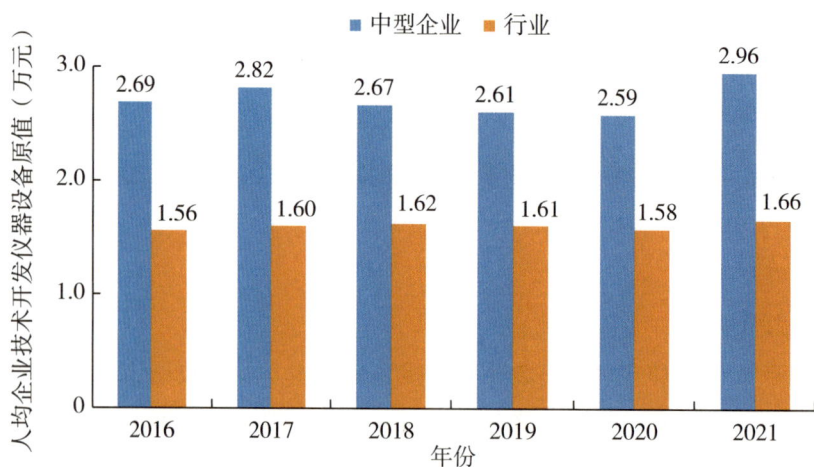

图 6-3-4　中型企业创新基础情况（2016—2021 年）

2. 创新投入

（1）创新经费

中型企业研发人员人均研发经费支出稳步提升，2021 年较 2016 年增长 44.2%，但仍
与行业平均水平存在差距。中型企业研发经费支出占主营业务收入的比重平稳增长，
2021 年较 2016 年上升 0.45 个百分点，历年数据均高于行业平均水平（图 6-3-5）。

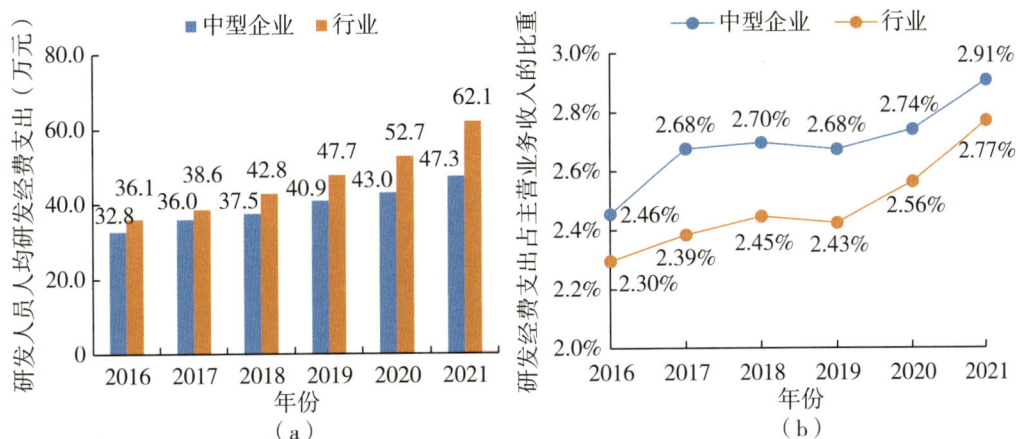

图 6-3-5　中型企业创新经费情况（2016—2021 年）

（2）创新人才

中型企业高级工程师及以上人员所占比重、研发人员所占比重增长相对缓慢，2021年较 2016 年分别上升 2.2 个百分点和 2.4 个百分点，均略高于行业平均水平，且优势呈扩大趋势（图 6-3-6）。

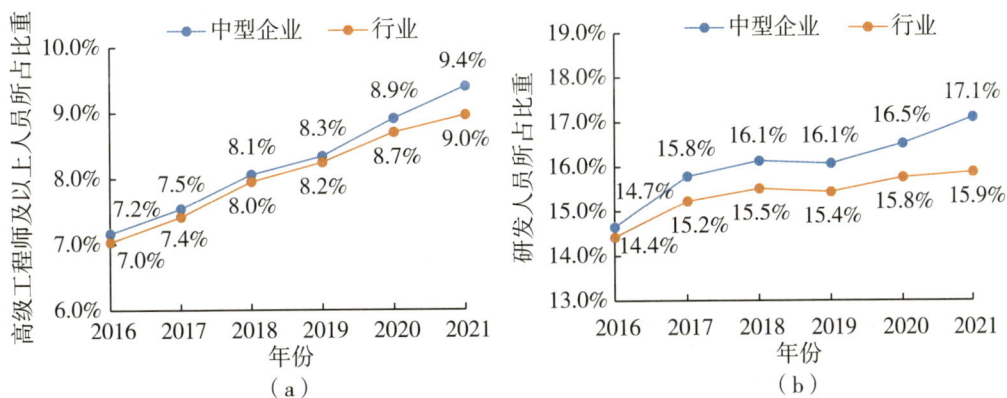

图 6-3-6　中型企业创新人才情况（2016—2021 年）

3. 创新成果

（1）专利

中型企业每万人拥有的有效专利数量增加明显，2021 年较 2016 年增长 254.5%，在 2017 年超越行业平均水平后优势逐渐扩大。中型企业有效发明专利占全部有效专利的比重从 2018 年开始逐年降低，总体下降了 7.1 个百分点，历年数据均略低于行业平均水平（图 6-3-7）。

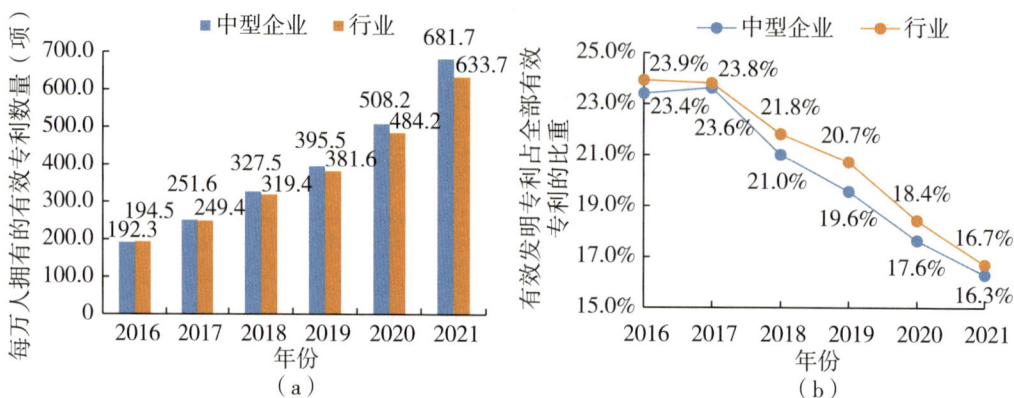

图 6-3-7　中型企业专利情况（2016—2021 年）

（2）标准工法

中型企业每万人拥有的团体及以上标准规范数量增长迅速，2021 年较 2016 年增长 229.5%，在 2017 年超过行业平均水平后优势逐渐扩大。中型企业每万人拥有的省部级及以上工法数量也有很大提升，总体增长 107.9%，历年数据略低于行业平均水平（图 6-3-8）。

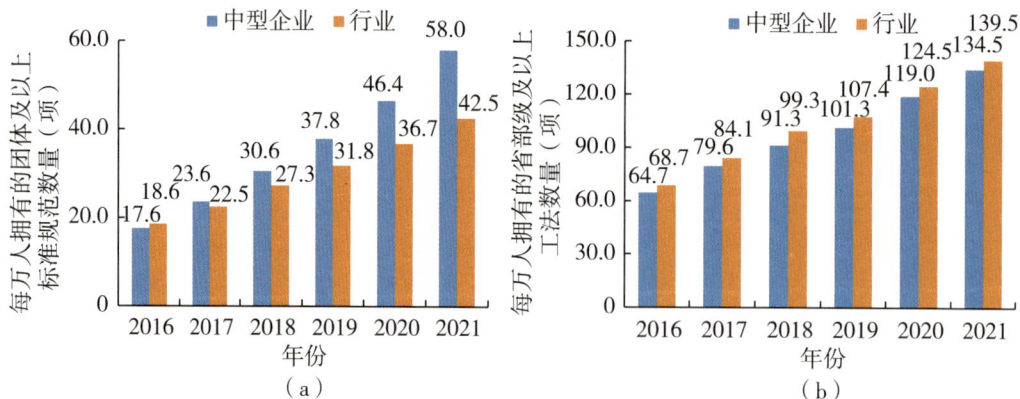

图 6-3-8　中型企业标准工法情况（2016—2021 年）

4. 创新绩效

（1）创新成果转化

中型企业新技术新装备新材料销售收入占主营业务收入的比重在 2017 年增长后基本维持不变，2021 年较 2016 年仅提高 1.2 个百分点，历年数据均高于行业平均水平。中型企业人均专利所有权转让及许可和高新技术成果转化的金额稳步增长，总体提升91.5%，但与行业平均水平仍存在一定的差距（图 6-3-9）。

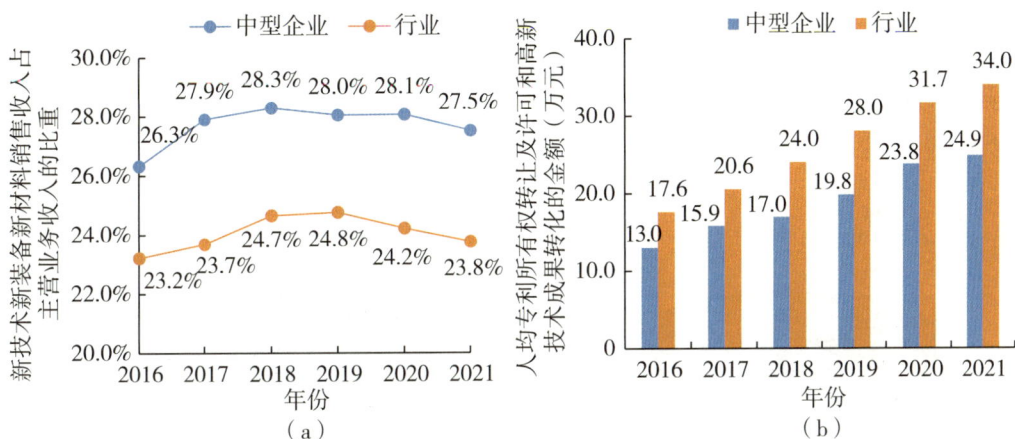

图 6-3-9 中型企业创新成果转化情况（2016—2021 年）

（2）企业经营效益

中型企业主营业务收入及人均利润平稳增长，2021 年较 2016 年分别增长 42.3% 和 40.9%，历年数据均低于行业平均水平（图 6-3-10）。

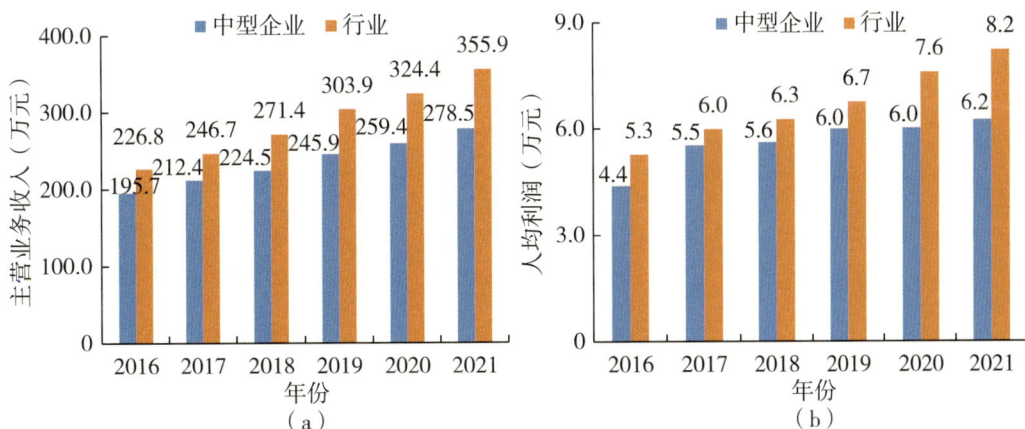

图 6-3-10 中型企业经营效益情况（2016—2021 年）

5. 小结

中型企业的科技创新活动较为活跃，专利、标准规范等创新成果的产出较为丰富。近年来，受到各种不利因素的影响，中型企业的经营效益停滞不前，应该探索如何将大量的科技成果转化为现实生产力，为企业的经营发展注入新的活力。

四、小型企业

本节分析小型企业的科技创新情况。参与分析企业共 373 家，从企业性质看，中央企业 216 家、地方国企 74 家、民营企业 83 家；从企业类别看，施工企业 245 家、勘察设计企业 81 家、工程装备制造等其他类型企业 47 家（图 6-4-1）。

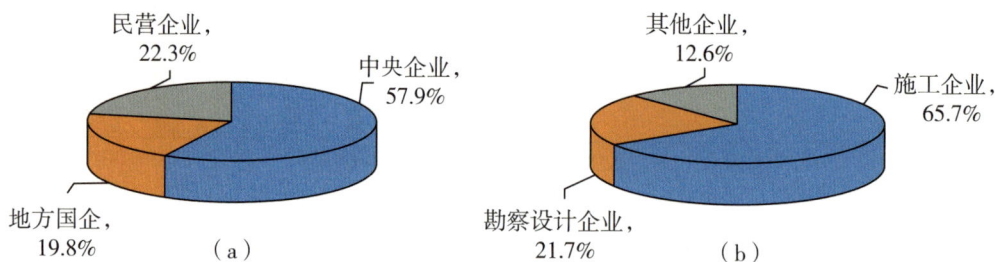

图 6-4-1　小型企业分类

小型企业科技创新指数稳步增长，2021 年较 2016 年增长 68.4%。其中创新成果指数增长最快，增长 100.6%；其次是创新资源指数和创新绩效指数，与总指数变化趋势相近，分别增长 66.9% 和 60.0%；创新投入指数增长相对较慢，增长 46.2%（图 6-4-2）。

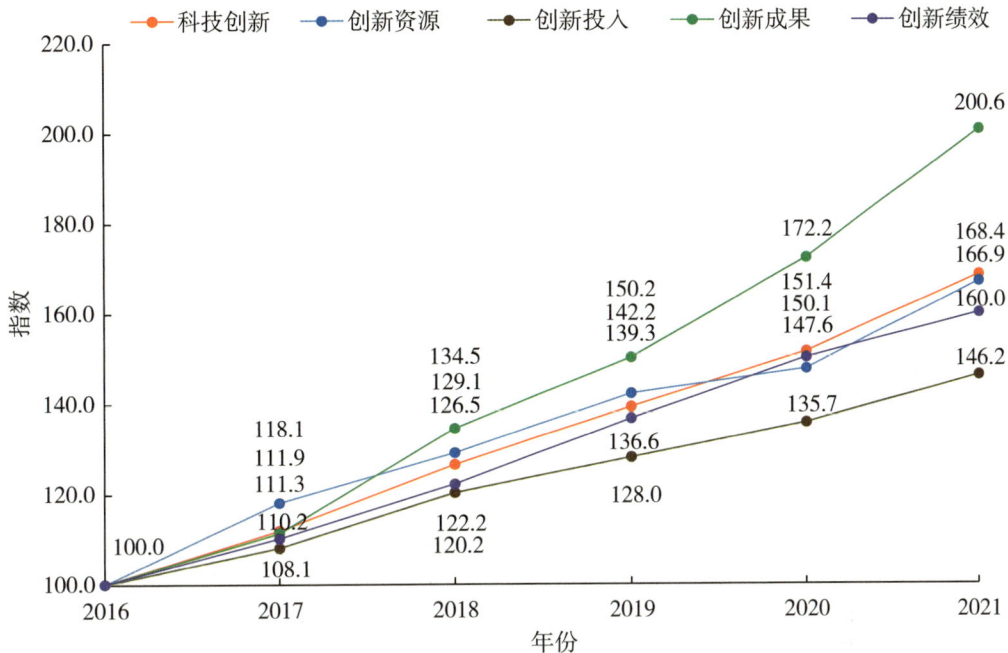

图 6-4-2　小型企业科技创新指数及其分项指数（2016—2021 年）

1. 创新资源

（1）人力资源

小型企业大专及以上学历人数所占比重、研究生学历人数所占比重逐年增长，2021年较 2016 年分别上升 9.5 个百分点和 1.7 个百分点，两项指标均高于行业平均水平（图 6-4-3）。

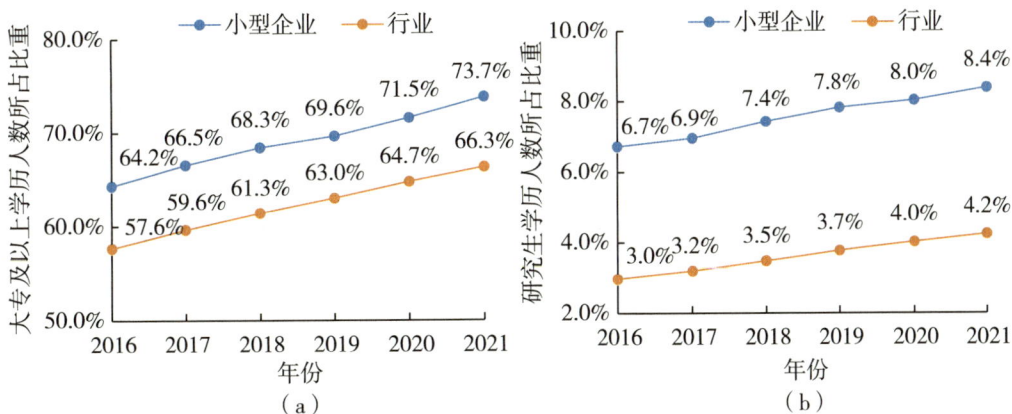

（a）

（b）

图 6-4-3　小型企业人力资源情况（2016—2021 年）

（2）创新基础

小型企业省部级及以上研发平台数量增长 65.3%，高于行业增长速度（表 6-4-1）。小型企业人均企业技术开发仪器设备原值呈上升趋势，总体增长 45.8%，历年数据均高于行业平均水平（图 6-4-4）。

表 6-4-1 小型企业省部级及以上研发和认证平台数量

企业性质	2016 年	2021 年	增长率
小型企业	176 个	291 个	65.3%
行业	1015 个	1656 个	63.2%

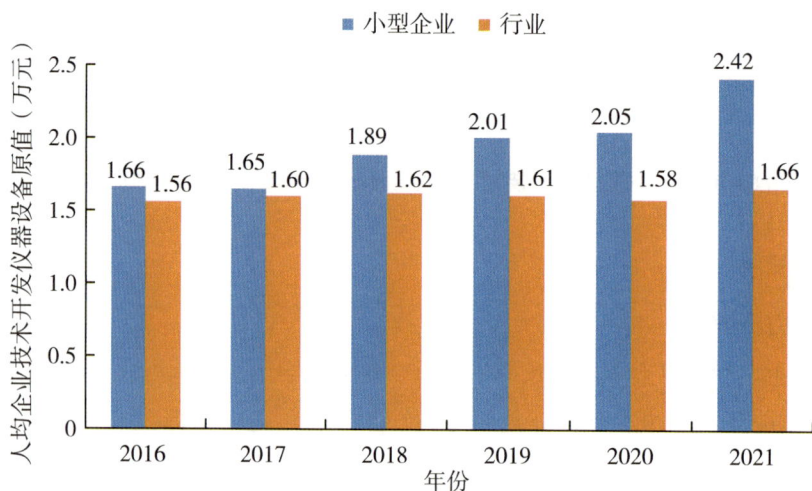

图 6-4-4 小型企业创新基础情况（2016—2021 年）

2. 创新投入

（1）创新经费

小型企业研发人员人均研发经费支出增长较慢，2021 年较 2016 年增长 28.2%，且在 2020 年开始有所下滑，与行业平均水平的差距正在扩大。小型企业研发经费支出占主营业务收入的比重平稳增长，总体上升 0.95 个百分点，2017 年开始高于行业平均水平（图 6-4-5）。

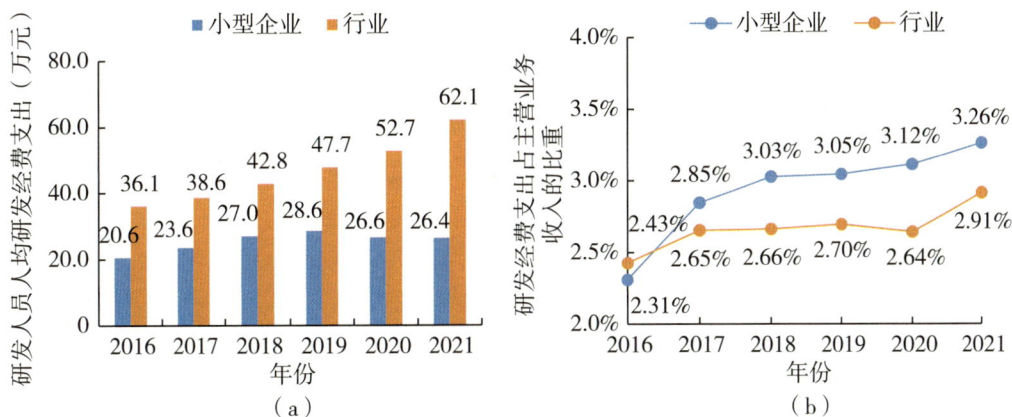

图 6-4-5　小型企业创新经费情况（2016—2021 年）

（2）创新人才

小型企业高级工程师及以上人员所占比重、研发人员所占比重增长缓慢，2021
年较 2016 年分别上升 3.0 个百分点和 0.6 个百分点，两项指标均高于行业平均水平
（图 6-4-6）。

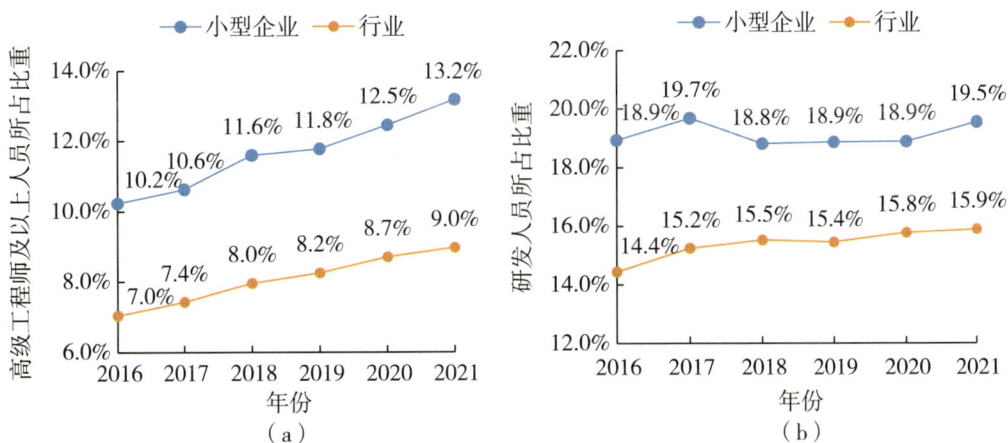

图 6-4-6　小型企业创新人才情况（2016—2021 年）

3. 创新成果

（1）专利

小型企业每万人拥有的有效专利数量增速明显，2021 年较 2016 年增长 253.8%，历年数据均高于行业平均水平，且优势逐渐扩大。小型企业有效发明专利占全部有效专利的比重逐年降低，历年数据均高于行业平均水平（图 6-4-7）。

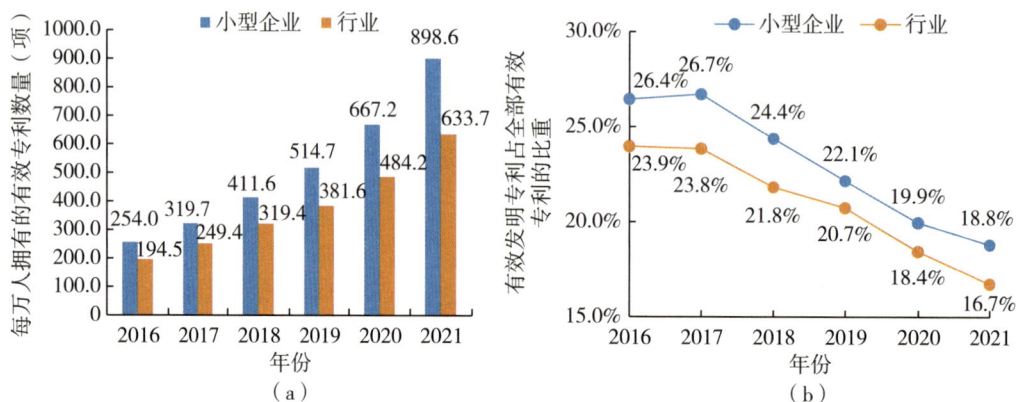

图 6-4-7　小型企业专利情况（2016—2021 年）

（2）标准规范及软件著作权

小型企业每万人拥有的团体及以上标准规范数量、每万人拥有的软件著作权数量增长明显，2021 年较 2016 年分别增长 106.7%、133.6%，两项指标均高于行业平均水平（图 6-4-8）。

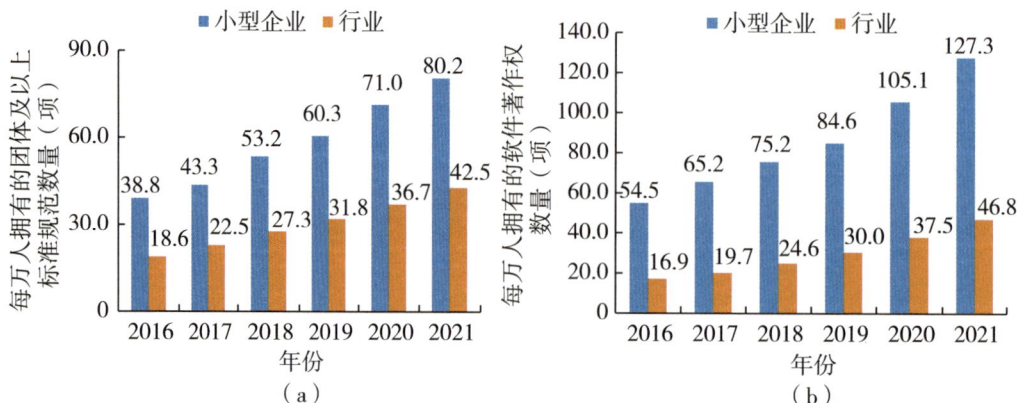

图 6-4-8　小型企业标准规范及软件著作权情况（2016—2021 年）

4. 创新绩效

（1）创新成果转化

小型企业新技术新装备新材料销售收入占主营业务收入的比重稳步增长，2021年较2016年提高5.1个百分点，2021年已接近行业平均水平。小型企业人均专利所有权转让及许可和高新技术成果转化的金额在2019年有较大增长，随后基本维持一致，总体提升52.9%，与行业平均水平差距较大（图6-4-9）。

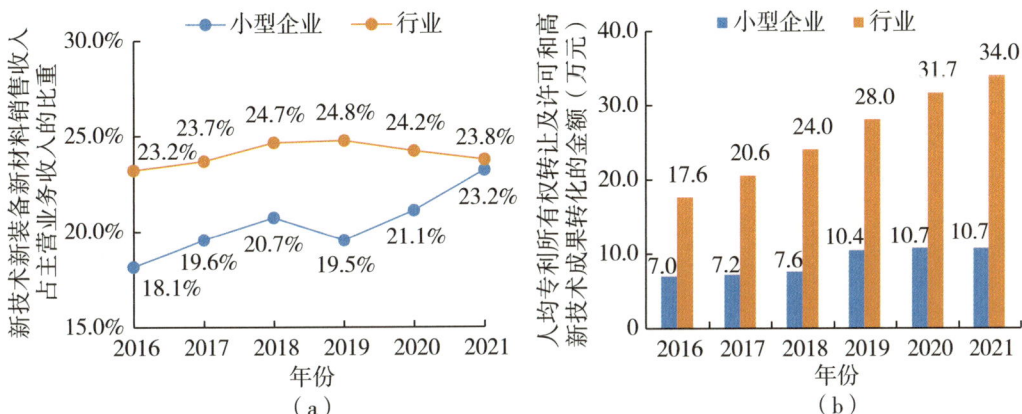

图6-4-9　小型企业创新成果转化情况（2016—2021年）

（2）企业经营效益

小型企业人均主营业务收入总体变化不大，2021年较2016年下降3.6%，相对行业平均水平的差距在逐渐扩大。小型企业人均利润总体增长，总体提升64.7%，历年数据均低于行业平均水平（图6-4-10）。

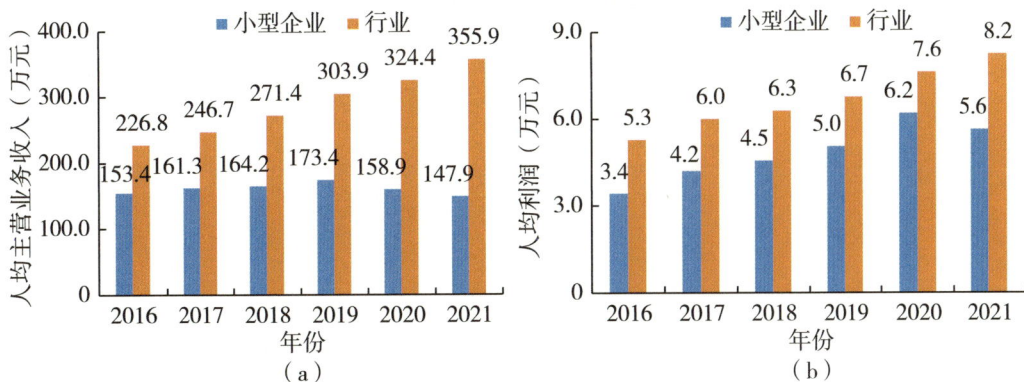

图6-4-10　小型企业经营效益情况（2016—2021年）

5. 小结

小型企业重视科技创新，持续加强科技创新工作。近年来，受新冠感染疫情等因素影响较大，小型企业人均主营业务收入出现下滑。今后，小型企业需要在科技创新方面进一步加大力度，往"专精特新"方面发展，深入挖掘发展潜力，塑造新的发展动力，推动企业持续快速健康发展。

第七章

不同地区工程建设企业科技创新指数分析

本章针对不同地区工程建设企业科技创新情况进行分析。将东部地区、中部地区、西部地区、东北地区、直辖市及部分重点省份的创新情况与行业平均水平进行对比，以反映该地区企业相比于行业的创新水平。并选取了部分具有代表性的指标进行了展示。

一、不同地区

本节分析东部地区、中部地区、西部地区、东北地区的科技创新情况。参与分析企业中，东部地区485家、中部地区191家、西部地区183家、东北地区33家（图7-1-1）[①]。

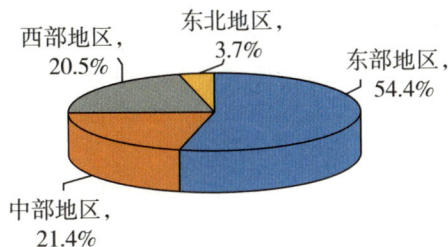

图 7-1-1　不同地区企业的占比情况

---

① 东部地区包括北京、天津、河北、上海、江苏、浙江、福建、山东、广东和海南10个省（直辖市）；中部地区包括山西、安徽、江西、河南、湖北和湖南6个省；西部地区包括内蒙古、广西、重庆、四川、贵州、云南、西藏、陕西、甘肃、青海、宁夏和新疆12个省（自治区、直辖市）；东北地区包括辽宁、吉林和黑龙江3个省。

东部地区、中部地区、西部地区、东北地区科技创新指数均呈增长趋势。西部地区科技创新指数增长最快，2021年较2016年增长100.1%；其次为中部地区科技创新指数，增长73.3%；东部地区科技创新指数稳定增长，增长58.4%；东北地区科技创新指数增长较为缓慢，增长49.9%（图7-1-2）。

图7-1-2　不同地区科技创新指数（2016—2021年）

（一）东部地区

本节分析东部地区企业的科技创新情况。参与分析企业共485家。从企业性质看，中央企业269家、地方国企110家、民营企业106家；从企业类别看，施工企业390家、勘察设计企业60家、工程装备制造等其他类型企业35家（图7-1-3）。

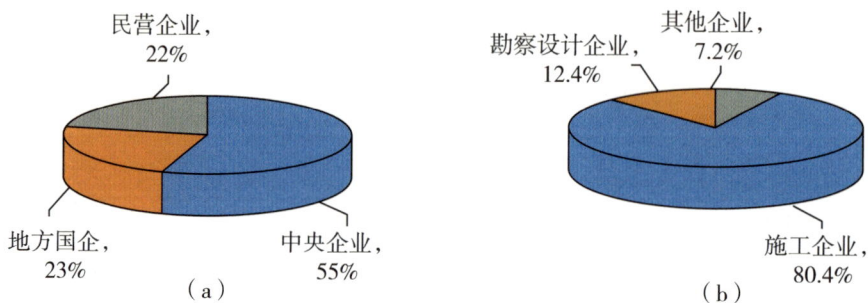

图7-1-3　东部地区企业分类

东部地区科技创新指数稳步增长。其中，创新成果指数增长最快，2021年较2016年增长80.4%；其次为创新资源指数，增长61.3%；创新绩效指数、创新投入指数分别增长50.5%、41.3%（图7-1-4）。

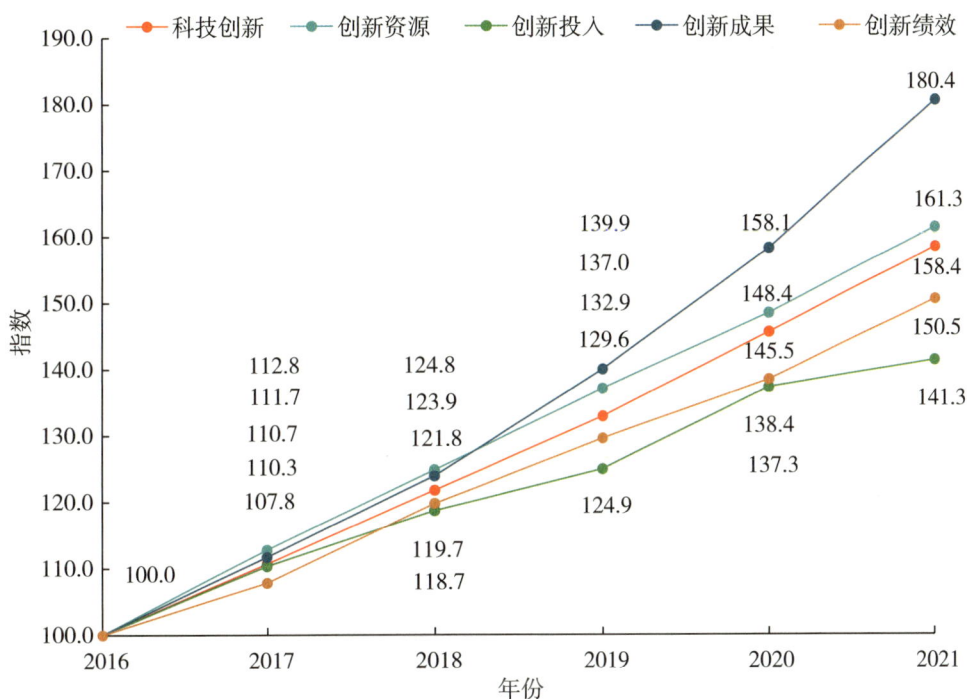

图7-1-4　东部地区科技创新指数及其分项指数（2016—2021年）

1.创新资源

（1）人力资源

东部地区企业从业中人员大专及以上学历人数所占比重呈上升趋势，2021年较2016年上升8.7个百分点，但历年数据仍低于行业平均水平。东部地区研究生学历人数所占比重上升了1.16个百分点，历年数据略高于行业平均水平（图7-1-5）。

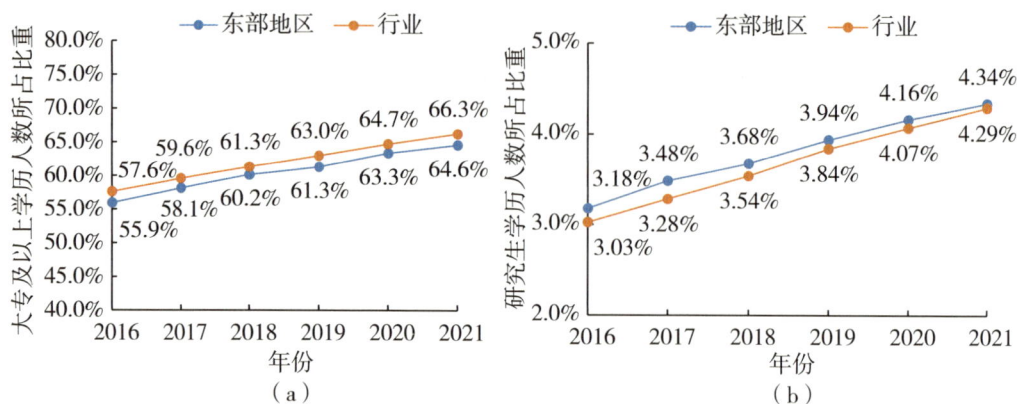

图 7-1-5 东部地区人力资源情况（2016—2021 年）

（2）创新平台

东部地区省部级及以上研发和认证平台数量增长 74.1%，高于行业增长速度。东部地区拥有省级及以上企业技术中心的工程建设企业数增长 86.7%，与行业增长速度基本一致（表 7-1-1）。表明东部地区企业重视科技研发平台的建设，仍是行业科技创新的主要阵地。

表 7-1-1 东部地区创新平台情况

指标	东部地区			行业数据		
	2016 年	2021 年	增长率	2016 年	2021 年	增长率
省部级及以上研发和认证平台数	428 个	745 个	74.1%	1015 个	1656 个	63.2%
拥有省级及以上企业技术中心的工程建设企业数	517 个	965 个	86.7%	913 个	1709 个	87.2%

2. 创新投入

（1）研发经费

东部地区研发人员人均研发经费支出整体呈增长趋势，2021 年较 2016 年增长 76.0%，历年数据均高于行业平均水平。东部地区研发经费支出占主营业务收入的比重从 2016 年的 2.28% 上升到 2021 年的 2.76%，历年数据均基本与行业平均水平持平，表明东部地区一直重视科技创新投入（图 7-1-6）。

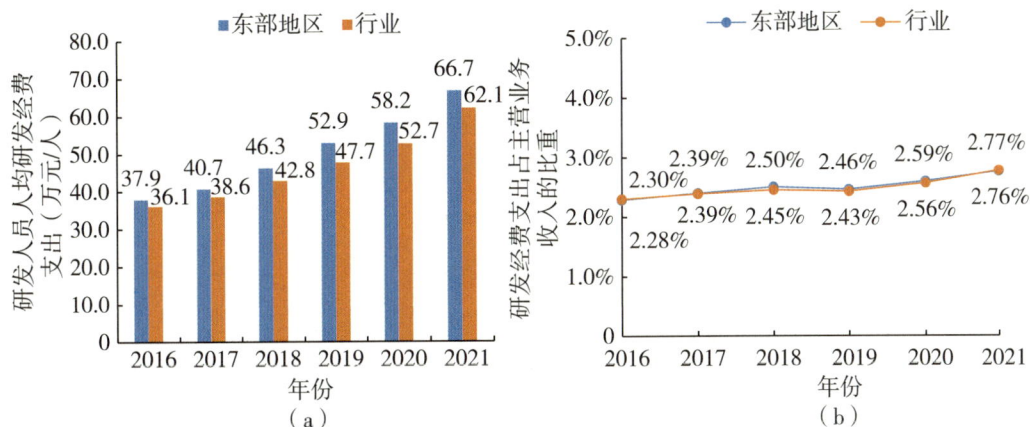

图 7-1-6　东部地区创新经费情况（2016—2021 年）

（2）创新人才

东部地区高级工程师及以上人员所占比重、研发人员所占比重呈增长趋势，2021年较 2016 年分别上升 1.9 个百分点、1.1 个百分点，但历年数据均低于行业平均水平（图 7-1-7）。表明东部地区研发人才投入方面需进一步加强。

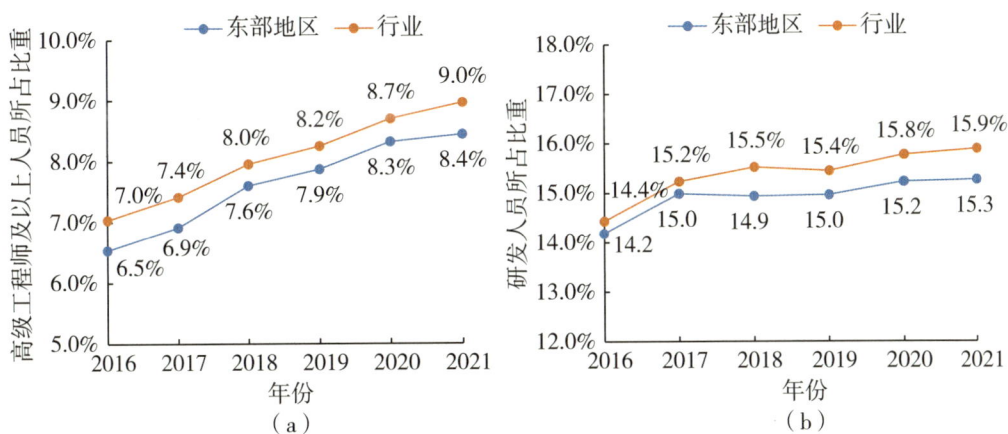

图 7-1-7　东部地区创新人才情况（2016—2021 年）

3. 创新成果

（1）专利

东部地区每万人拥有的有效专利数量呈增长趋势，2021 年较 2016 年增长 242.0%，2020 年之后高于行业平均水平。东部地区有效发明专利数占全部有效专利比重呈下降趋势，由 2016 年的 25.1% 下降至 2021 年的 16.1%，下降 9 个百分点，从 2019 年开始低于行业平均水平（图 7-1-8）。

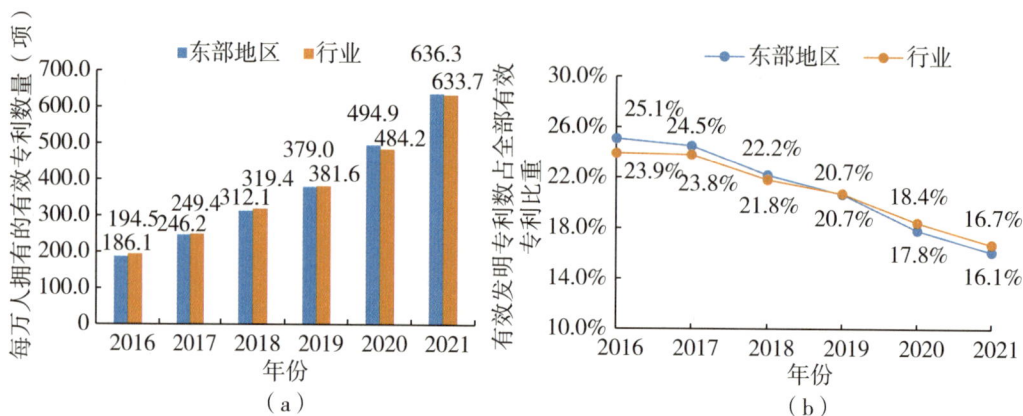

图 7-1-8　东部地区专利情况（2016—2021 年）

（2）标准和软著

东部地区每万人拥有的团体及以上标准规范数量呈增长趋势，2021 年较 2016 年增长 106.4%，历年数据均高于行业平均水平，表明东部地区工程标准化工作走在行业前列。东部地区每万人拥有的软件著作权数量也呈增长趋势，增长 105.1%，2016—2020 年数据高于行业平均水平，但 2021 年低于行业平均水平，表明东部地区较早开展工程数字化研发，并取得了一定成果，但仍需进一步重视数字化建设（图 7-1-9）。

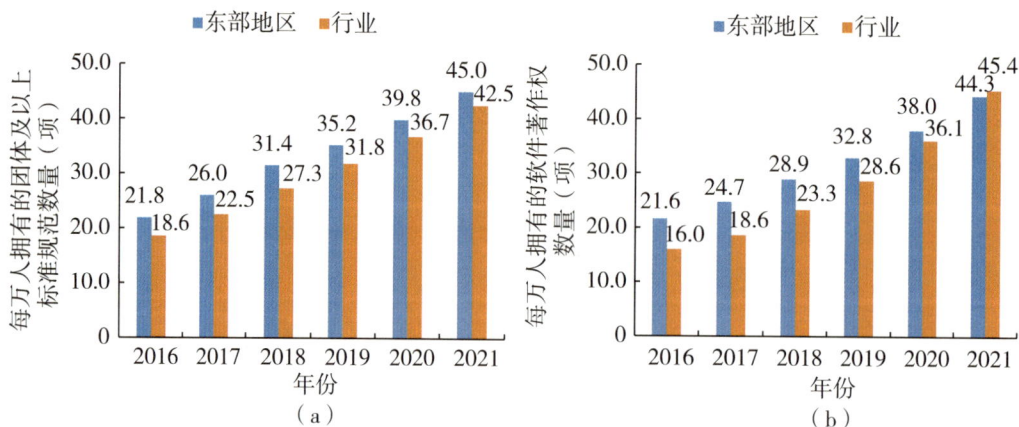

图 7-1-9　东部地区标准规范和软件著作权情况（2016—2021 年）

4. 创新绩效

（1）创新奖励

东部地区每十万人拥有的国家科学技术奖和中国专利奖数量、每万人拥有的省部级科技奖数量稳步增长，2021 年较 2016 年分别增长了 48.1%、82.0%，历年数据均高于行业平均水平（图 7-1-10）。数据表明，东部地区研发水平和实力领先于行业平均水平。

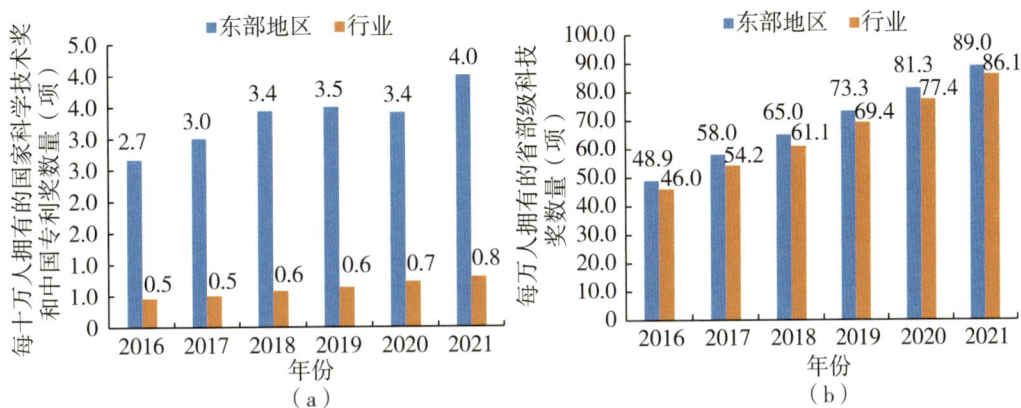

图 7-1-10　东部地区创新奖项情况（2016—2021 年）

（2）企业经营效益

东部地区人均产值呈增长趋势，2021 年较 2016 年增长 40.8%，但整体低于行业平均水平；人均利润增长 39.0%，总体高于行业平均水平（图 7-1-11）。数据表明，东部地区企业盈利能力较强。

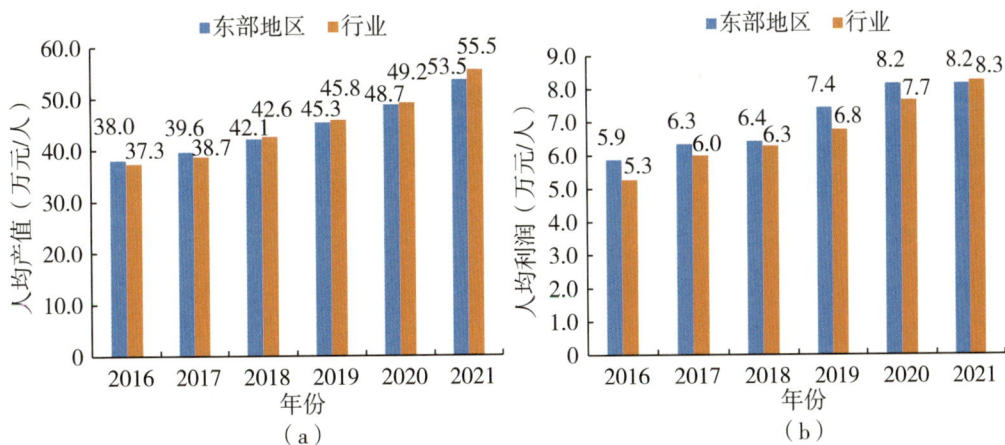

图 7-1-11　东部地区企业经营效益情况（2016—2021 年）

5. 小结

东部地区作为经济发达地区，始终保持较大的研发经费投入强度，研发平台和实验室建设水平高，标准化建设、数字化转型工作走在行业前列，科技成果质量突出，转化效益明显，科技创新对企业效益贡献较高，但仍需注重创新人才队伍建设、知识产权保护等工作，积极探索科技创新成果跨区域转移合作模式，推动科技创新成果在中西部、东北地区孵化转化。

（二）中部地区

本节分析了中部地区企业的科技创新情况。中部地区参与分析的企业共有191家。从企业性质看，中央企业136家、地方国企37家、民营企业18家；从企业类别看，施工企业150家、勘察设计企业24家、工程装备制造等其他类型企业17家（图7-1-12）。

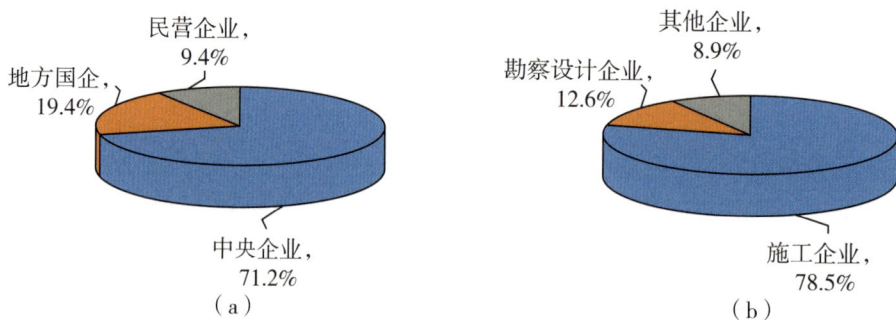

民营企业，
9.4%

地方国企，
19.4%

中央企业，
71.2%

（a）

其他企业，
8.9%

勘察设计企业，
12.6%

施工企业，
78.5%

（b）

图7-1-12　中部地区企业分类

中部地区科技创新指数稳步增长。其中，创新成果指数增长最快，2021年较2016年增长107.2%；其次为创新资源指数，增长了64.3%；创新绩效指数、创新投入指数平稳增长，分别增长了62.2%、53.8%（图7-1-13）。

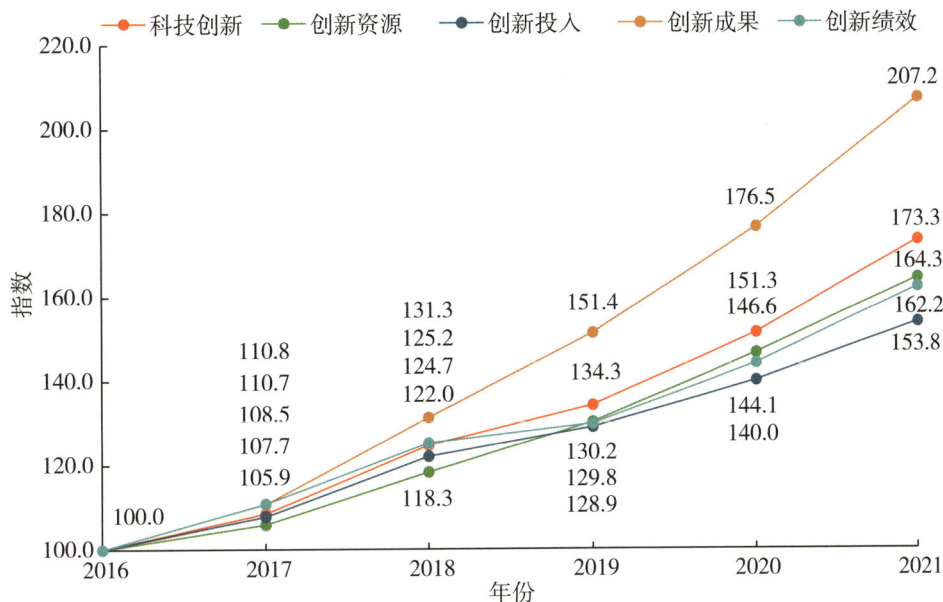

图 7-1-13　中部地区科技创新指数及其分项指数（2016—2021 年）

1. 创新资源

（1）人才资源

中部地区企业从业人员中大专及以上学历人数所占比重呈上升趋势，2021 年较 2016 年上升了 8.0 个百分点，历年数据均高于行业平均水平。研究生学历人数所占比重上升了 1.6 个百分点，历年数据均高于行业平均水平，且越来越高于行业平均水平（图 7-1-14），表明高学历人才越来越趋向于中部地区企业。

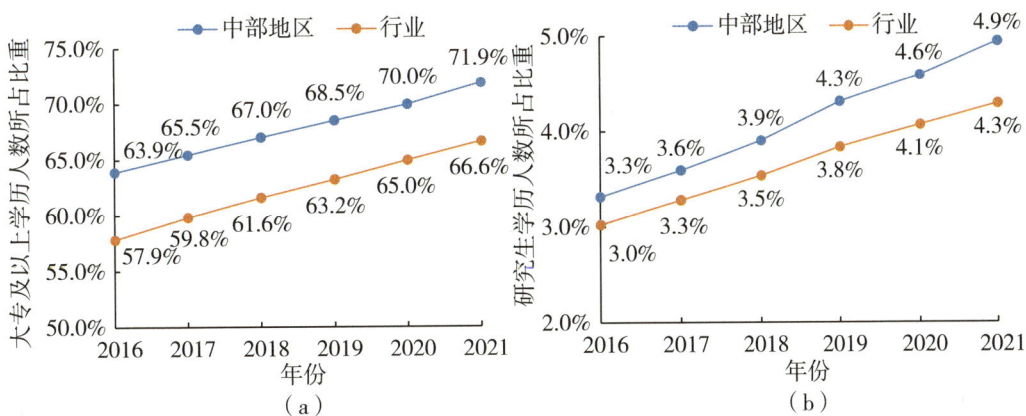

图 7-1-14　中部地区人力资源情况（2016—2021 年）

（2）创新平台

中部地区省部级及以上研发和认证平台数量增长 47.9%，低于行业增长速度。拥有省级及以上企业技术中心的工程建设企业数量增长 80.7%，低于行业增长速度（表 7-1-2）。数据表明，中部地区需加强科技创新平台及企业技术中心的建设。

表 7-1-2　中部地区创新平台情况

指标	中部地区			行业数据		
	2016 年	2021 年	增长率	2016 年	2021 年	增长率
省部级及以上研发和认证平台数量	330 个	488 个	47.9%	1015 个	1656 个	63.2%
拥有省级及以上企业技术中心的工程建设企业数量	187 个	338 个	80.7%	913 个	1709 个	87.2%

2. 创新投入

（1）研发经费和省部级研发项目

中部地区研发人员人均研发经费支出整体与行业增长趋势基本一致，2021 年较 2016 年增长 75.6%。每万人省部级及以上在研研发项目数量增长 38.5%，但历年数据均低于行业平均水平（图 7-1-15），表明中部地区需加强省部级研发项目承接。

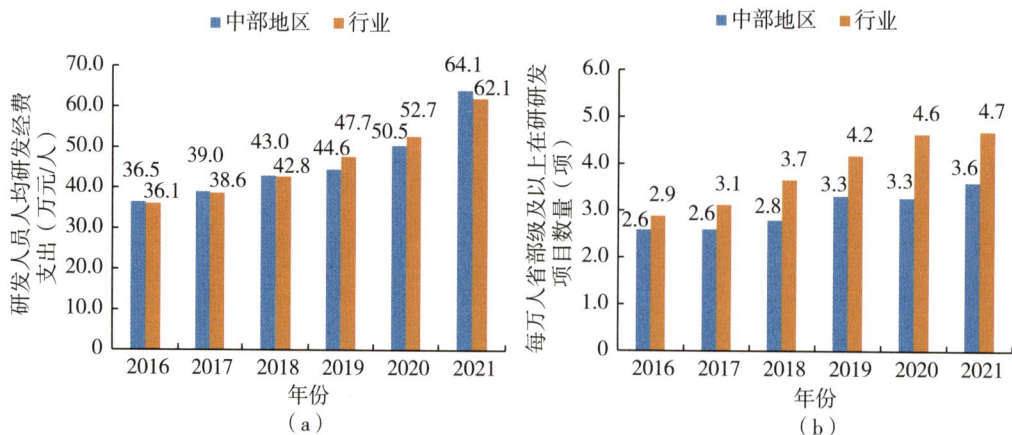

图 7-1-15　中部地区创新经费情况（2016—2021 年）

（2）创新人才

中部地区高级工程师及以上人员所占比重、研发人员所占比重呈增长趋势，2021 年较 2016 年分别上升了 2.2 个百分点、1.7 个百分点，历年数据均高于行业平均水平（图 7-1-16）。

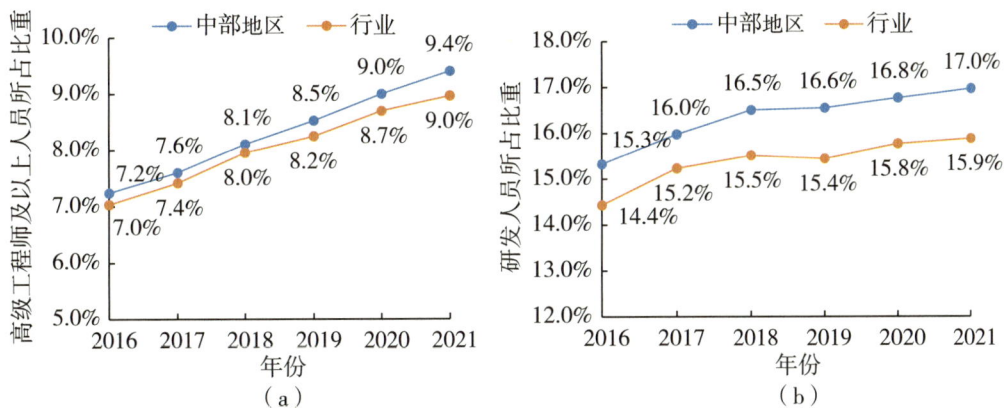

图 7-1-16　中部地区创新人才情况（2016—2021 年）

3. 创新成果

（1）专利

中部地区每万人拥有的有效专利数量呈增长趋势，2021 年较 2016 年增长 192.4%，历年数据均高于行业平均水平。有效发明专利数占全部有效专利比重呈下降趋势，但低于行业下降速率，由 2016 年的 21.0% 下降到 2021 年的 17.5%，下降了 3.5 个百分点，2020 年开始高于行业平均水平（图 7-1-17），表明中部地区一直高度重视知识产权保护和专利质量提升。

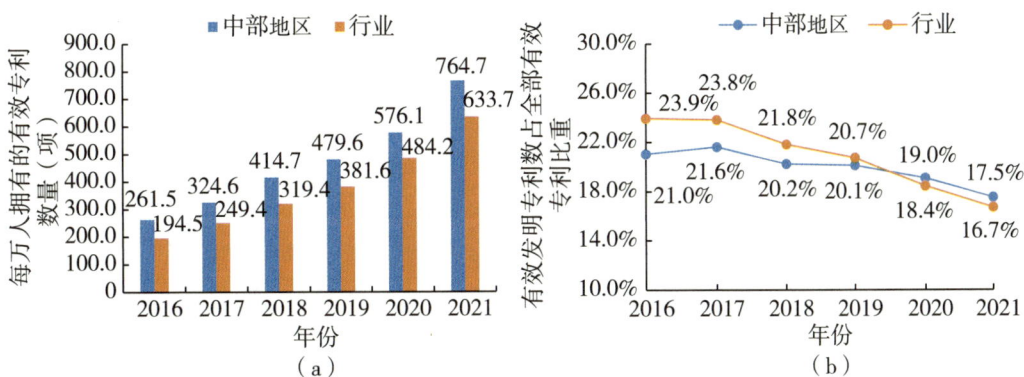

图 7-1-17　中部地区专利情况（2016—2021 年）

（2）软著和 SCI、EI 论文

中部地区每万人拥有的软件著作权数量呈增长趋势，2021 年较 2016 年增长 272.4%，2020 年开始高于行业平均水平。中部地区拥有软件著作权的企业比重由 2016 年 29.9% 上升

到 2021 年 63.9%，超过六成企业开展了数字化研究，并取得积极成效。每万人当年发表 SCI、EI 科技论文数量呈增长趋势，2021 年较 2016 年增长 293.8%，2017 年开始高于行业平均水平（图 7-1-18），表明中部地区在关键核心技术及基础研究方面加大投入力度。

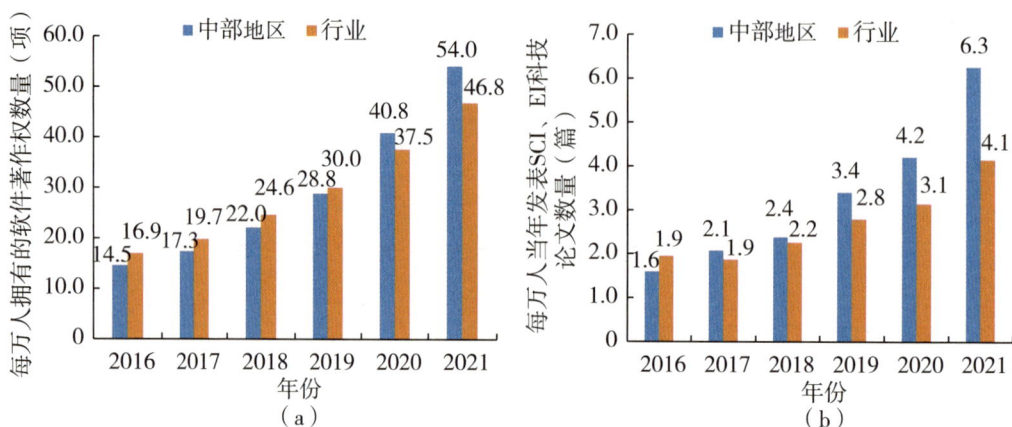

图 7-1-18　中部地区软件著作权和核心论文情况（2016—2021 年）

4. 创新绩效

（1）技术转移转化

中部地区每万人专利所有权转让及许可和高新技术成果转化项目数量、人均专利所有权转让及许可和高新技术成果转化的金额均呈增长趋势，2021 年较 2016 年分别增长 177.4%、75.8%，两项指标历年数据均高于行业平均水平（图 7-1-19），表明中部地区企业积极推进科技成果转化，取得明显成效。

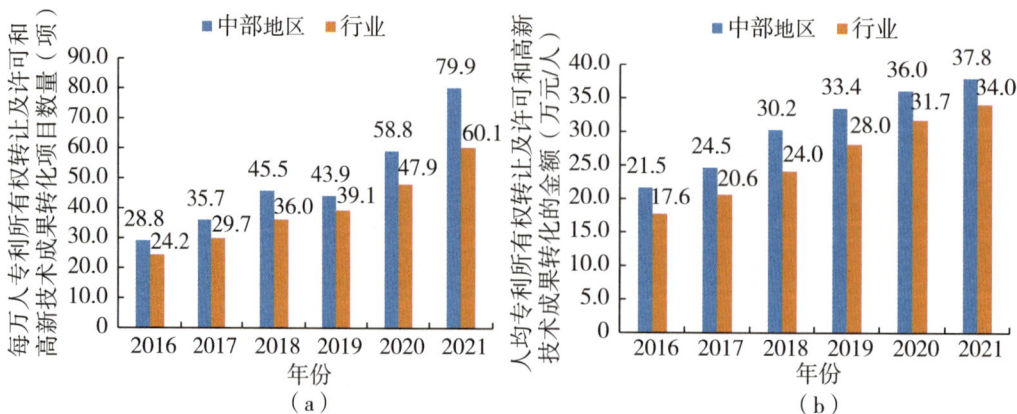

图 7-1-19　中部地区技术转移转化情况（2016—2021 年）

（2）企业经营效益

中部地区人均产值、人均利润增长平稳，2021年较2016年分别增长了56.3%、66.0%，总体高于行业平均水平（图7-1-20）。

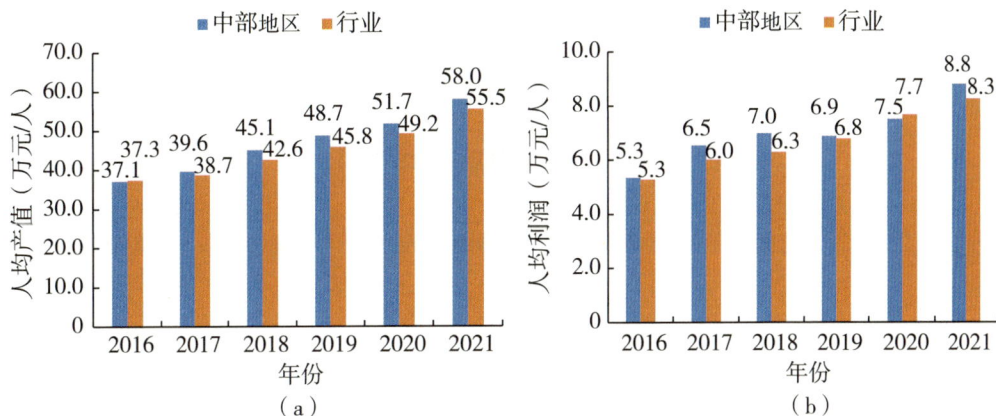

图7-1-20 中部地区企业经营效益情况（2016—2021年）

5. 小结

随着中部崛起战略的深入实施，中部地区科技创新快速发展，高学历人才资源逐渐聚集，研发人员队伍日益扩大，知识产权工作持续增强，标准化、数字化建设快速推进，高水平科技成果不断涌现，科技成果转化取得明显成效，但在创新基础设施建设、承接省部级研发项目方面有待进一步加强。

（三）西部地区

本节分析了西部地区企业的科技创新情况。西部地区参与分析的企业共有183家。从企业性质看，中央企业114家、地方国企59家、民营企业10家；从企业类别看，施工企业151家、勘察设计企业21家、工程装备制造等其他类型企业11家（图7-1-21）。

西部地区科技创新指数快速增长。其中，创新成果指数增长最快，2021年较2016年增长161.3%；其次为创新资源指数，增长了100.7%；创新绩效指数增长了85.7%；创新投入指数增长平稳，增长了52.7%（图7-1-22）。

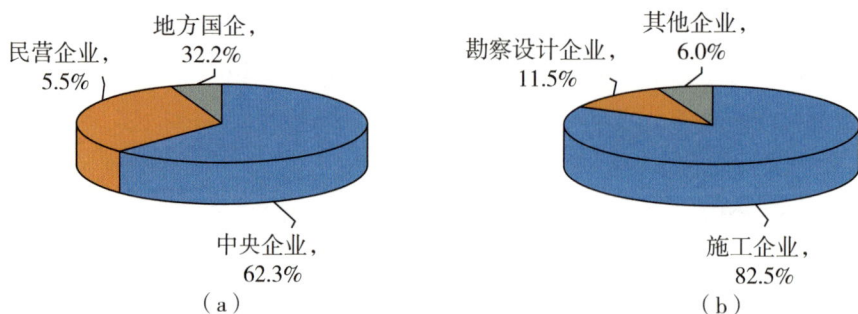

图 7-1-21 西部地区企业分类

图 7-1-22 西部地区科技创新指数及其分项指数（2016—2021 年）

1. 创新资源

（1）人力资源

西部地区企业从业人员中大专及以上学历人数所占比重、研究生学历人数所占比重分别上升了 9.7 个百分点、1.2 个百分点，但历年均低于行业平均水平（图 7-1-23），表明西部地区对于人才引进仍需加强。

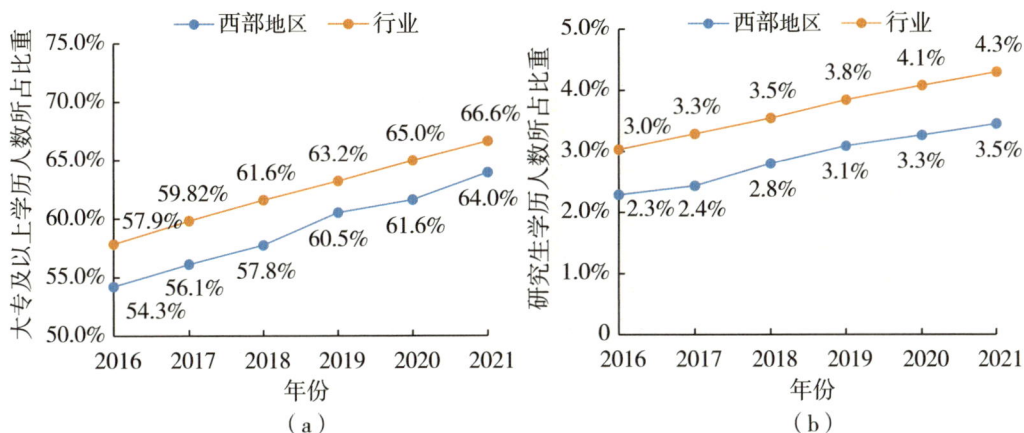

图 7-1-23　西部地区人力资源情况（2016—2021 年）

（2）创新平台

西部地区省部级及以上研发和认证平台数、拥有省级及以上企业技术中心的工程建设企业数分别增长 82.3%、92.1%，均高于行业增长速度（表 7-1-3），表明西部地区重视科技创新平台及企业技术中心的建设。

表 7-1-3　西部地区创新平台情况

指标	西部地区			行业数据		
	2016 年	2021 年	增长率	2016 年	2021 年	增长率
省部级及以上研发和认证平台数量	209 个	381 个	82.3%	1015 个	1656 个	63.2%
拥有省级及以上企业技术中心的工程建设企业数量	177 个	340 个	92.1%	913 个	1709 个	87.2%

2. 创新投入

（1）研发经费

西部地区研发人员人均研发经费支出整体呈增长趋势，2021 年较 2016 年增长 54.6%；研发经费支出占主营业务收入的比重从 2016 年的 2.4% 上升到 2021 年的 2.5%（图 7-1-24）。两项指标均低于行业平均水平，西部地区对研发经费的投入仍需加强。

图 7-1-24 西部地区创新经费情况（2016—2021 年）

（2）研发项目和产学研合作

西部地区每万人在研研发项目数量呈增长趋势，2021 年较 2016 年增长 74.2%，历年数据均高于行业平均水平，表明西部地区科技研发活跃度高。开展产学研合作的企业占总企业数量比重由 2016 年的 32.9% 上升到 2021 年的 55.2%，上升了 22.3 个百分点，历年数据均高于行业平均水平，表明西部地区企业对产学研合作更加重视（图 7-1-25）。

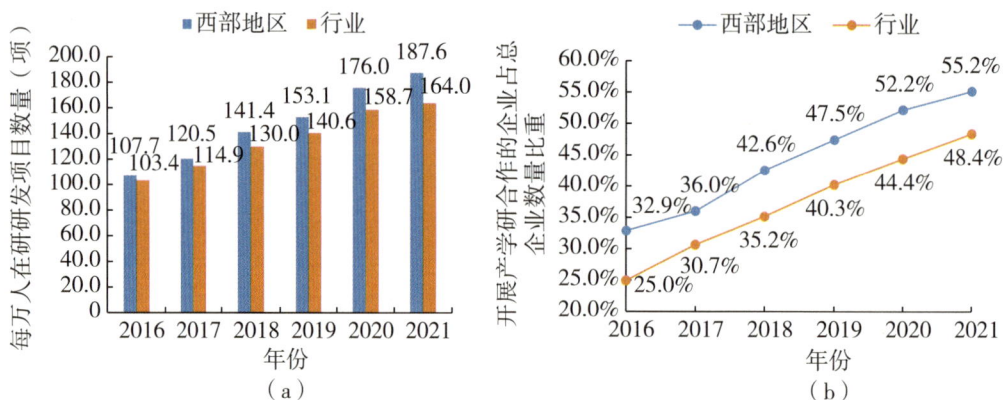

图 7-1-25 西部地区科研课题及产学研合作情况（2016—2021 年）

3. 创新成果

（1）专利

西部地区每万人拥有的有效专利数量呈增长趋势，2021 年较 2016 年增长 261.4%，但历年均低于行业平均水平；有效发明专利数占全部有效专利比重呈下降趋势，由 2016 年 26.2% 下降到 2021 年 16.8%，下降了 9.4 个百分点，下降速度高于行业（图 7-1-26）。表明西部地区在知识产权保护和专利质量提升方面有上升空间。

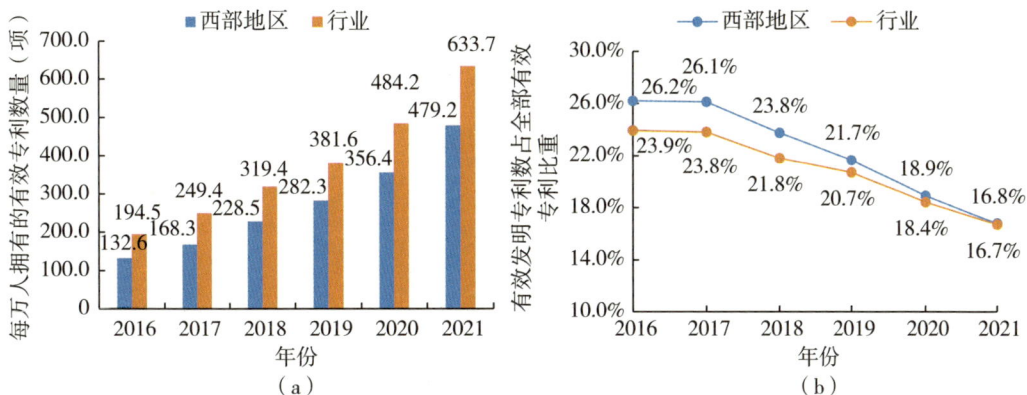

图 7-1-26　西部地区专利情况（2016—2021 年）

（2）标准和软著

西部地区每万人拥有的团体及以上标准规范数量呈增长趋势，2021 年较 2016 年增长 163.3%。每万人拥有的软件著作权数量增长 416.3%，与行业的差距逐年降低（图 7-1-27），表明西部地区数字化水平逐渐提升。

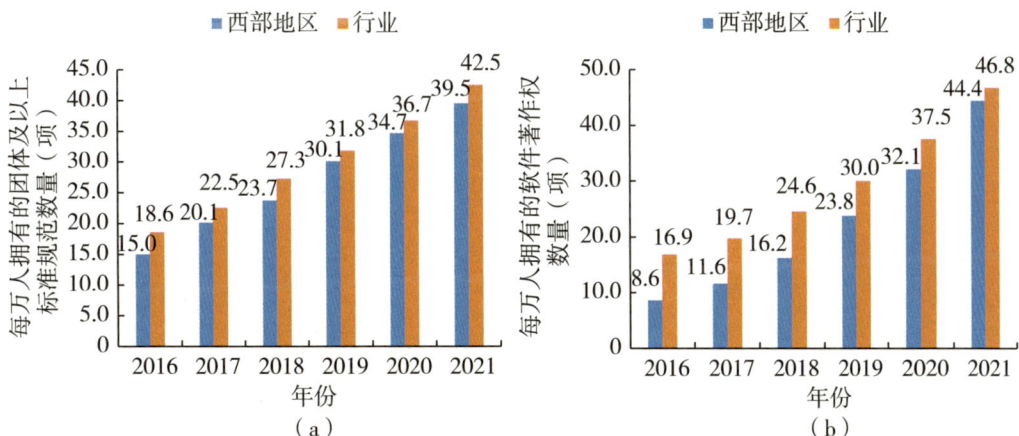

图 7-1-27　西部地区标准规范及软件著作权情况（2016—2021 年）

4. 创新绩效

（1）技术转移转化

西部地区每万人专利所有权转让及许可和高新技术成果转化项目数量、人均专利所有权转让及许可和高新技术成果转化金额总体呈增长趋势，2021年较2016年分别增长177.6%、191.7%，但历年数据均低于行业平均水平，且与行业差距较大（图7-1-28）。表明西部地区在技术转移转化方面需加大支持力度。

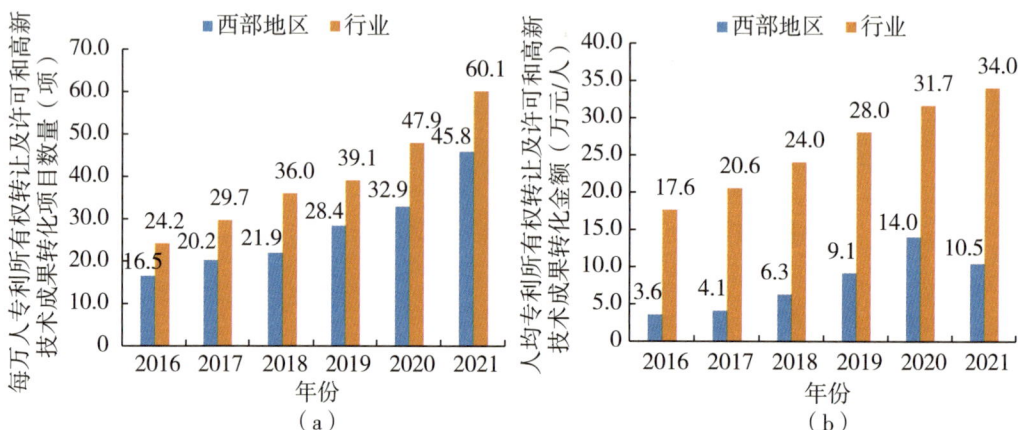

图7-1-28 西部地区技术转移转化情况（2016—2021年）

（2）企业经营效益

西部地区人均产值、人均利润呈增长趋势，2021年较2016年分别增长了55.0%、100.0%，2021年均高于行业平均水平（图7-1-29），表明西部地区企业盈利能力增强。

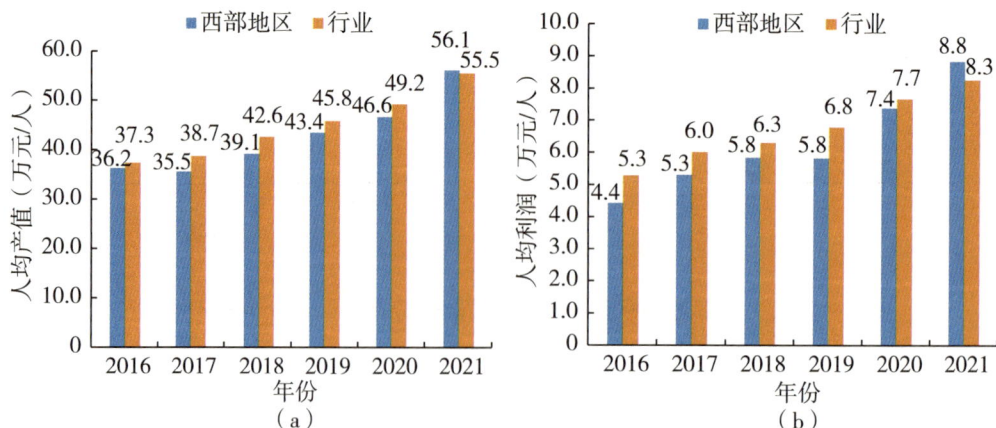

图7-1-29 西部地区企业经营效益情况（2016—2021年）

5. 小结

随着西部大开发战略的持续演进，西部地区经济的快速发展带来了更多的工程建设项目，为企业科技创新提供了良好土壤。西部地区企业科技创新保持较高的活跃度，研发人员队伍日益壮大，课题研发数量持续增多，标准化、数字化建设逐渐加快，产学研合作积极开展，但在高学历人才引进、研发经费投入、科技成果转化等方面还有待提高，进一步提升科技创新能力。

（四）东北地区

本节分析了东北地区企业的科技创新情况。东北地区参与分析的企业共有 33 家。从企业性质看，中央企业 24 家、地方国企 4 家、民营企业 5 家；从企业类别看，施工企业 30 家、勘察设计企业 3 家（图 7-1-30）。

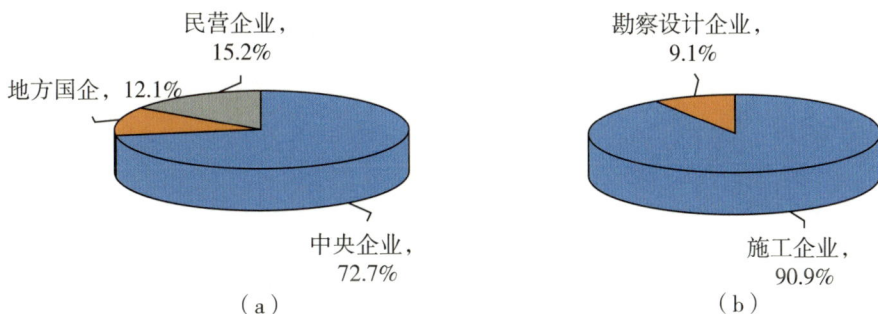

民营企业，15.2%
地方国企，12.1%
中央企业，72.7%
（a）

勘察设计企业，9.1%
施工企业，90.9%
（b）

图 7-1-30 东北地区企业分类

东北地区科技创新指数稳定增长。其中，创新成果指数增长最快，2021 年较 2016 年增长 69.8%；其次为创新绩效指数，增长了 60.5%；创新资源指数平稳增长，增长了 46.2%；创新投入指数增长较缓，增长了 23.1%（图 7-1-31）。

图 7-1-31　东北地区科技创新指数及其分项指数（2016—2021 年）

1. 创新资源

（1）人力资源

东北地区企业从业人员中大专及以上学历人数所占比重整体呈上升趋势，2021 年较 2016 年上升了 8.6 个百分点，2021 年出现下降；研究生学历人数所占比重较为平稳，上升了 0.2 个百分点，2018 年开始低于行业平均水平（图 7-1-32），表明东北地区需重视人力资源建设以及高学历人才引进。

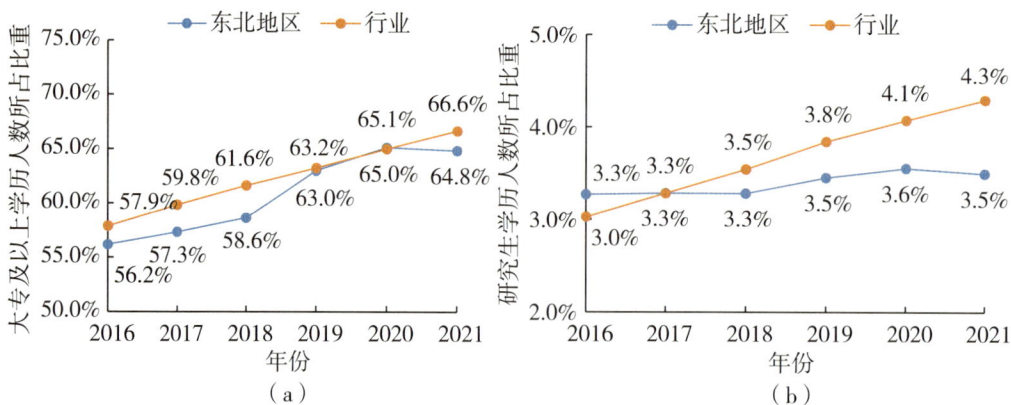

图 7-1-32　东北地区人力资源情况（2016—2021 年）

（2）创新平台

东北地区省部级及以上研发和认证平台数增长 10.5%，大幅度低于行业增长速度，表明东北地区需加强科技创新平台的建设。工程建设企业拥有国家高新技术企业认定数快速增长，2021 年较 2016 年增长 581.4%，高于行业增长速度，表明东北地区重视高新技术企业的认定及维护（表 7-1-4）。

表 7-1-4　东北地区创新平台情况

指标	东北地区			行业数据		
	2016 年	2021 年	增长率	2016 年	2021 年	增长率
省部级及以上研发和认证平台数量	38 个	42 个	10.5%	1015 个	1656 个	63.2%
工程建设企业拥有国家高新技术企业认定数量	70 个	477 个	581.4%	1817 个	9027 个	396.8%

2. 创新投入

（1）研发经费

东北地区研发人员人均研发经费支出整体呈增长趋势，2021 年较 2016 年增长 39.2%，历年数据远低于行业平均水平。研发经费支出占主营业务收入的比重从 2016 年的 2.3% 上升到 2021 年的 3.0%，总体高于行业水平（图 7-1-33）。

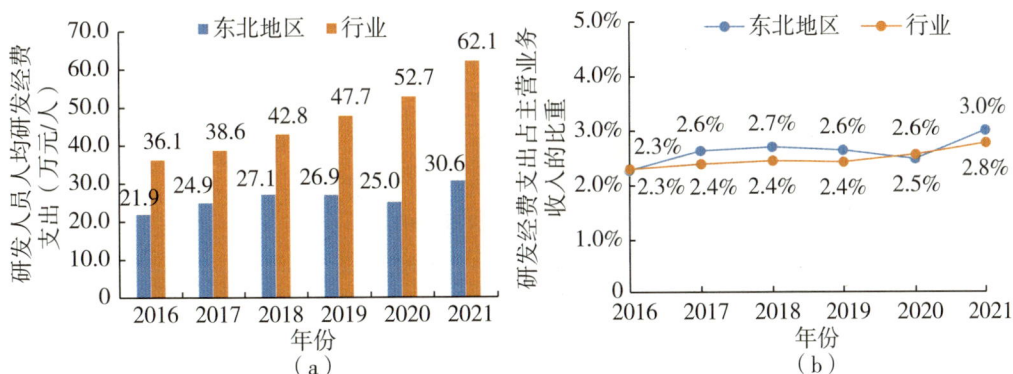

图 7-1-33　东北地区创新经费情况（2016—2021 年）

（2）研发人员和在研项目

东北地区研发人员所占比重总体呈增长趋势，2021 年较 2016 年上升 2.4 个百分点。每万人在研研发项目数量增长缓慢，增长了 26.1%，但历年数据均低于行业平均水平（图 7-1-34），表明东北地区科技研发活动不够活跃，需加强科技研发工作。

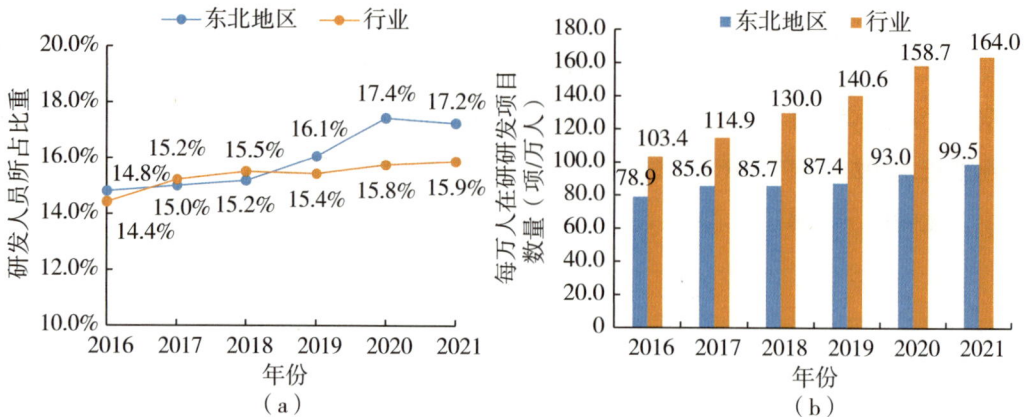

图 7-1-34　东北地区研发人员及科研课题情况（2016—2021 年）

3. 创新成果

（1）专利

东北地区每万人拥有的有效专利数量增长 139.5%，2017 年开始低于行业平均水平，且与行业差距逐渐增大。有效发明专利数占全部有效专利比重呈下降趋势，由 2016 年的 27.2% 下降到 2021 年的 20.3%，下降了 6.9 个百分点，历年数据均高于行业平均值（图 7-1-35）。

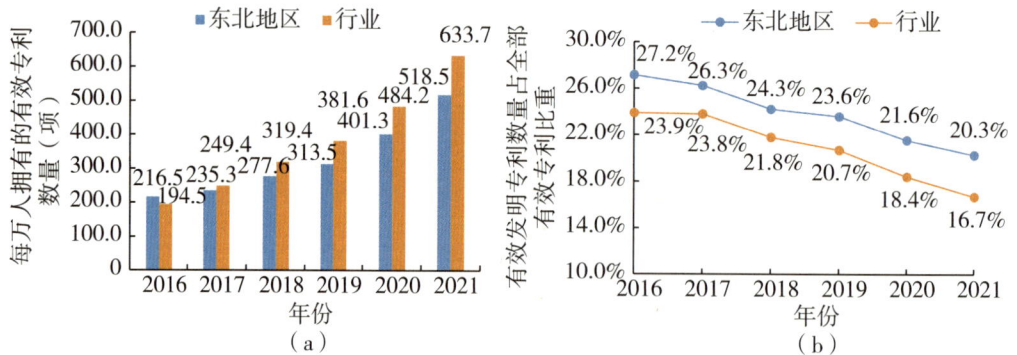

图 7-1-35　东北地区专利情况（2016—2021 年）

（2）标准工法

东北地区每万人拥有的团体及以上标准规范数量增长缓慢，2021 年较 2016 年增长了 30.6%，与行业的差距逐年拉大，表明东北地区需加强标准化建设的步伐。每万人拥有的省部级及以上工法数量增长 164.7%，2020 年开始高于行业平均水平，表明东北地区注重施工工法革新（图 7-1-36）。

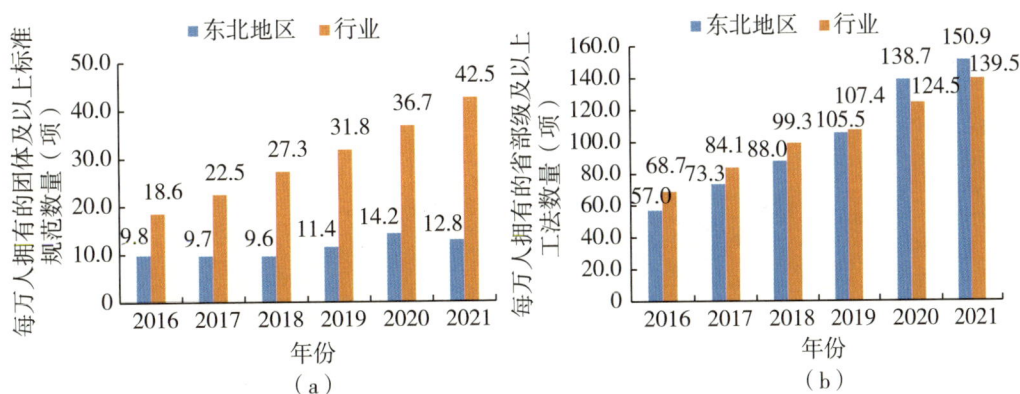

图 7-1-36　东北地区标准工法情况（2016—2021 年）

4. 创新绩效

（1）技术转移转化

每万人专利所有权转让及许可和高新技术成果转化项目数量呈增长趋势，2021 年较 2016 年增长 149.2%，但总体低于行业平均水平；东北地区人均专利所有权转让及许可和高新技术成果转化金额呈波动变化，历年数据均低于行业平均水平，且与行业差距逐渐拉大（图 7-1-37），表明东北地区需加大科技成果转化工作力度。

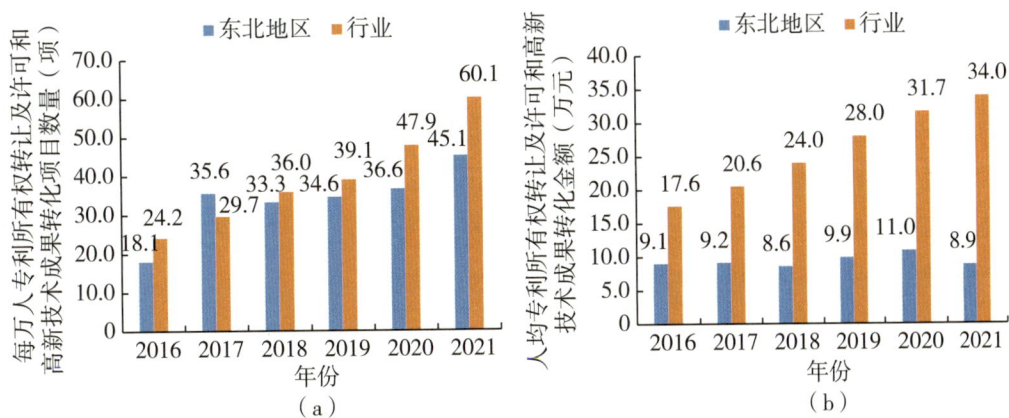

图 7-1-37　东北地区技术转移转化情况（2016—2021 年）

（2）企业经营效益

东北地区人均产值呈增长趋势，2021 年较 2016 年增长 94.4%，2017 年开始高于行业平均水平。人均利润增长 35.7%，但历年数据大幅度低于行业平均水平，表明东北地区急需提升盈利能力（图 7-1-38）。

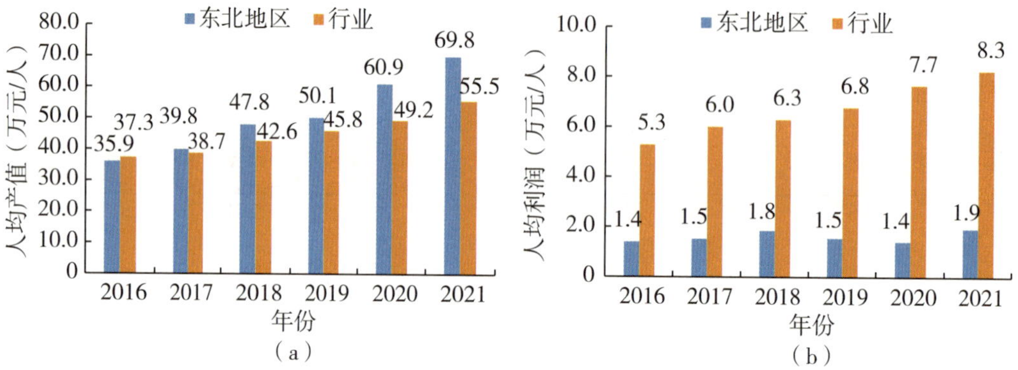

图 7-1-38　东北地区企业经营效益情况（2016—2021 年）

5. 小结

东北地区科技创新平稳发展，高新技术企业保持较快增长，具备较好的科技创新工作基础。今后，东北地区需进一步推进科技创新平台建设，加强科技研发活力，加快标准化建设步伐，重视科技成果的产出、保护及转化，提高科技创新对企业经营发展的贡献，助力东北振兴取得新突破。

二、部分省份

本节分析四个直辖市和部分省份工程建设企业的科技创新情况，并与行业平均水平进行对比。由于指标的量纲不一致，评价采用条形图的形式呈现该省份（直辖市）各项指标与行业平均水平的相对值。鉴于个别指标多倍于行业平均水平，以 1.2 倍为界对条形图做了截尾处理，并标明各省市在相应指标上的实际值。

（一）北京市

1. 科技创新指数分析

本节分析了北京市工程建设企业的科技创新情况。北京市参与分析的企业共有 114 家，从企业性质看，中央企业 79 家、地方国企 24 家、民营企业 11 家；从企业类别看，施工企业 94 家、勘察设计企业 15 家、工程装备制造等其他类型企业 5 家（图 7-2-1）。

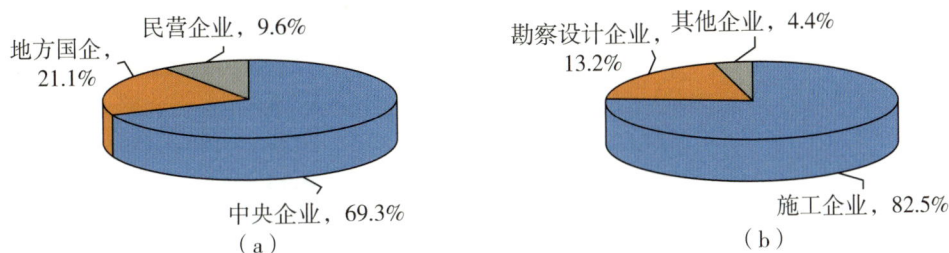

图 7-2-1　北京市参与调查企业分类

北京市工程建设企业科技创新指数逐年增加，2021 年较 2016 年增长了 66.8%。其中创新成果指数增长最快，增长了 91.6%；创新绩效指数稳定增长，增长了 76.0%；创新投入指数增长了 51.9%；创新资源指数增长相对较慢，增长了 47.9%（图 7-2-2）。

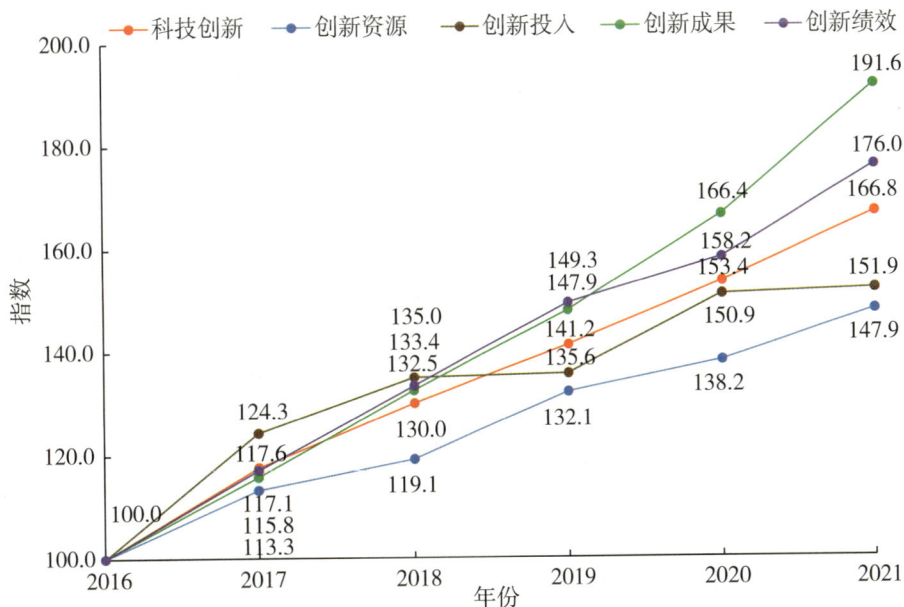

图 7-2-2　北京市工程建设企业科技创新指数及其分项指数（2016—2021 年）

2. 与行业平均水平对比

2021 年，北京市工程建设企业有 16 个科技创新指标高于行业平均水平。在每十万人拥有的国家科学技术奖和中国专利奖数量、人均产值、每万人拥有的团体及以上标准规范数量、人均专利所有权转让及许可和高新技术成果转化的金额、人均利润方面优势明显，分别达到行业平均水平的 4137.5%、433.5%、147.3%、139.1%、128.0%（图 7-2-3）。

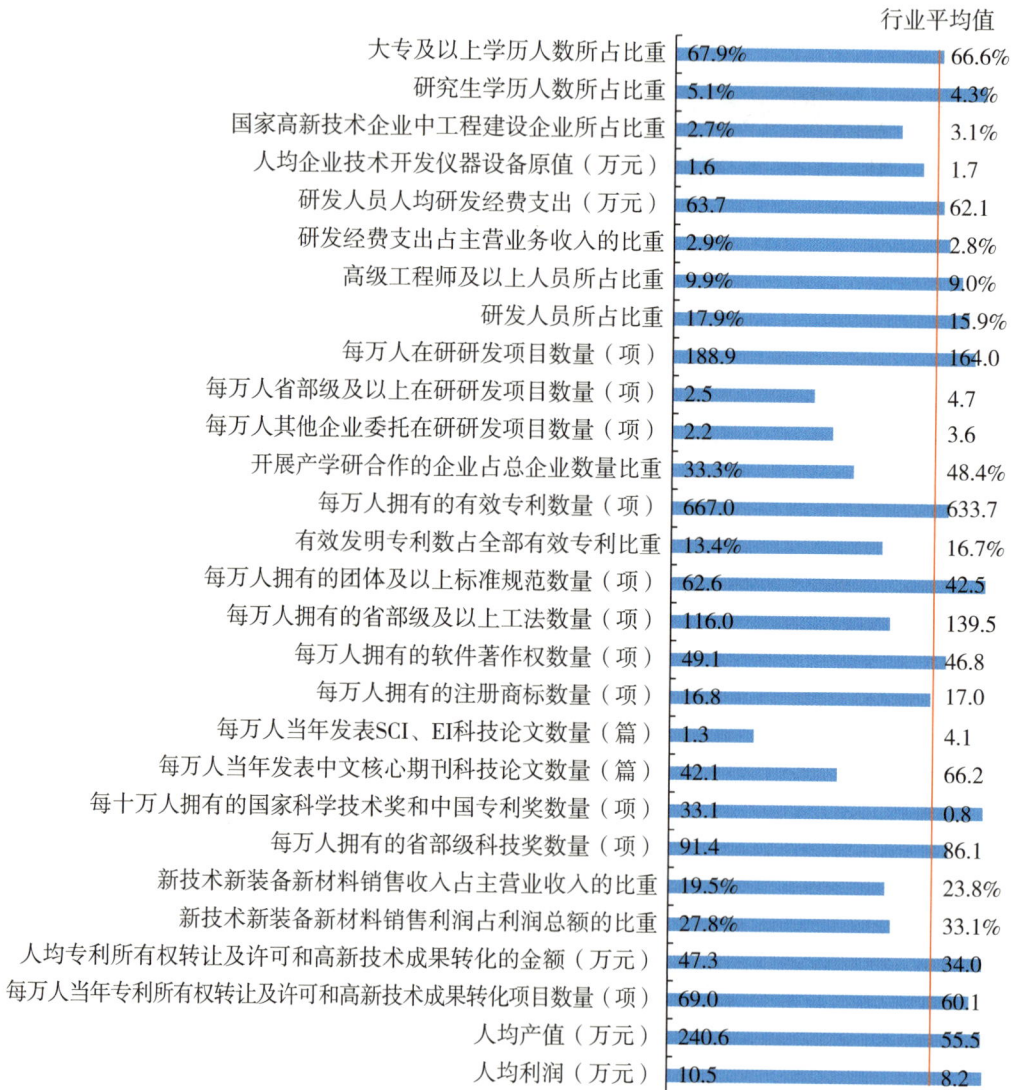

指标	北京市	行业平均值
大专及以上学历人数所占比重	67.9%	66.6%
研究生学历人数所占比重	5.1%	4.3%
国家高新技术企业中工程建设企业所占比重	2.7%	3.1%
人均企业技术开发仪器设备原值（万元）	1.6	1.7
研发人员人均研发经费支出（万元）	63.7	62.1
研发经费支出占主营业务收入的比重	2.9%	2.8%
高级工程师及以上人员所占比重	9.9%	9.0%
研发人员所占比重	17.9%	15.9%
每万人在研研发项目数量（项）	188.9	164.0
每万人省部级及以上在研研发项目数量（项）	2.5	4.7
每万人其他企业委托在研研发项目数量（项）	2.2	3.6
开展产学研合作的企业占总企业数量比重	33.3%	48.4%
每万人拥有的有效专利数量（项）	667.0	633.7
有效发明专利数占全部有效专利比重	13.4%	16.7%
每万人拥有的团体及以上标准规范数量（项）	62.6	42.5
每万人拥有的省部级及以上工法数量（项）	116.0	139.5
每万人拥有的软件著作权数量（项）	49.1	46.8
每万人拥有的注册商标数量（项）	16.8	17.0
每万人当年发表SCI、EI科技论文数量（篇）	1.3	4.1
每万人当年发表中文核心期刊科技论文数量（篇）	42.1	66.2
每十万人拥有的国家科学技术奖和中国专利奖数量（项）	33.1	0.8
每万人拥有的省部级科技奖数量（项）	91.4	86.1
新技术新装备新材料销售收入占主营业收入的比重	19.5%	23.8%
新技术新装备新材料销售利润占利润总额的比重	27.8%	33.1%
人均专利所有权转让及许可和高新技术成果转化的金额（万元）	47.3	34.0
每万人当年专利所有权转让及许可和高新技术成果转化项目数量（项）	69.0	60.1
人均产值（万元）	240.6	55.5
人均利润（万元）	10.5	8.2

图 7-2-3　北京市工程建设企业创新情况及与行业平均水平对比（2021 年）

北京市工程建设企业有 12 个科技创新指标低于行业平均水平。在每万人当年发表 SCI 和 EI 科技论文数量、每万人省部级及以上在研研发项目数量、每万人其他企业委托在研研发项目数量、每万人当年发表中文核心期刊科技论文数量、开展产学研合作的企业占总企业数量比重方面存在不足，仅为行业平均水平的 31.7%、53.2%、61.1%、63.6% 和 68.8%。

3. 北京市工程建设企业科技创新特点

（1）创新奖项优势巨大，科技创新综合实力雄厚

北京市工程建设企业在创新奖项方面优势巨大，2016—2021 年每十万人拥有的国家科学技术奖和中国专利奖数量超过行业平均水平 400 倍，每万人拥有的省部级科技奖数量也高于行业平均水平（图 7-2-4）。北京市作为国家政治中心、科技创新中心，汇集了一大批央企、国企总部，企业技术实力雄厚，可以综合各方面优势，更好地布局和打磨科技创新成果，在获得国家科技奖和中国专利奖方面更容易突破。

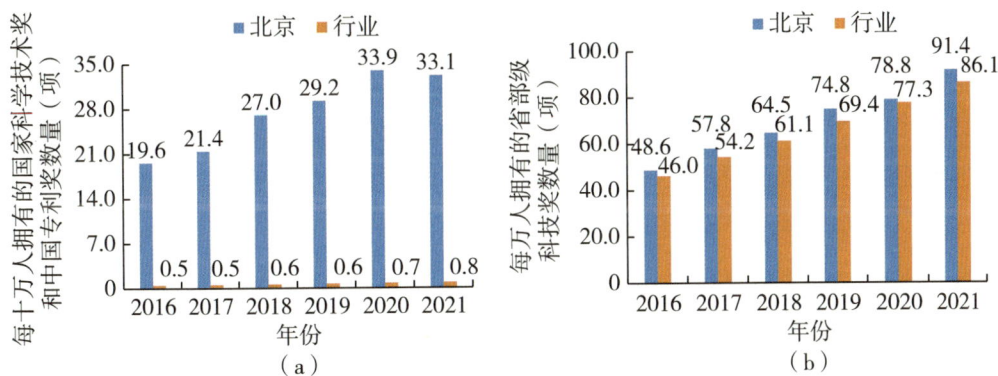

图 7-2-4　北京市工程建设企业创新奖项情况（2016—2021 年）

（2）技术转移转化能力突出，科技创新效益显著

北京市工程建设企业人均专利所有权转让及许可和高新技术成果转化的金额稳步增长，2021 年较 2016 年增长了 116.0%，每万人专利所有权转让及许可和高新技术成果转化项目数量提升明显，增长了 172.7%，两项指标均高于行业平均水平，优势明显（图 7-2-5）。近年来，北京市知识产权局积极利用中央财政支持北京的专项资金，鼓励引导专利技术向中小微企业转化实施，按实际交易金额的 40% 对中小微企业购买专利给予支持，大力推动了专利成果转化推广，强化了北京市工程建设企业的技术转移转化能力。

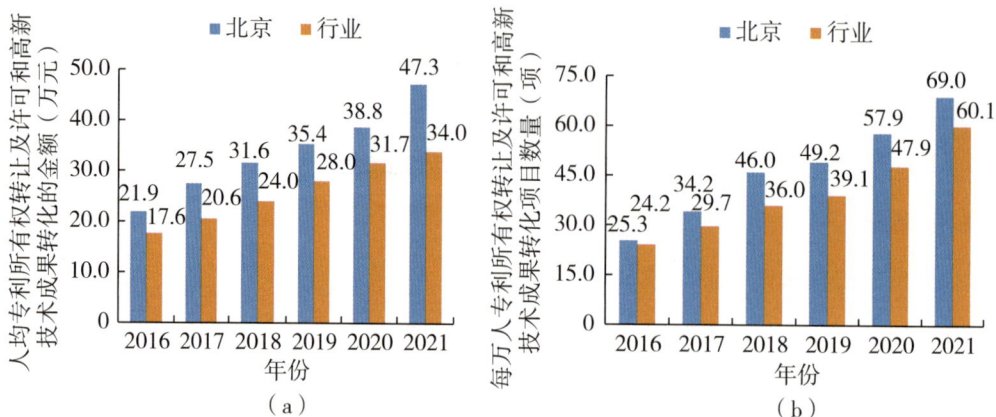

图 7-2-5　北京市工程建设企业技术转移转化情况（2016—2021 年）

（3）科技创新对企业经营发展的支撑作用明显

北京市工程建设企业人均产值和人均利润增长明显，历年数据均远高于行业平均水平（图 7-2-6）。2016 年，国务院印发了《北京加强全国科技创新中心建设总体方案》，提出不断加强北京全国科技创新中心建设，使北京成为全球科技创新引领者、高端经济增长极、创新人才首选地、文化创新先行区和生态建设示范城。随着相关配套政策措施的出台，北京市工程建设企业科技创新工作实现了快速发展，研发人员队伍不断壮大，原始创新能力持续增强，技术水平走在全国前列，科技创新为企业经营发展作出了重要贡献。

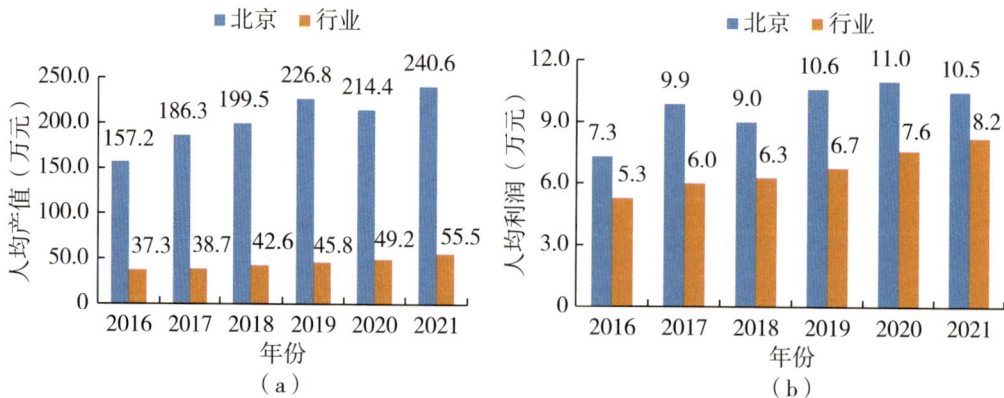

图 7-2-6　北京市工程建设企业经营效益情况（2016—2021 年）

（二）上海市

1. 科技创新指数分析

本节分析了上海市工程建设企业的科技创新情况。上海市参与分析的企业共有51家，从企业性质看，中央企业27家、地方国企18家、民营企业6家；从企业类别看，施工企业39家、勘察设计企业8家、工程装备制造等其他类型企业4家（图7-2-7）。

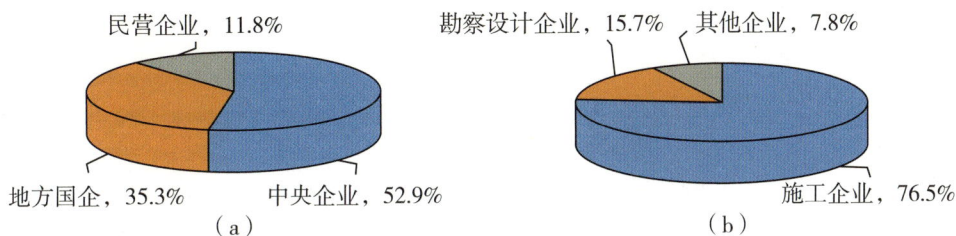

民营企业，11.8%
地方国企，35.3%
中央企业，52.9%
（a）

勘察设计企业，15.7%　其他企业，7.8%
施工企业，76.5%
（b）

图7-2-7　上海市参与调查企业分类

上海市工程建设企业科技创新指数在稳步提升，2021年较2016年增长了53.5%。其中创新成果指数增长最快，在2017年以后快速提升，增长了91.0%；创新绩效指数与创新资源指数增长趋势相近，分别增长了54.6%和42.0%；创新投入指数增长较为缓慢，增长了26.6%（图7-2-8）。

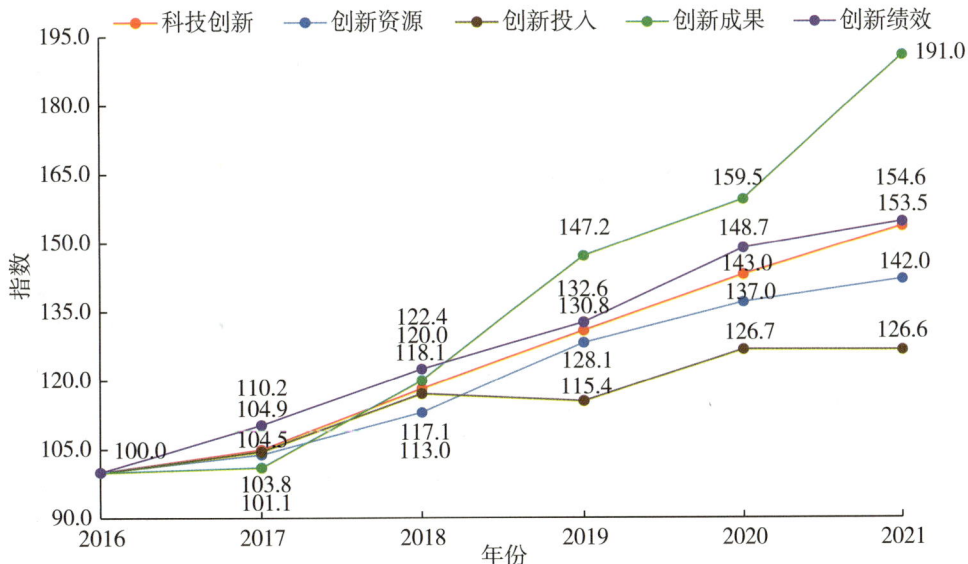

图7-2-8　上海市工程建设企业科技创新指数及其分项指数（2016—2021年）

2. 与行业平均水平对比情况

2021 年，上海市工程建设企业有 23 个科技创新指标高于行业平均水平。在每十万人拥有的国家科学技术奖和中国专利奖数量、每万人当年发表中文核心期刊科技论文数量、人均专利所有权转让及许可和高新技术成果转化的金额、研究生学历人数所占比重、每万人当年专利所有权转让及许可和高新技术成果转化项目数量方面优势明显，分别达到行业平均水平的 1650.0%、396.4%、327.4%、190.7%、173.4%（图 7-2-9）。

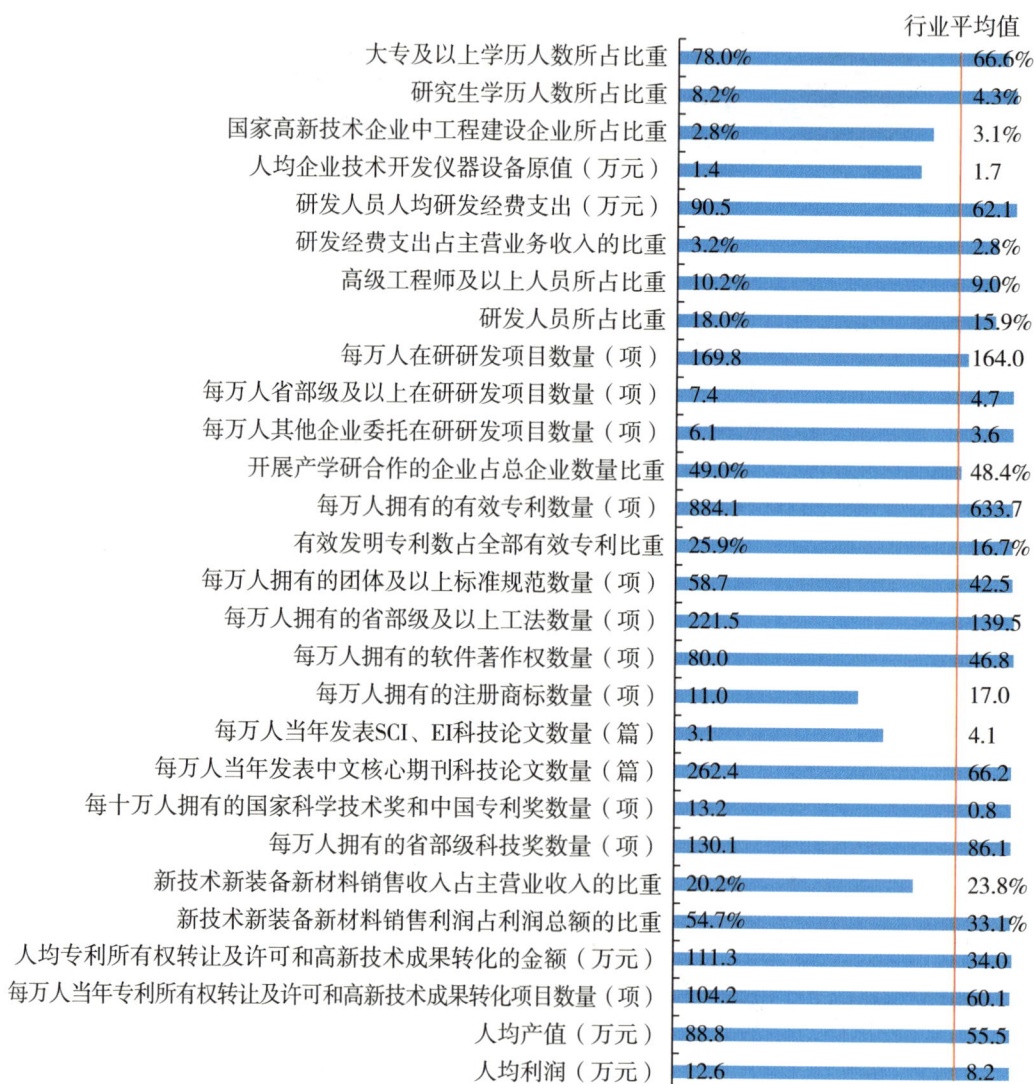

行业平均值

指标	上海市	行业平均值
大专及以上学历人数所占比重	78.0%	66.6%
研究生学历人数所占比重	8.2%	4.3%
国家高新技术企业中工程建设企业所占比重	2.8%	3.1%
人均企业技术开发仪器设备原值（万元）	1.4	1.7
研发人员人均研发经费支出（万元）	90.5	62.1
研发经费支出占主营业务收入的比重	3.2%	2.8%
高级工程师及以上人员所占比重	10.2%	9.0%
研发人员所占比重	18.0%	15.9%
每万人在研研发项目数量（项）	169.8	164.0
每万人省部级及以上在研研发项目数量（项）	7.4	4.7
每万人其他企业委托在研研发项目数量（项）	6.1	3.6
开展产学研合作的企业占总企业数量比重	49.0%	48.4%
每万人拥有的有效专利数量（项）	884.1	633.7
有效发明专利数占全部有效专利比重	25.9%	16.7%
每万人拥有的团体及以上标准规范数量（项）	58.7	42.5
每万人拥有的省部级及以上工法数量（项）	221.5	139.5
每万人拥有的软件著作权数量（项）	80.0	46.8
每万人拥有的注册商标数量（项）	11.0	17.0
每万人当年发表SCI、EI科技论文数量（篇）	3.1	4.1
每万人当年发表中文核心期刊科技论文数量（篇）	262.4	66.2
每十万人拥有的国家科学技术奖和中国专利奖数量（项）	13.2	0.8
每万人拥有的省部级科技奖数量（项）	130.1	86.1
新技术新装备新材料销售收入占主营业收入的比重	20.2%	23.8%
新技术新装备新材料销售利润占利润总额的比重	54.7%	33.1%
人均专利所有权转让及许可和高新技术成果转化的金额（万元）	111.3	34.0
每万人当年专利所有权转让及许可和高新技术成果转化项目数量（项）	104.2	60.1
人均产值（万元）	88.8	55.5
人均利润（万元）	12.6	8.2

图 7-2-9　上海市工程建设企业创新情况及与行业平均水平对比（2021 年）

上海市工程建设企业有 5 个科技创新指标低于行业平均水平。在每万人拥有的注册商标数量、每万人当年发表 SCI 和 EI 科技论文数量、新技术新装备新材料销售收入占主营业务收入的比重、人均企业技术开发仪器设备原值、国家高新技术企业中工程建设企业所占比重方面存在不足，为行业平均水平的 64.7%、75.6%、84.9%、82.4% 和 90.3%。

3. 上海市工程建设企业科技创新特点

（1）科技创新发展成绩突出，人才资源支撑作用明显

近年来，上海市深入贯彻落实习近平总书记对上海建设具有全球影响力的科技创新中心的重要指示精神，加快推进科创中心建设，取得了重要的阶段性成果。上海市工程建设企业的科技创新工作也获得了快速发展。2021 年，共有 23 个科技创新指标高于行业平均水平，优势指标数量位居全国首位。

人才资源方面尤为突出，2016—2021 年上海市工程建设企业大专及以上学历人数所占比重上升了 10.6 个百分点，历年数据均高出行业平均水平 10 个百分点以上；研究生学历人数所占比重上升了 0.9 个百分点，历年数据均远高于行业平均水平。（图 7-2-10）高水平的人才队伍为上海市工程建设企业的科技创新发展提供了源源不断的活力和动力。

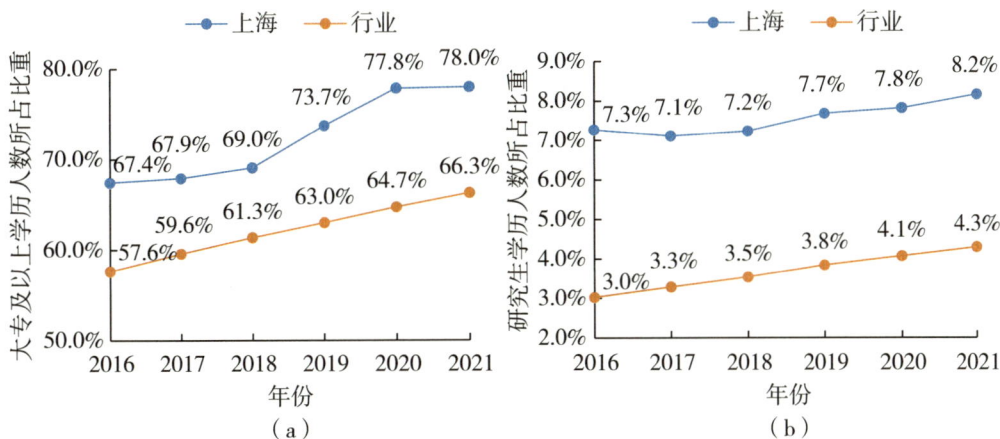

图 7-2-10　上海市工程建设企业人力资源情况（2016—2021 年）

（2）创新投入持续增加，科技创新动能强劲

上海市工程建设企业研发人员人均研发支出稳步增长，2021年较2016年增长了74.4%，研发经费支出占主营业务收入的比重上升了0.4个百分点，达到了3.2%，两项指标均高于行业平均水平（图7-2-11）。为推动上海全力做强创新引擎，加快形成具有全球影响力的科技创新中心核心功能，上海市近年来不断加大R&D投入强度。上海市工程建设企业的科技创新经费投入也在不断提升，为企业进一步提升科技创新能力、突破关键核心技术提供了坚实的基础。

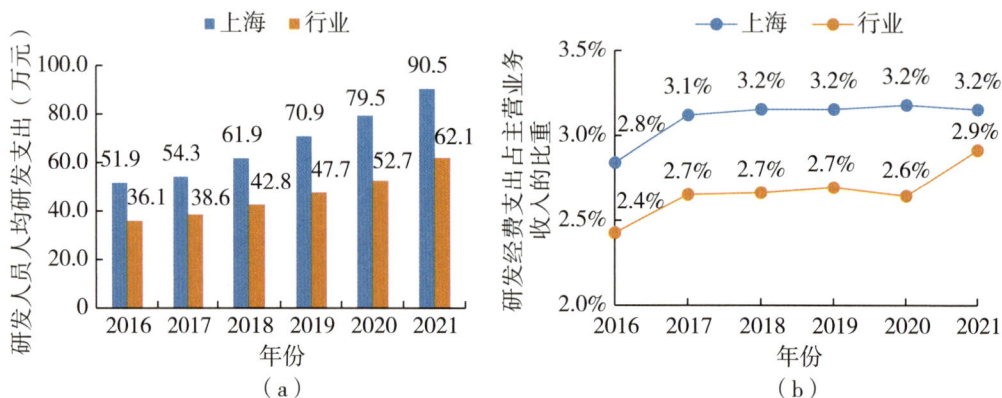

图7-2-11 上海市工程建设企业创新经费情况（2016—2021年）

（3）知识产权工作高质量发展，专利转移转化效益显著

2016—2021年上海市工程建设企业每万人拥有的有效专利数量快速增长，从380.6件提升到884.1件；人均专利所有权转让及许可和高新技术成果转化的金额增长了79.5%，两项指标均居于全国前列（图7-2-12）。上海市高度重视知识产权工作，为深化知识产权领域创新改革制定了多项政策，为企业专利的高效产出和转移转化提供了保障。上海市工程建设企业在知识产权创造、运用、布局和高价值专利发展方面表现突出。

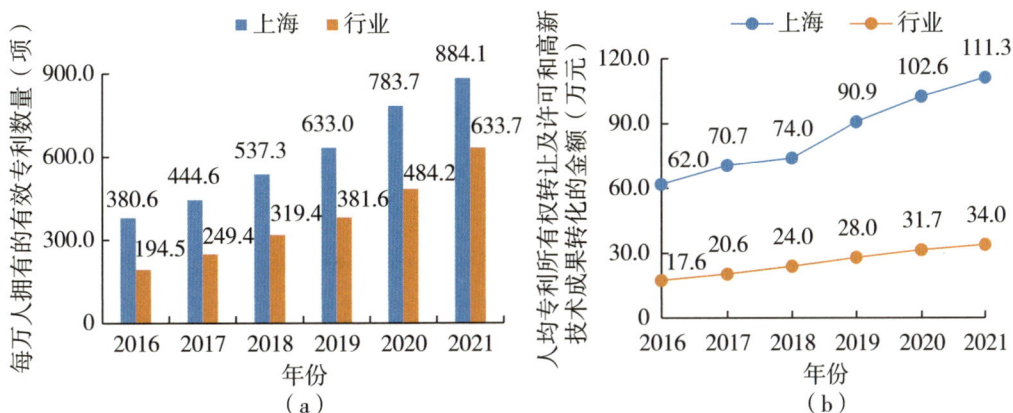

图 7-2-12　上海市工程建设企业知识产权情况（2016—2021 年）

（三）天津市

1. 科技创新指数分析

本节分析了天津市工程建设企业的科技创新情况。天津市参与分析的企业共有 36 家，从企业性质看，中央企业 28 家、地方国企 4 家、民营企业 4 家；从企业类别看，施工企业 28 家、勘察设计企业 5 家、工程装备制造等其他类型企业 3 家（图 7-2-13）。

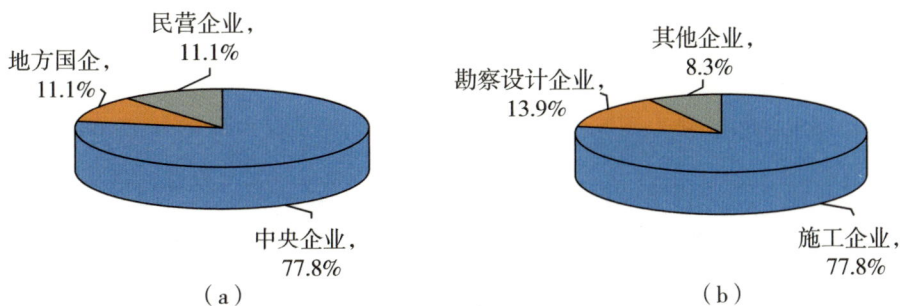

图 7-2-13　天津市参与调查企业分类

天津市工程建设企业科技创新指数呈上升趋势，2021 年较 2016 年增长了 50.5%。其中创新成果指数增长最快，增长了 99.6%；其次是创新投入指数，增长了 44.5%；创新资源指数稳定增长，增长了 36.3%；创新绩效指数增长了 21.5%，其中在 2021 年增长较快（图 7-2-14）。

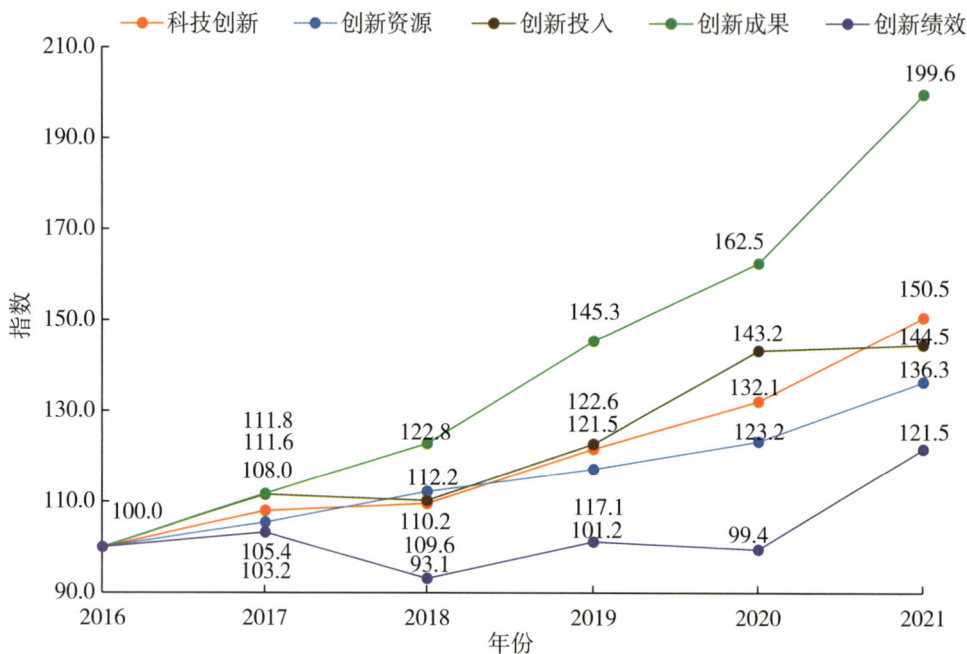

图 7-2-14　天津市工程建设企业科技创新指数及其分项指数（2016—2021 年）

2. 与行业平均水平对比情况

2021 年，天津市工程建设企业有 18 个科技创新指标高于行业平均水平。在每十万人拥有的国家科学技术奖和中国专利奖数量、每万人拥有的有效专利数量、高级工程师及以上人员所占比重、每万人在研研发项目数量、人均企业技术开发仪器设备原值方面优势明显，分别达到行业平均水平的 1175.0%、241.1%、228.9%、229.6%、194.1%（图 7-2-15）。

行业平均值

指标	天津市	行业平均值
大专及以上学历人数所占比重	76.2%	66.6%
研究生学历人数所占比重	6.6%	4.3%
国家高新技术企业中工程建设企业所占比重	4.2%	3.1%
人均企业技术开发仪器设备原值（万元）	3.3	1.7
研发人员人均研发经费支出（万元）	58.3	62.1
研发经费支出占主营业务收入的比重	3.0%	2.8%
高级工程师及以上人员所占比重	20.6%	9.0%
研发人员所占比重	23.6%	15.9%
每万人在研研发项目数量（项）	376.6	164.0
每万人省部级及以上在研研发项目数量（项）	7.7	4.7
每万人其他企业委托在研研发项目数量（项）	0.8	3.6
开展产学研合作的企业占总企业数量比重	41.7%	48.4%
每万人拥有的有效专利数量（项）	1527.8	633.7
有效发明专利数占全部有效专利比重	15.2%	16.7%
每万人拥有的团体及以上标准规范数量（项）	57.3	42.5
每万人拥有的省部级及以上工法数量（项）	109.7	139.5
每万人拥有的软件著作权数量（项）	68.6	46.8
每万人拥有的注册商标数量（项）	18.2	17.0
每万人当年发表SCI、EI科技论文数量（篇）	0.8	4.1
每万人当年发表中文核心期刊科技论文数量（篇）	56.4	66.2
每十万人拥有的国家科学技术奖和中国专利奖数量（项）	9.4	0.8
每万人拥有的省级科技奖数量（项）	165.0	86.1
新技术新装备新材料销售收入占主营业收入的比重	31.3%	23.8%
新技术新装备新材料销售利润占利润总额的比重	25.1%	33.1%
人均专利所有权转让及许可和高新技术成果转化的金额（万元）	17.2	34.0
万人当年专利所有权转让及许可和高新技术成果转化项目数量（项）	22.9	60.1
人均产值（万元）	63.2	55.5
人均利润（万元）	13.9	8.2

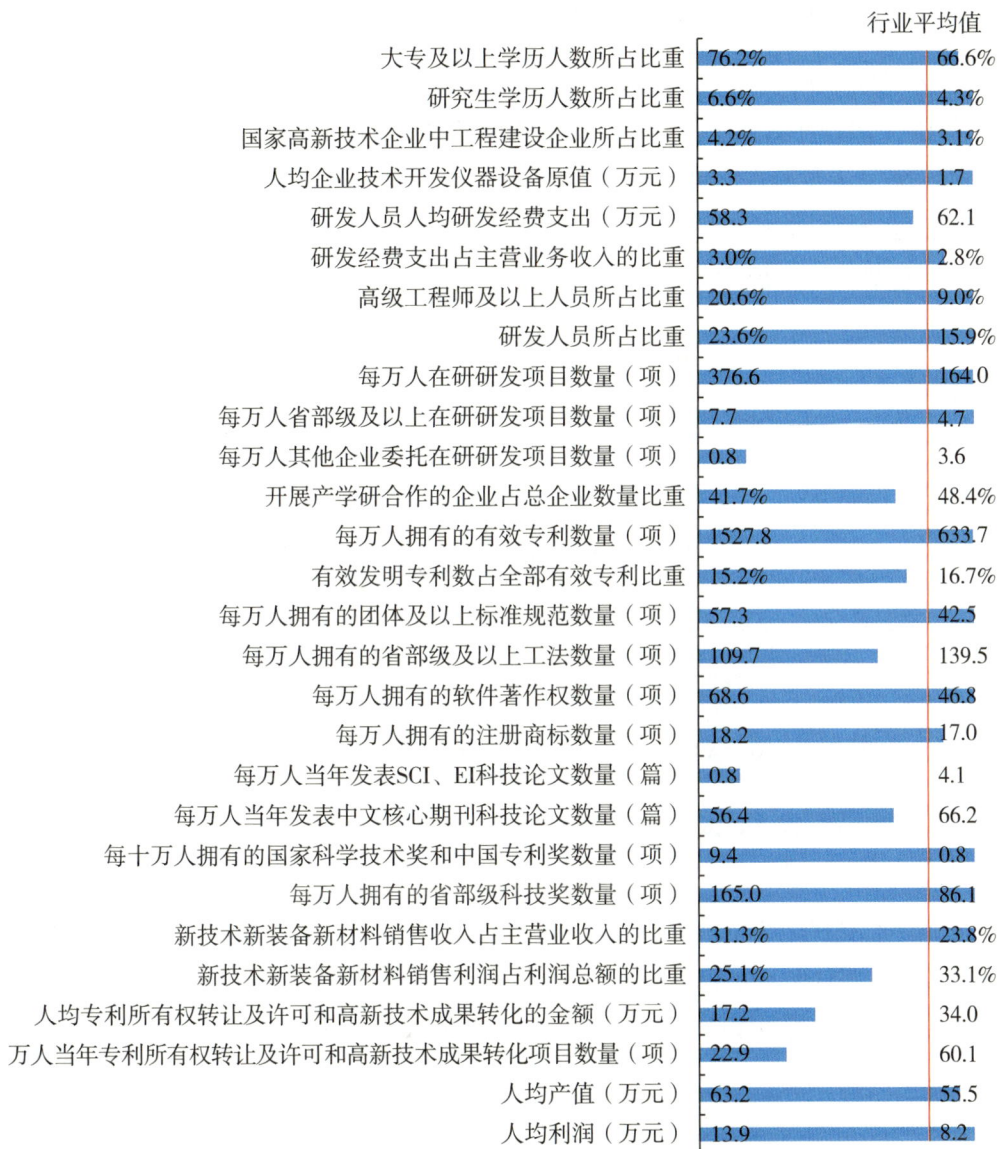

图 7-2-15　天津市工程建设企业创新情况及与行业平均水平对比（2021 年）

天津市工程建设企业有 10 个科技创新指标低于行业平均水平。在每万人当年发表 SCI 和 EI 科技论文数量、每万人其他企业委托在研研发项目数量、每万人专利所有权转让及许可和高新技术成果转化项目数量、人均专利所有权转让及许可和高新技术成果转化的金额、新技术新装备新材料销售利润占利润总额的比重方面存在明显不足，分别为行业平均水平的 19.5%、22.2%、38.1%、50.6% 和 75.8%。

3. 天津市工程建设企业科技创新特点

（1）创新人才投入力度大，企业创新热情高涨

2016—2021 年天津市工程建设企业高级工程师及以上人员所占比重上升了 7.6 个百分点，研发人员所占比重上升了 3.4 个百分点，增速和总量均远高于行业平均水平（图 7-2-16）。天津市工程建设企业在创新人才上的投入力度在行业内处于领先，并在逐步扩大优势，高强度的创新人才投入为企业创新提供了充足的发展活力。

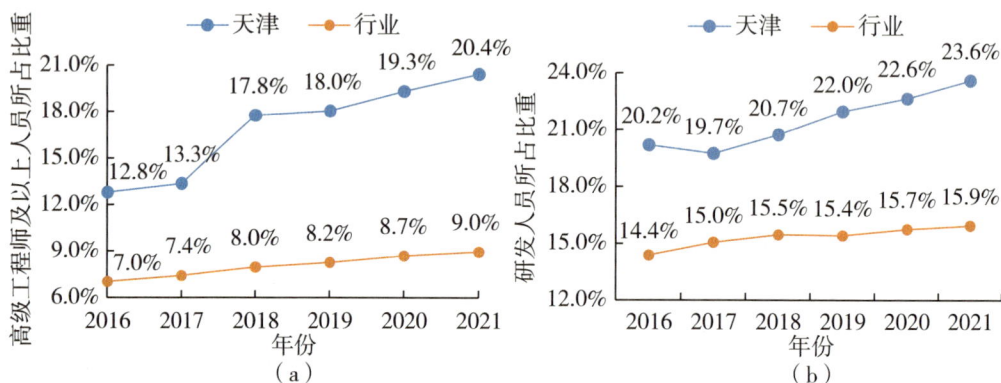

图 7-2-16 天津市工程建设企业创新人才情况（2016—2021 年）

（2）科研课题投入持续领先，科技创新活动非常活跃

天津市工程建设企业每万人在研研发项目数量快速增长，2021 年较 2016 年增长了 70.9%，远高于行业平均水平，且领先优势在持续扩大；每万人省部级及以上在研研发项目数量增长了 75.0%，历年数据均高于行业平均水平（图 7-2-17）。天津市工程建设企业科技创新的主观能动性强，科研课题的投入力度大，充分激发了企业的科技创新潜能。

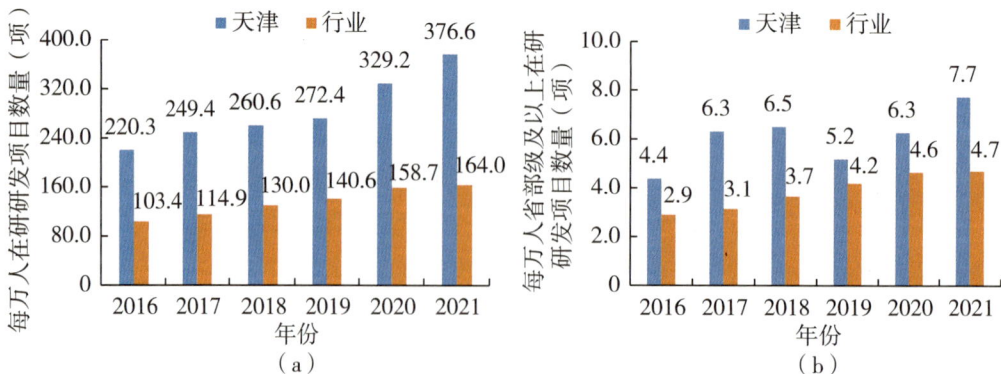

图 7-2-17 天津市工程建设企业科研课题情况（2016—2021 年）

（3）技术转移转化能力不足，创新效益有待提升

2016—2021 年天津市工程建设企业人均专利所有权转让及许可和高新技术成果转化的金额增长不稳定，每万人专利所有权转让及许可和高新技术成果转化项目数量增长缓慢，虽然都有所增长，但与行业平均水平仍有较大差距，在科技成果转化方面有待进一步突破（图 7-2-18）。

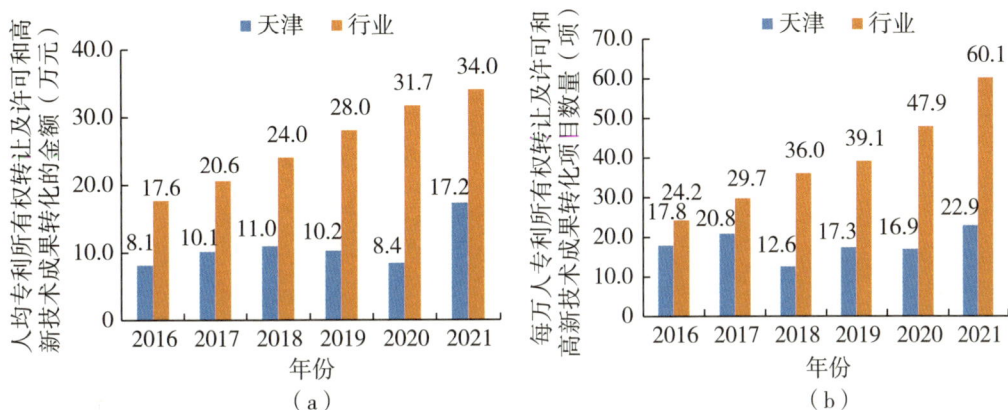

图 7-2-18　天津市工程建设企业技术转移转化情况（2016—2021 年）

（四）重庆市

1. 科技创新指数分析

本节分析了重庆市工程建设企业的科技创新情况。重庆市参与分析的企业共有 23 家。从企业性质看，中央企业 14 家、地方国企 5 家、民营企业 4 家。从企业类别看，工程施工企业 20 家、勘察设计企业 1 家、工程装备制造等其他类别企业 2 家（图 7-2-19）。

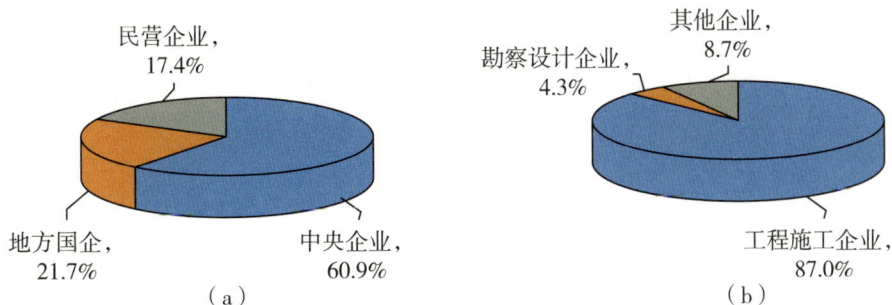

图 7-2-19　重庆市参与调查企业分类

重庆市工程建设企业科技创新指数快速提升，2021 年较 2016 年增长了 172.9%。其中创新成果指数增长最快，增长了 348.2%；其次为创新绩效指数，增长了 137.5%；创新资源指数增长了 130.9%；创新投入指数增速相对较慢，增长了 75.0%（图 7-2-20）。

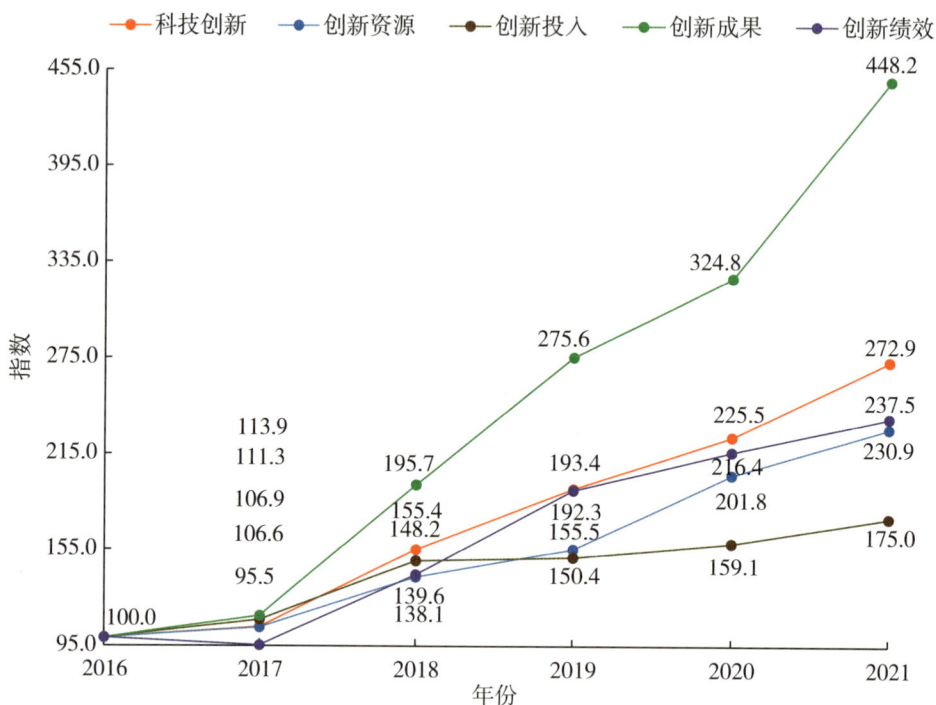

图 7-2-20　重庆市工程建设企业科技创新指数及其分项指数（2016—2021 年）

2. 与行业平均水平对比情况

2021 年，重庆市工程建设企业有 8 个指标高于行业平均水平，在每万人拥有的注册商标数量、人均企业技术开发仪器设备原值、每万人拥有的软件著作权数量、每万人省部级及以上在研研发项目数量、每万人其他企业委托在研研发项目数量方面有明显优势，分别达到行业平均水平的 1167.9%、359.9%、254.0%、229.8%、146.2%（图 7-2-21）。

行业平均值

指标	重庆市	行业平均值
大专及以上学历人数所占比重	58.1%	66.6%
研究生学历人数所占比重	3.2%	4.3%
国家高新技术企业中工程建设企业所占比重	3.9%	3.1%
人均企业技术开发仪器设备原值（万元）	6.0	1.7
研发人员人均研发经费支出（万元）	50.0	62.1
研发经费支出占主营业务收入的比重	2.5%	2.8%
高级工程师及以上人员所占比重	7.8%	9.0%
研发人员所占比重	12.8%	15.9%
每万人在研研发项目数量（项）	143.5	164.0
每万人省部级及以上在研研发项目数量（项）	10.8	4.7
每万人其他企业委托在研研发项目数量（项）	5.3	3.6
开展产学研合作的企业占总企业数量比重	34.8%	48.4%
每万人拥有的有效专利数量（项）	402.8	633.7
有效发明专利数占全部有效专利比重	22.2%	16.7%
每万人拥有的团体及以上标准规范数量（项）	30.3	42.5
每万人拥有的省部级及以上工法数量（项）	81.5	139.5
每万人拥有的软件著作权数量（项）	118.8	46.8
每万人拥有的注册商标数量（项）	198.4	17.0
每万人当年发表SCI、EI科技论文数量（篇）	2.8	4.1
每万人当年发表中文核心期刊科技论文数量（篇）	42.3	66.2
每十万人拥有的国家科学技术奖和中国专利奖数量（项）	0.5	0.8
每万人拥有的省部级科技奖数量（项）	49.7	86.1
新技术新装备新材料销售收入占主营业收入的比重	25.4%	23.8%
新技术新装备新材料销售利润占利润总额的比重	18.7%	33.1%
人均专利所有权转让及许可和高新技术成果转化的金额（万元）	5.1	34.0
每万人当年专利所有权转让及许可和高新技术成果转化项目数量（项）	19.8	60.1
人均产值（万元）	33.65	55.5
人均利润（万元）	5.6	8.2

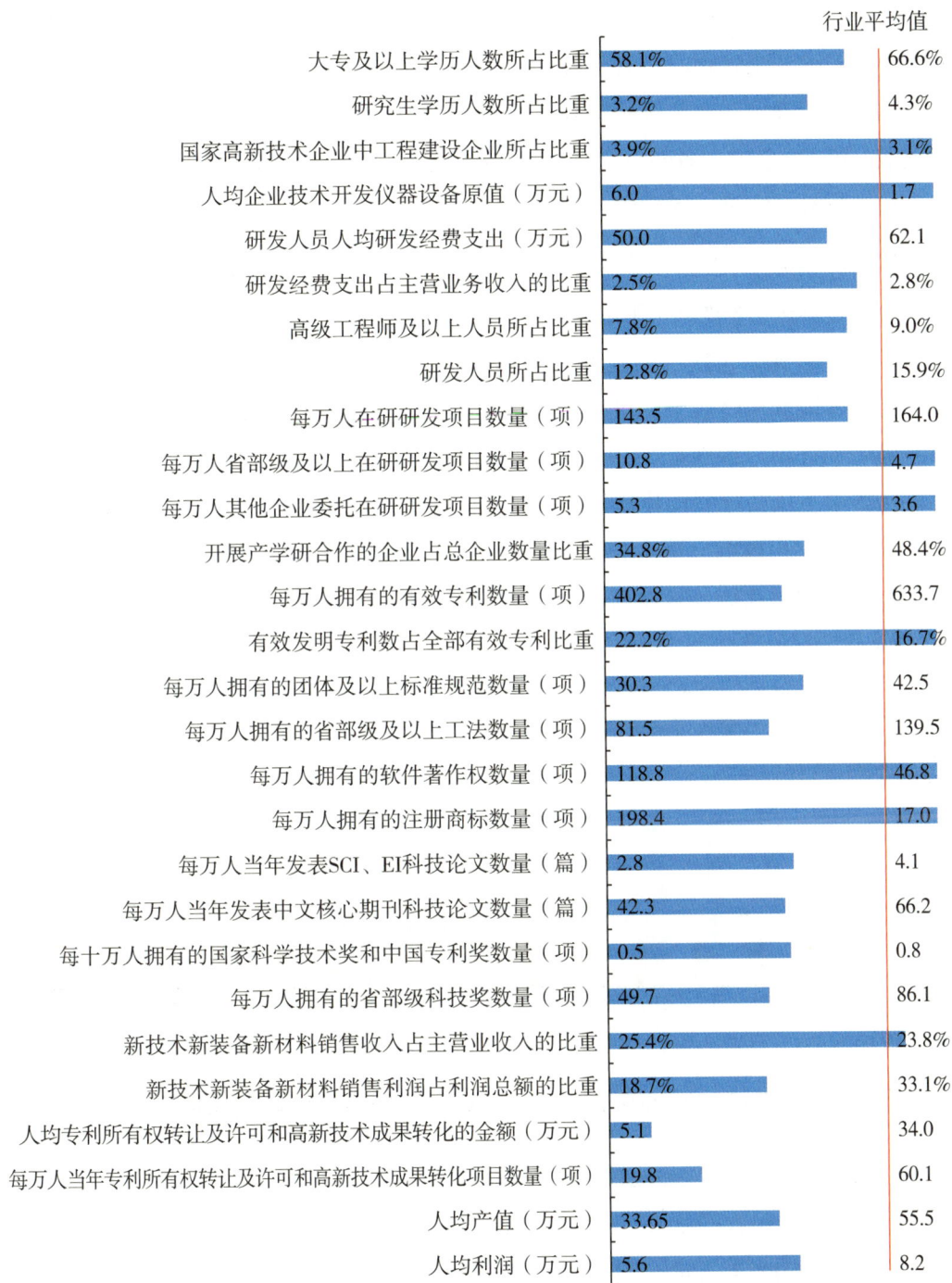

图 7-2-21　重庆市工程建设企业创新情况及与行业平均水平对比（2021 年）

重庆市工程建设企业有 20 个指标低于行业平均水平，在人均专利所有权转让及许可和高新技术成果转化的金额、每万人当年专利所有权转让及许可和高新技术成果转化项目数、新技术新装备新材料销售利润占利润总额的比重、每万人拥有的省部级科技奖数、每万人拥有的省部级及以上工法数量方面存在差距，分别仅为行业平均水平的 15.0%、32.8%、56.5%、57.7%、58.4%。

3. 重庆市工程建设企业科技创新特点

（1）数字化、智能化水平不断提升

2016 年以来，重庆市围绕网络强国、数字中国、智慧社会建设及互联网、大数据、人工智能和实体经济深度融合，持续实施以大数据智能化为引领的创新驱动发展战略行动计划。特别是 2019 年，重庆启动了《中国建造 2035 战略研究》，邀请 14 名院士齐聚重庆指导智能建造发展，随后出台了《关于推进智能建造的实施意见》。工程建设企业积极响应落实相关政策，信息化、智能化水平不断提升，2019—2021 年均实现跨越式发展，每万人拥有的软件著作权数量从落后攀升到行业平均水平的 2.5 倍（图 7-2-22）。

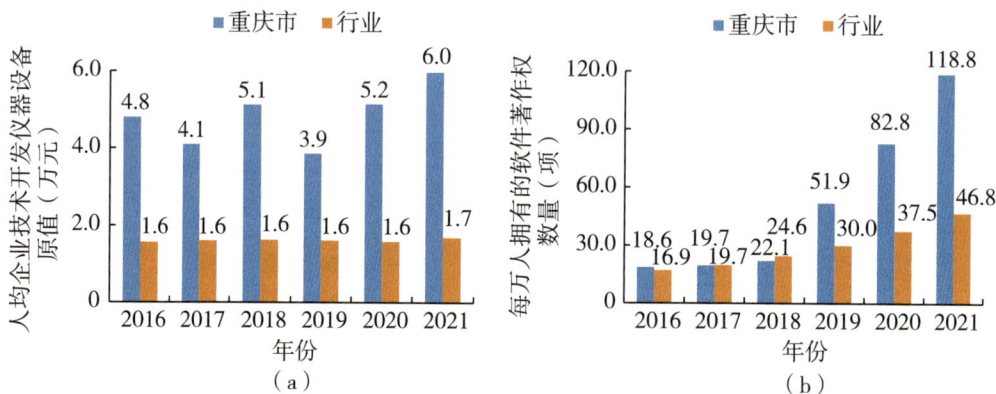

图 7-2-22　重庆市工程建设企业人均仪器设备原值、软著情况

（2）技术转移转化工作成效不足

重庆市科技局数据显示，2021 年全市技术合同登记成交额为 310.8 亿元，远低于同期北京市（7005.7 亿元）、上海市（2761 亿元）、天津市（1321.8 亿元）技术合同登记成交额。重庆市工程建设企业人均专利所有权转让及许可和高新技术成果转化金额仅为行业平均水平的 1/6 左右，每万人专利所有权转让及许可和高新技术成果转化

项目数量也仅达到行业平均水平的1/3（图7-2-23）。2021年重庆市出台《进一步促进科技成果转化的实施细则》，围绕成果赋权、成果供给、要素集聚、便利化服务4个方面存在的现实问题，提出了24项具体解决路径，明确工作措施，细化工作程序，着力疏解重庆科技成果转化链条中的现实堵点。工程建设企业应学懂吃透相关政策，加大产学研、产业链上下游协同，提升技术转移工作成效。

（a）

（b）

图7-2-23　重庆市工程建设企业技术转移转化工作情况

（五）江苏省

1. 科技创新指数分析

本次参与计算的江苏省工程建设企业共41家。从企业性质看，中央企业23家、地方国企2家、民营企业16家。从企业类别看，施工企业34家、勘察设计企业4家、装备制造企业3家（图7-2-24）。

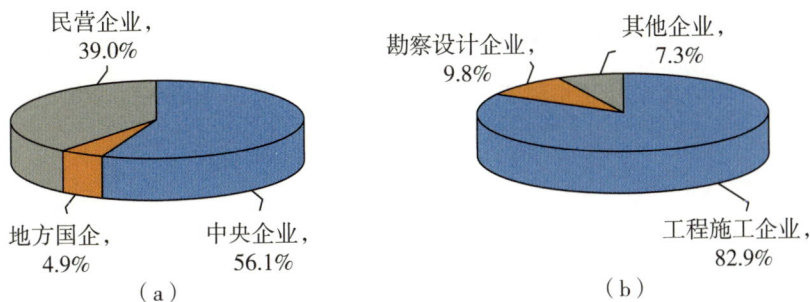

（a）

（b）

图7-2-24　江苏省参与调查企业分类

江苏省工程建设企业科技创新指数稳步提升，2021 年较 2016 年增长了 67.6%，与行业指数走势相近。其中创新成果指数增长最快，增长了 101.7%；其次为创新资源指数，增长了 92.2%；创新投入指数增长了 40.0%，2021 年出现较大下降；创新绩效指数增长平缓，仅增长 36.4%（图 7-2-25）。

图 7-2-25 江苏省工程建设企业科技创新指数及其分项指数（2016—2021 年）

2. 与行业平均水平对比情况

2021 年，江苏省工程建设企业有 11 个指标高于行业平均水平，在每万人其他企业委托在研研发项目数量、每万人当年发表中文核心期刊科技论文数量、每万人拥有的软件著作权数量、每万人当年发表 SCI、EI 科技论文数量和每万人拥有的有效专利数量方面有明显优势，分别达到行业平均水平的 192.3%、190.9%、166.0%、147.3% 和 142.3%（图 7-2-26）。

行业平均值

指标	数值	行业平均值
大专及以上学历人数所占比重	78.6%	66.6%
研究生学历人数所占比重	4.1%	4.3%
国家高新技术企业中工程建设企业所占比重	1.8%	3.1%
人均企业技术开发仪器设备原值（万元）	2.2	1.7
研发人员人均研发经费支出（万元）	55.7	62.1
研发经费支出占主营业务收入的比重	2.3%	2.8%
高级工程师及以上人员所占比重	7.3%	9.0%
研发人员所占比重	13.5%	15.9%
每万人在研研发项目数量（项）	126.6	164.0
每万人省部级及以上在研研发项目数量（项）	0.4	4.7
每万人其他企业委托在研研发项目数量（项）	6.9	3.6
开展产学研合作的企业占总企业数量比重	52.4%	48.4%
每万人拥有的有效专利数量（项）	901.7	633.7
有效发明专利数占全部有效专利比重	17.2%	16.7%
每万人拥有的团体及以上标准规范数量（项）	32.1	42.5
每万人拥有的省部级及以上工法数量（项）	109.4	139.5
每万人拥有的软件著作权数量（项）	77.7	46.8
每万人拥有的注册商标数量（项）	11.2	17.0
每万人当年发表SCI、EI科技论文数量（篇）	6.1	4.1
每万人当年发表中文核心期刊科技论文数量（篇）	126.4	66.2
每十万人拥有的国家科学技术奖和中国专利奖数量（项）	0.2	0.8
每万人拥有的省部级科技奖数量（项）	100.9	84.9
新技术新装备新材料销售收入占主营业收入的比重	11.7%	23.8%
新技术新装备新材料销售利润占利润总额的比重	14.4%	33.1%
人均专利所有权转让及许可和高新技术成果转化的金额（万元）	40.6	34.0
每万人当年专利所有权转让及许可和高新技术成果转化项目数量（项）	34.5	60.1
人均产值（万元）	43.5	55.5
人均利润（万元）	4.7	8.2

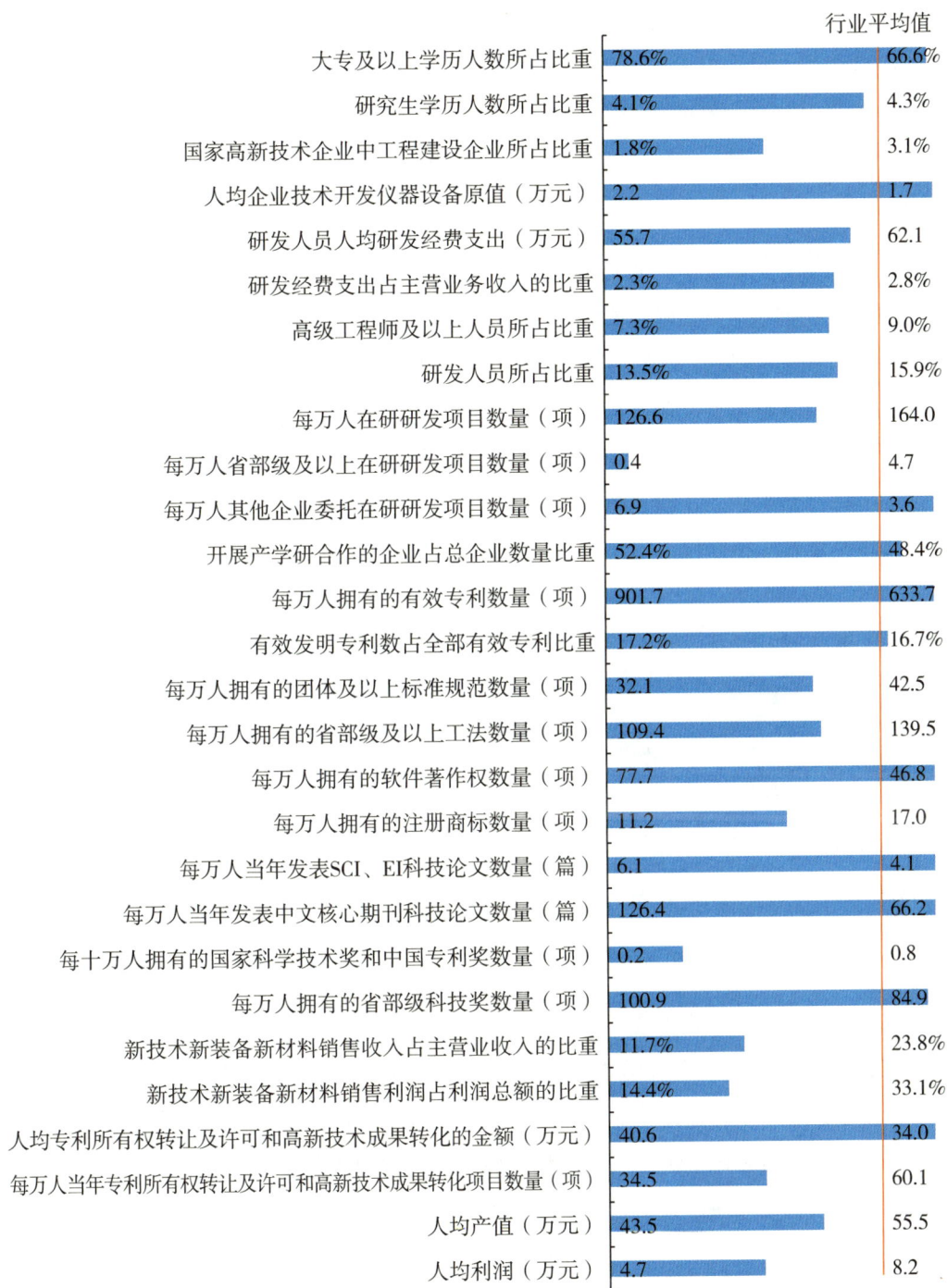

图7-2-26　江苏省工程建设企业创新情况及与行业平均水平对比（2021年）

江苏省工程建设企业有 17 个指标低于行业平均水平，在每万人省部级及以上在研研发项目数量、每十万人拥有的国家科学技术奖和中国专利奖数、新技术新装备新材料销售利润占利润总额的比重、新技术新装备新材料销售收入占主营业务收入的比重和人均利润方面存在差距，分别仅为行业平均水平的 8.5%、27.0%、43.6%、49.4%、56.7%。

3. 江苏省工程建设企业科技创新特点

（1）科技创新活动活跃，知识产权产出丰硕

2013 年江苏省获批全国首个创新型省份建设试点省，先后出台《江苏省贯彻国家创新驱动发展战略纲要实施方案》《关于加快推进产业科技创新中心和创新型省份建设的若干政策措施》《关于深化科技体制机制改革推动高质量发展若干政策》，有力促进了江苏省科技创新工作。在创新政策的支持下，江苏省工程建设企业有效专利、软件著作权、科技论文等知识产权产出率远高于行业平均水平（表 7-2-1）。

表 7-2-1　江苏省工程建设企业知识产权与行业平均水平对比（2021 年）

指标	2016 年		2021 年	
	江苏省	行业	江苏省	行业
每万人有效专利授权数量	244.9 项	194.5 项	901.7 项	633.7 项
每万人软件著作权登记数量	37.4 项	16.8 项	77.7 项	46.8 项
每万人核心期刊以上科技论文发表数量	68.3 篇	52.1 篇	132.5 篇	70.4 篇

（2）科技创新"大而不强"

2021 年，江苏省全年实现建筑业总产值 41 642.0 亿元，产值规模连续 16 年全国第一。虽然江苏省工程建设企业科研项目和创新成果的数量高于行业平均水平，但是省部级以上研发项目及国家级奖项方面相对较少，科技创新存在"大而不强"的问题。每万人省部级及以上在研研发项目数量、每十万人拥有的国家科学技术奖和中国专利奖数量远低于行业平均水平（图 7-2-27）。

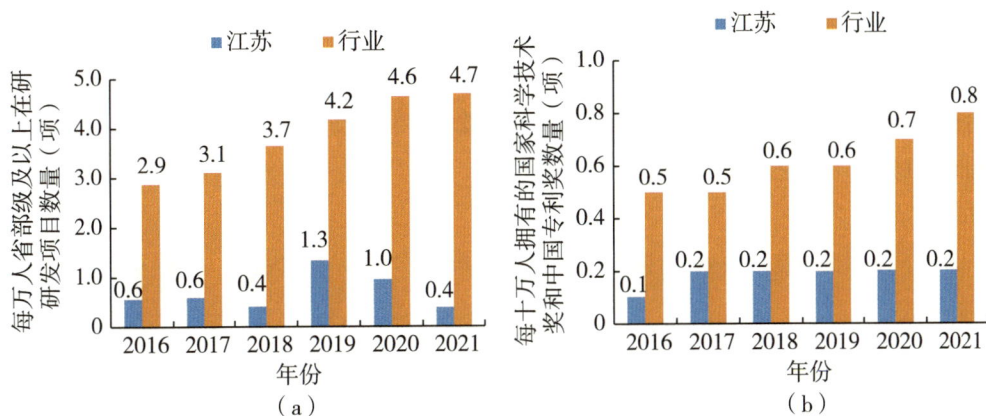

图 7-2-27　江苏省工程建设企业高水平研发项目及获奖情况

（六）浙江省

1. 科技创新指数分析

本次参与计算的浙江省工程建设企业共 22 家。从企业性质看，中央企业 7 家、地方国企 8 家、民营企业 7 家；从企业类别看，工程施工企业 18 家、勘察设计企业 3 家、装备制造企业 1 家（图 7-2-28）。

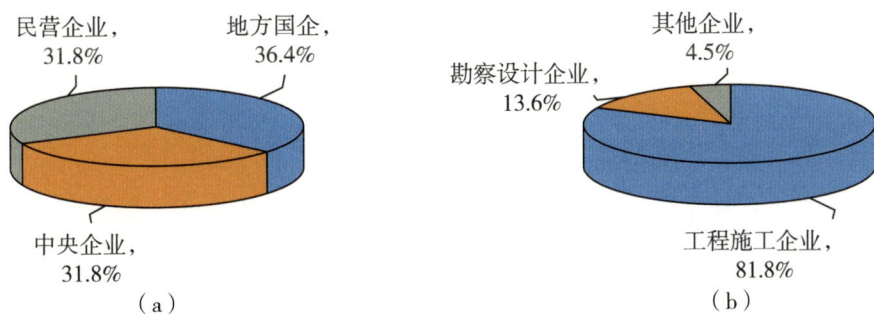

图 7-2-28　参与计算企业组成和分类

浙江省工程建设企业科技创新指数呈快速增长态势，2021年较2016年增长了91.1%，高于行业指数增长速度。其中，创新资源指数增长最快，增长了109.4%；其次为创新投入指数，增长了95.5%；创新绩效指数稳步上升，2019年出现下降；创新成果指数增长较缓，增长了74.7%（图7-2-29）。

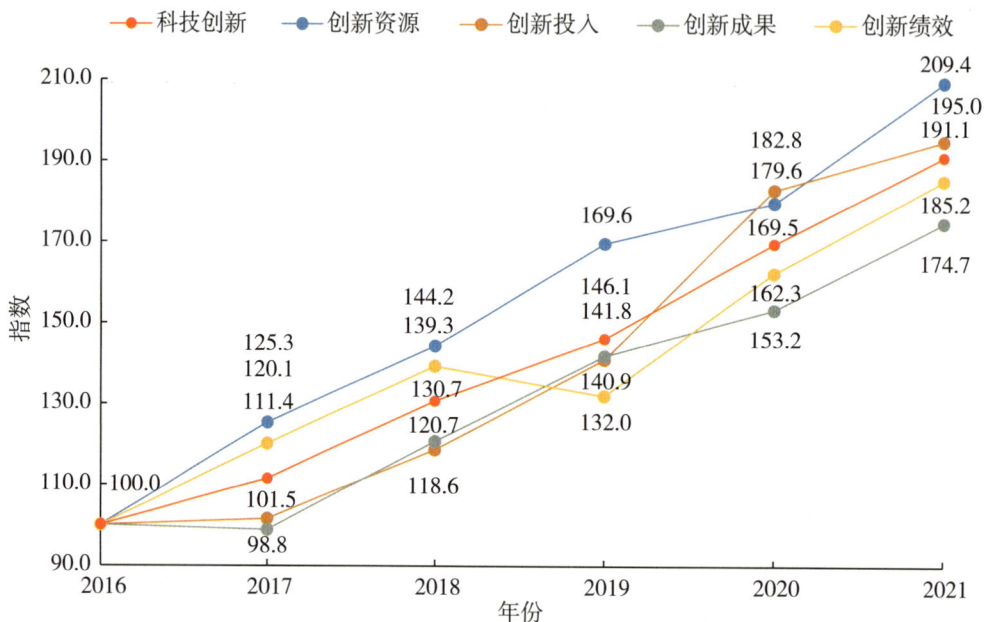

图7-2-29 浙江省工程建设企业科技创新指数及其分项指数（2016—2021年）

2. 与行业平均水平对比

2021年，浙江省工程建设企业有5个指标高于行业平均水平，在有效发明专利数占全部有效专利比重、每万人拥有的团体及以上标准规范数量、新技术新装备新材料销售利润占利润总额的比重、开展产学研合作的企业占总企业数量比重和每万人省部级及以上在研研发项目数量方面优势明显，分别达到行业平均水平的152%、149%、123%、113%、111%（图7-2-30）。

行业平均值

指标	浙江省	行业平均值
大专及以上学历人数所占比重	63.03%	66.64%
研究生学历人数所占比重	1.95%	4.29%
国家高新技术企业中工程建设企业所占比重	1.21%	3.09%
人均企业技术开发仪器设备原值（万元）	0.33	1.66
研发人员人均研发经费支出（万元）	42.85	62.08
研发经费支出占主营业务收入的比重	1.08%	2.77%
高级工程师及以上人员所占比重	4.64%	8.96%
研发人员所占比重	6.30%	15.89%
每万人在研研发项目数量（项）	86.1	164.0
每万人省部级及以上在研研发项目数量（项）	5.2	4.7
每万人其他企业委托在研研发项目数量（项）	0.57	3.59
开展产学研合作的企业占总企业数量比重	54.55%	48.43%
每万人拥有的有效专利数量（项）	234.81	633.74
有效发明专利数占全部有效专利比重	25.48%	16.71%
每万人拥有的团体及以上标准规范数量（项）	63.57	42.53
每万人拥有的省部级及以上工法数量（项）	75.10	139.47
每万人拥有的软件著作权数量（项）	18.66	46.78
每万人拥有的注册商标数量（项）	13.23	17.0
每万人当年发表SCI、EI科技论文数量（篇）	1.02	4.14
每万人当年发表中文核心期刊科技论文数量（篇）	50.11	66.20
每十万人拥有的国家科学技术奖和中国专利奖数量（项）	0.28	0.8
每万人拥有的省部级科技奖数量（项）	29.63	84.90
新技术新装备新材料销售收入占主营业收入的比重	9.35%	23.76%
新技术新装备新材料销售利润占利润总额的比重	40.75%	33.14%
人均专利所有权转让及许可和高新技术成果转化的金额（万元）	2.75	34.01
每万人当年专利所有权转让及许可和高新技术成果转化项目数量（项）	14.03	60.13
人均产值（万元）	42.75	55.48
人均利润（万元）	2.15	8.23

图7-2-30　浙江省工程建设企业创新情况及与行业对比（2021年）

浙江省工程建设企业有 23 个指标低于行业平均水平，在人均专利所有权转让及许可和高新技术成果转化的金额、每万人其他企业委托在研研发项目数量、人均企业技术开发仪器设备原值、每万人当年专利所有权转让及许可和高新技术成果转化项目数和每万人当年发表 SCI、EI 科技论文数量方面明显不足，仅为行业平均水平的 8%、16%、20%、23% 和 25%。

3. 浙江省科技创新主要特点

（1）在研项目快速增长，产学研合作活跃

浙江省工程建设企业每万人省部级及以上在研研发项目数量高于行业平均水平。开展产学研合作的企业占总企业数量比重自 2018 年开始快速上升，2021 年超过行业平均水平（图 7-2-31）。近年来，浙江省大力推进协同创新，有效集成创新资源和要素，促进创新主体间深度融合，加快提升科技创新整体效能。先后制定出台《浙江省促进科技成果转化条例》《浙江省技术转移体系建设实施方案》《关于加强高校院所科技成果转化的实施意见》等政策，浙江省工程建设企业每万人全部在研研发项目数量快速增长，为企业与高校、科研机构开展产学研合作打下了坚实基础。

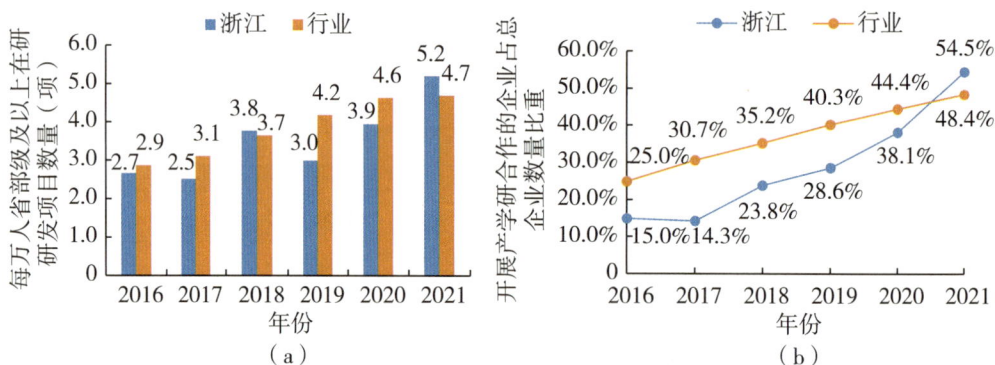

图 7-2-31　浙江省工程建设企业科研课题及对外合作情况（2016—2021 年）

（2）创新资源薄弱

2021 年浙江省工程建设企业创新资源中多个指标低于行业平均水平，包括企业从业人员大专及以上学历人数所占比重、国家高新技术企业中工程建设企业所占比重、省级及以上企业技术中心增速。特别是研究生学历人数所占比重低于行业平均水平 2.4 个百分点；人均企业技术开发仪器设备原值始终处于低位水平（图 7-2-32）。企业要进一步加大科技创新所需仪器、设备、软件投入和高学历人才引进培养，为科技创新提高良好的物质基础和人才保障。

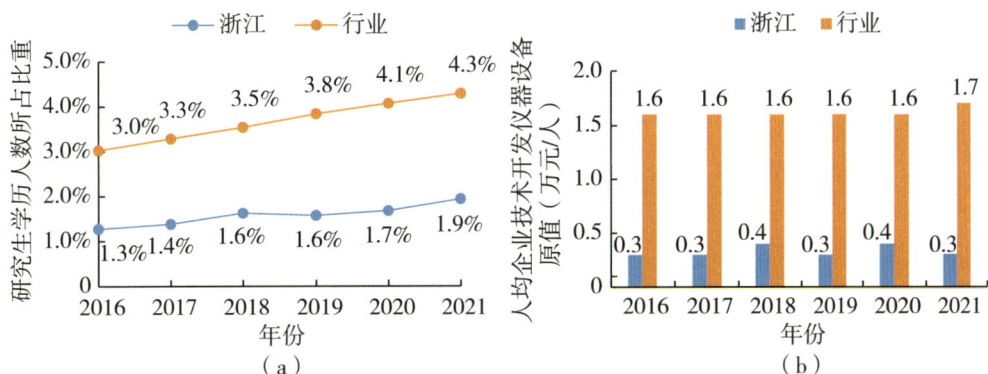

图 7-2-32　浙江省工程建设企业创新资源情况（2016—2021 年）

（七）山东省

1. 科技创新指数分析

本节分析了山东省工程建设企业的科技创新情况。山东省参与分析的企业共有66家。从企业性质看，中央企业21家、地方国企14家、民营企业31家。从企业类别看，工程施工企业62家、勘察设计企业2家、工程装备制造等其他类别企业2家（图7-2-33）。

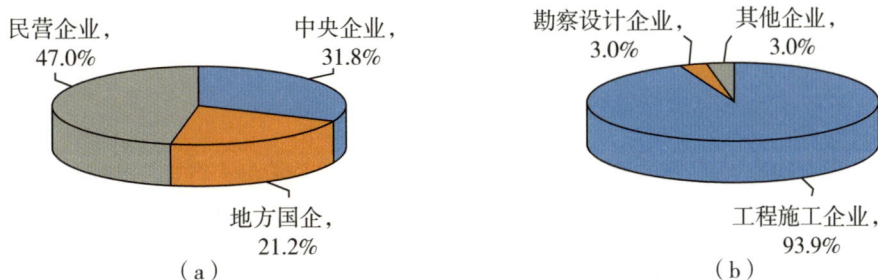

图 7-2-33　山东省参与调查企业分类

山东省工程建设企业科技创新指数稳步提升，2021 年较 2016 年增长了 68.8%，与行业指数走势相近。其中，创新资源指数增速最快，增长了 92.8%，仅在 2019 年出现增速减缓；其次为创新成果指数，增长了 72.9%；创新绩效指数稳步增长，增长了 56.5%；创新投入指数增长较为缓慢，增长了 52.9%，2020 年开始增速放缓（图 7-2-34）。

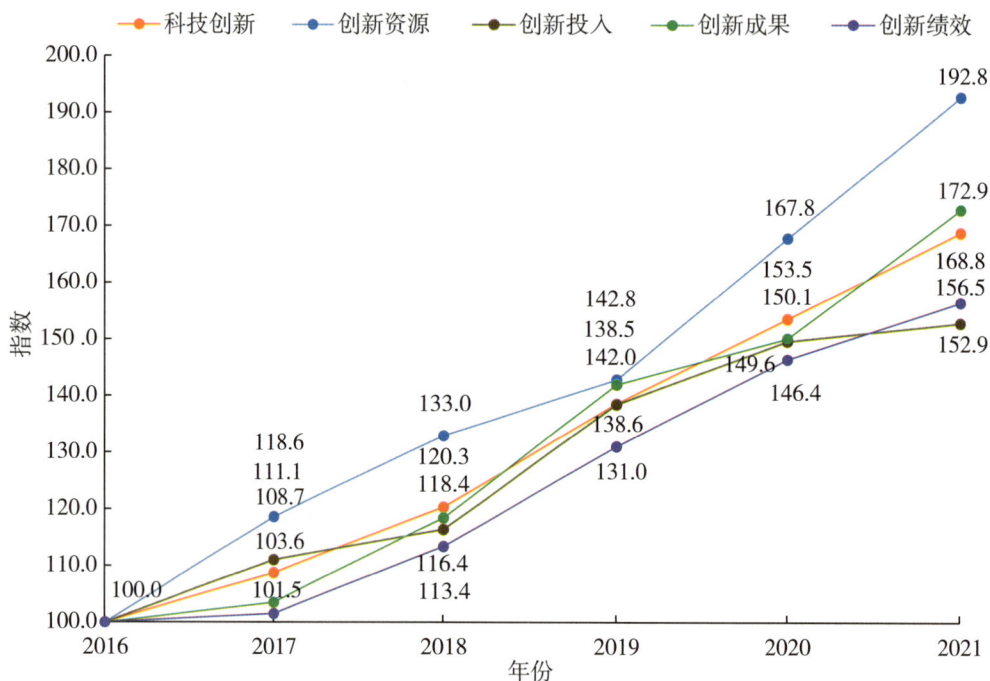

图 7-2-34　山东省工程建设企业科技创新指数及其分项指数（2016—2021 年）

2. 与行业平均水平对比情况

2021 年，山东省工程建设企业有 13 个指标高于行业平均水平，在每万人拥有的注册商标数量、新技术新装备新材料销售收入占主营业务收入的比重、新技术新装备新材料销售利润占利润总额的比重、每万人省部级及以上在研研发项目数量和研发人员人均研发经费支出方面优势明显，分别达到行业平均水平的 196.0%、148.2%、147.3%、132.3% 和 130.2%（图 7-2-35）。

行业平均值

指标	数值	行业平均值
大专及以上学历人数所占比重	66.1%	66.6%
研究生学历人数所占比重	2.2%	4.3%
国家高新技术企业中工程建设企业所占比重	4.0%	3.1%
人均企业技术开发仪器设备原值（万元）	1.1	1.7
研发人员人均研发经费支出（万元）	80.8	62.1
研发经费支出占主营业务收入的比重	2.9%	2.8%
高级工程师及以上人员所占比重	6.7%	9.0%
研发人员所占比重	14.2%	15.9%
每万人在研研发项目数量（项）	149.4	164.0
每万人省部级及以上在研研发项目数量（项）	6.2	4.7
每万人其他企业委托在研研发项目数量（项）	3.3	3.6
开展产学研合作的企业占总企业数量比重	50.0%	48.4%
每万人拥有的有效专利数量（项）	757.9	633.7
有效发明专利数占全部有效专利比重	8.3%	16.7%
每万人拥有的团体及以上标准规范数量（项）	23.5	42.5
每万人拥有的省部级及以上工法数量（项）	181.2	139.5
每万人拥有的软件著作权数量（项）	31.8	46.8
每万人拥有的注册商标数量（项）	33.3	17.0
每万人当年发表SCI、EI科技论文数量（篇）	1.0	4.1
每万人当年发表中文核心期刊科技论文数量（篇）	77.1	66.2
每十万人拥有的国家科学技术奖和中国专利奖数量（项）	0.77	0.8
每万人拥有的省部级科技奖数量（项）	68.0	86.1
新技术新装备新材料销售收入占主营业收入的比重	35.2%	23.8%
新技术新装备新材料销售利润占利润总额的比重	48.8%	33.1%
人均专利所有权转让及许可和高新技术成果转化的金额（万元）	32.5	34.0
每万人当年专利所有权转让及许可和高新技术成果转化项目数量（项）	39.5	60.1
人均产值（万元）	60.6	55.5
人均利润（万元）	9.9	8.2

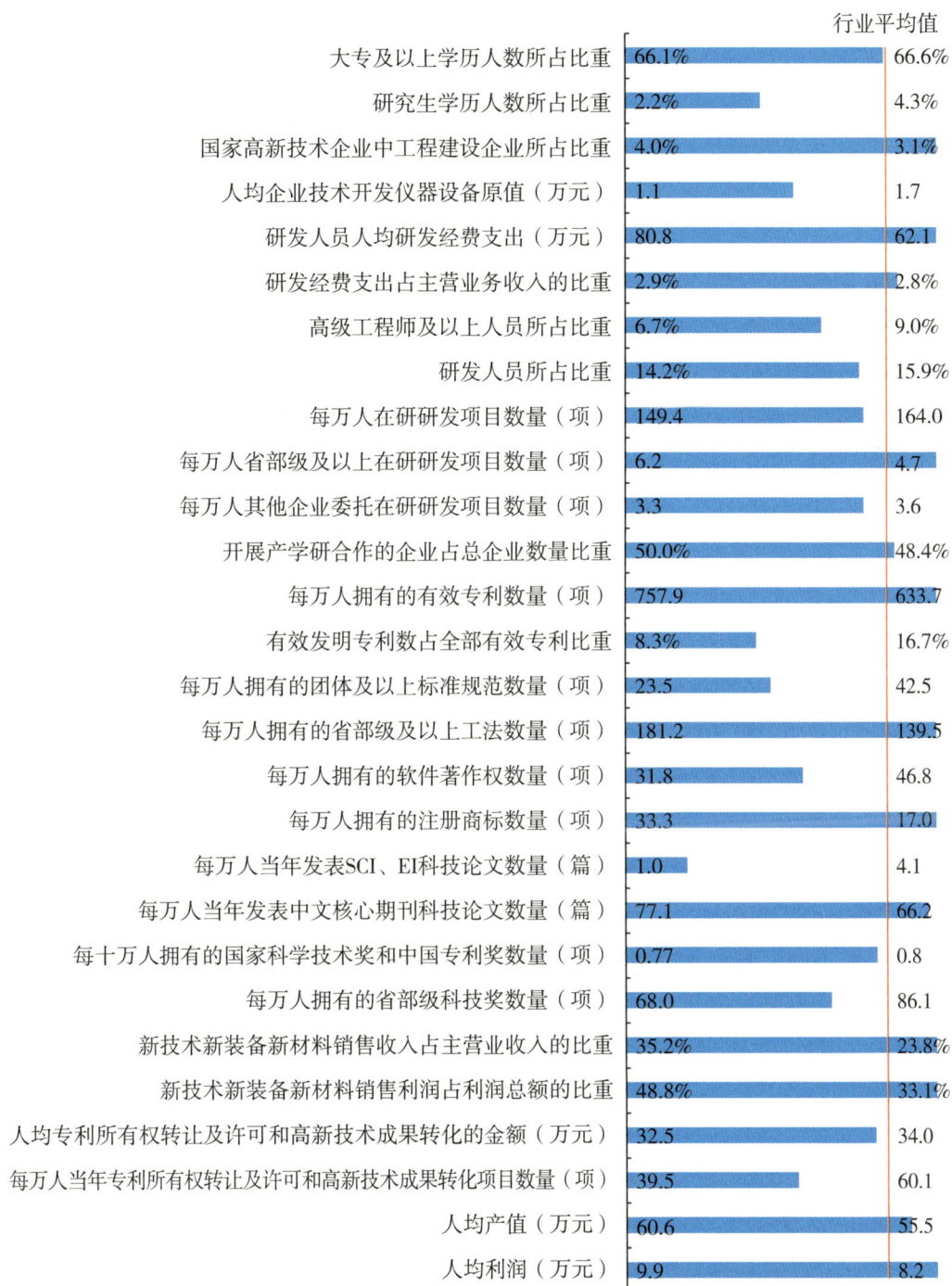

图 7-2-35 山东省工程建设企业创新情况及与行业平均水平对比（2021 年）

山东省工程建设企业有 15 个指标低于行业平均水平,在每万人当年发表 SCI 和 EI 科技论文数量、有效发明专利数占全部有效专利比重、研究生学历人数所占比重、每万人拥有的团体及以上标准规范数量和人均企业技术开发仪器设备原值方面略显不足,仅为行业平均水平的 23.2%、49.8%、51.6%、55.3% 和 64.6%。

3. 山东省工程建设企业科技创新特点

(1)创新平台优势明显,为企业科技创新提供有力支撑

山东省国家高新技术企业中工程建设企业所占比重由 2016 年的 2.5% 提高到 2021 年的 3.9%,历年数据均高于行业平均水平,且呈快速增长趋势(图 7-2-36)。省部级及以上研发和认证平台数由 2016 年的 54 个增长到 2021 年的 103 个,增长了 90.7%,高于行业增幅(表 7-2-2)。

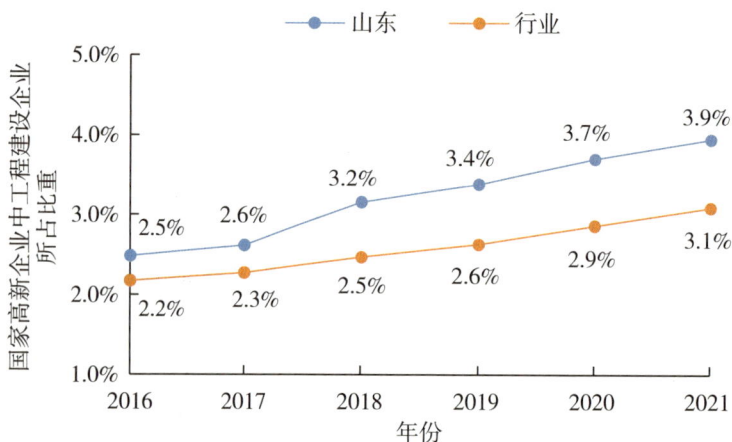

图 7-2-36　山东省创新价值情况与行业平均水平对比

表 7-2-2　省部级及以上研发和认证平台数量

企业性质	2016 年	2021 年	增长率
山东省	54 个	103 个	90.7%
行业	1015 个	1656 个	63.2%

2017 年山东省政府公布《山东省创新型省份建设实施方案》,提出加快推动山东省经济结构优化调整,把山东率先建成创新型省份。《山东省创新型省份建设实施方案》提出布局建设一批创新要素集聚性强、学科交叉跨界融合度高、支撑产业转型升级作用

强的国家级重大科技创新平台。一系列鼓励政策措施的出台，有力推动了工程建设企业创新平台建设。

（2）有效专利数量快速提升，但质量有待改善

山东省每万人拥有的有效专利数量由 2016 年的 192.8 件提高到 2021 年的 757.9 件，从 2017 年开始高于行业平均水平，且呈快速增长趋势。但有效发明专利数量占全部有效专利比重远低于行业平均水平，企业需要进一步重视对技术的原始创新（图 7-2-37）。

图 7-2-37 山东省工程建设企业专利情况与行业平均水平对比

（八）广东省

1. 科技创新指数分析

本次参与计算的广东省工程建设企业共 89 家。从企业性质看，中央企业 42 家、地方国企 28 家，民营企业 19 家；从企业类别看，施工企业 67 家、勘察设计企业 16 家、工程装备制造等其他企业 6 家（图 7-2-38）。

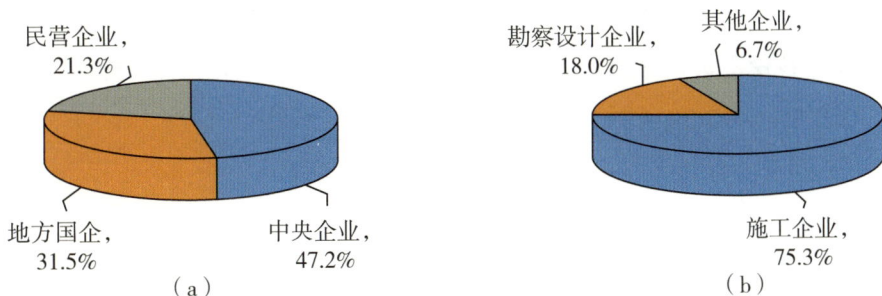

图 7-2-38 参与计算企业组成和分类

广东省工程建设企业科技创新指数呈稳步增长态势，增长了 42.5%，低于行业指数增长速度。其中，创新成果指数增长最快，增长了 60.3%；其次为创新资源指数，增长了 57.2%；创新绩效指数稳步上升，2019 年增速逐渐放缓；创新投入指数增长平缓，增长了 21.0%（图 7-2-39）。

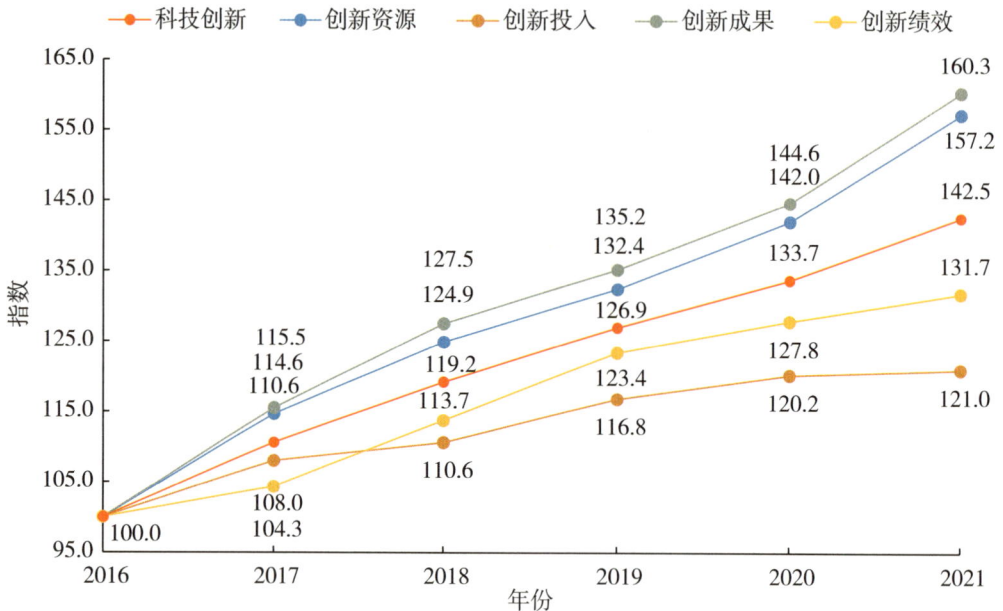

图 7-2-39　广东省工程建设企业科技创新指数及其分项指数（2016—2021 年）

2. 与行业平均水平对比

2021 年，广东省工程建设企业有 19 个指标高于行业平均水平，在每十万人拥有的国家科学技术奖和中国专利奖数量、人均企业技术开发仪器设备原值、每万人拥有的注册商标数量、人均专利所有权转让及许可和高新技术成果转化的金额和每万人当年发表 SCI、EI 科技论文数量方面优势明显，分别达到行业平均水平的 275.0%、252.9%、229.4%、207.6%、187.8%（图 7-2-40）。

行业平均值

指标	广东省	行业平均值
大专及以上学历人数所占比重	67.6%	66.3%
研究生学历人数所占比重	5.0%	4.3%
国家高新技术企业中工程建设企业所占比重	2.8%	3.1%
人均企业技术开发仪器设备原值（万元）	4.3	1.7
研发人员人均研发经费支出（万元）	72.8	62.1
研发经费支出占主营业务收入的比重	2.9%	2.8%
高级工程师及以上人员所占比重	7.9%	9.0%
研发人员所占比重	14.9%	15.9%
每万人在研研发项目数量（项）	145.7	164.0
每万人省部级及以上在研研发项目数量（项）	6.1	4.7
每万人其他企业委托在研研发项目数量（项）	6.5	3.6
开展产学研合作的企业占总企业数量比重	48.3%	48.4%
每万人拥有的有效专利数量（项）	515.4	633.7
有效发明专利数占全部有效专利比重	20.5%	16.7%
每万人拥有的团体及以上标准规范数量（项）	43.0	42.5
每万人拥有的省部级及以上工法数量（项）	151.3	139.5
每万人拥有的软件著作权数量（项）	45.4	46.8
每万人拥有的注册商标数量（项）	39.0	17.0
每万人当年发表SCI、EI科技论文数量（篇）	7.7	4.1
每万人当年发表中文核心期刊科技论文数量（篇）	80.6	66.2
每十万人拥有的国家科学技术奖和中国专利奖数量（项）	2.2	0.8
每万人拥有的省部级科技奖数量（项）	145.9	84.9
新技术新装备新材料销售收入占主营业收入的比重	21.5%	23.8%
新技术新装备新材料销售利润占利润总额的比重	12.4%	33.1%
人均专利所有权转让及许可和高新技术成果转化的金额（万元）	70.6	34.0
每万人当年专利所有权转让及许可和高新技术成果转化项目数量（项）	77.9	60.1
人均产值（万元）	60.2	55.5
人均利润（万元）	7.0	8.2

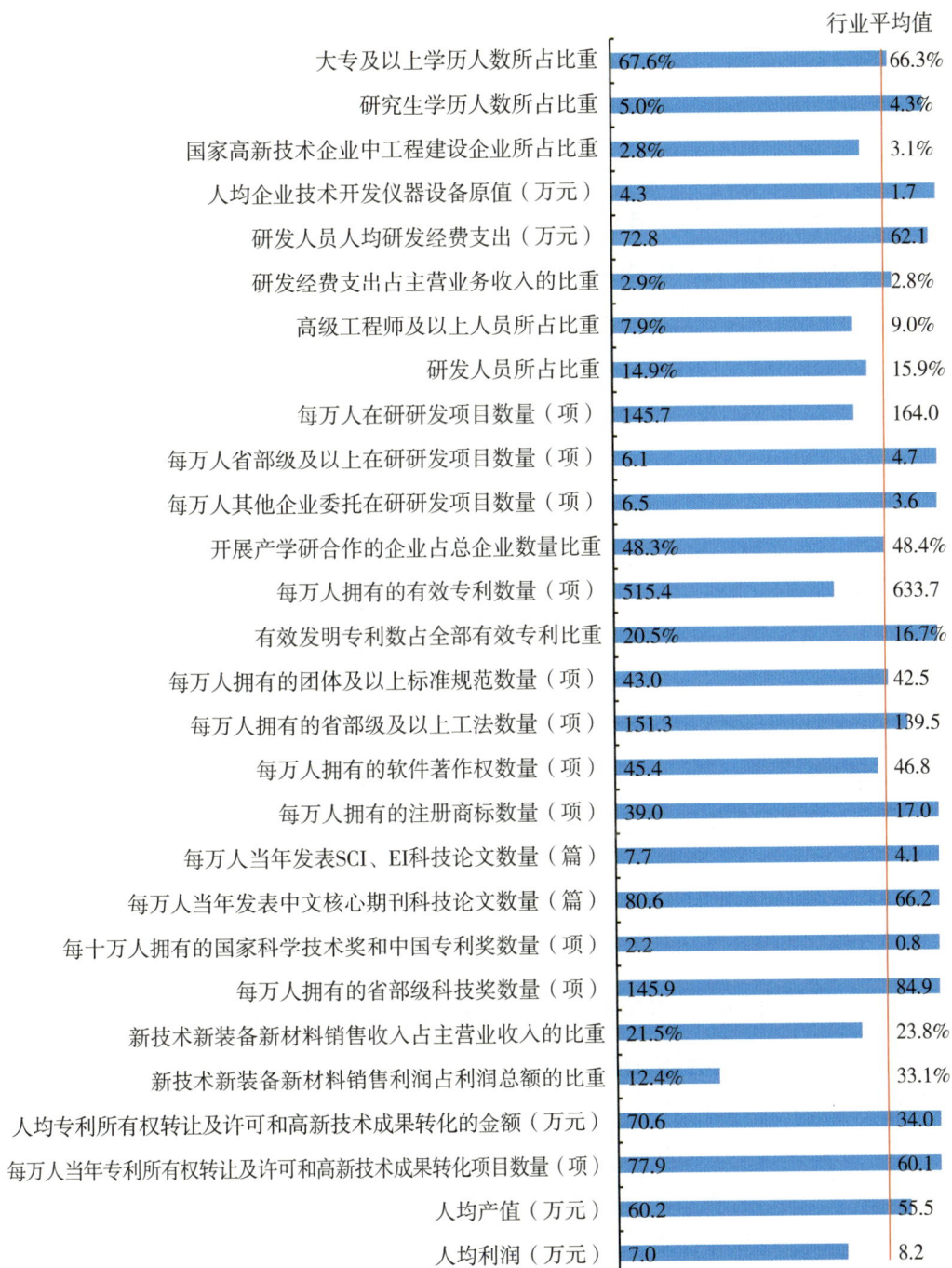

图 7-2-40　广东省工程建设企业创新情况及与行业平均水平对比（2021 年）

广东省工程建设企业有 9 个指标低于行业平均水平，在新技术新装备新材料销售利润占利润总额的比重、每万人拥有的有效专利数量、人均利润、高级工程师及以上人员占企业从业人员总数的比重和每万人企业全部在研研发项目数量方面略有不足，仅为行业平均水平的 37.5%、81.3%、85.4%、87.8% 和 88.8%（图 7-2-40）。

3. 广东省科技创新主要特点

（1）创新资源丰富，优势明显

广东省工程建设企业从业人员大专及以上学历人数所占比重、研究生学历人数所占比重等指标均超过行业平均水平（详见图 7-2-40）。尤其在人均企业技术开发仪器设备原值上，虽然自 2017 年开始逐年呈下降趋势，但历年数据仍远高于行业平均水平（图 7-2-41）。

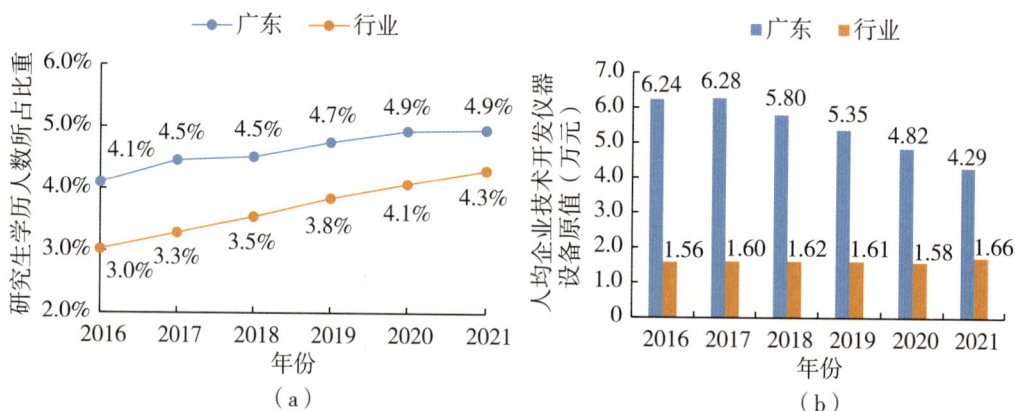

图 7-2-41　广东省工程建设企业硕博及创新基础情况（2016—2021 年）

2019 年，党中央、国务院发布《粤港澳大湾区发展规划纲要》，提出将广东、香港、澳门建设成为国际科技创新中心，为广东省科技创新注入强大动力。广东省工程建设企业积极抢抓战略发展机遇，进一步夯实创新基础，创新工作取得显著成绩。

（2）创新绩效不佳，波动较大

2021 年广东省工程建设企业新技术新装备新材料销售收入占主营业务收入的比重较 2016 年提高了 5.4 个百分点，但历年数据仍低于行业平均水平；新技术新装备新材料销售利润占利润总额的比重也远低于行业平均水平（图 7-2-42）。广东省工程建设企业对新技术新装备新材料重视程度不断提高，与行业差距不断缩小，但其产生的经济效益却不理想，盈利水平有待提高。

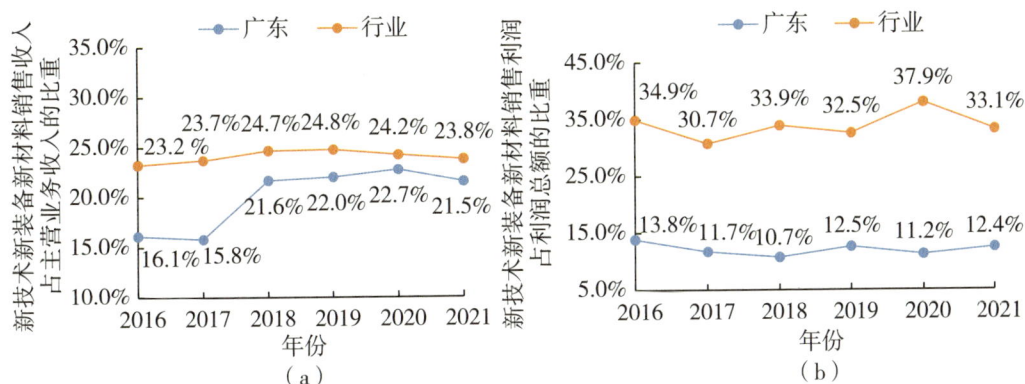

图7-2-42　广东省工程建设企业创新价值实现情况（2016—2021年）

（九）河南省

1. 科技创新指数分析

本节分析了河南省工程建设企业的科技创新情况。参与分析企业共23家，从企业性质看，中央企业16家、地方国企1家、民营企业6家；从企业类别看，施工企业19家、勘察设计企业1家、工程装备制造等其他类型企业3家（图7-2-43）。

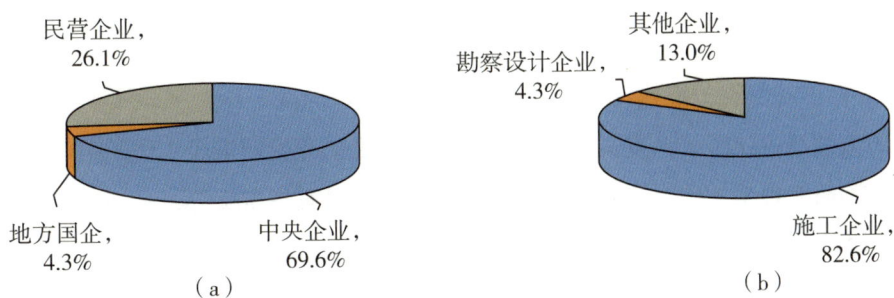

图7-2-43　河南省参与调查企业分类

河南省工程建设企业科技创新指数逐年增加，2021 年较 2016 年增长了 119.3%。其中创新成果指数增长最快，增长了 213.7%；其次是创新绩效指数，增长了 143.4%；创新资源指数和创新投入指数增幅相近，分别增长了 60.9% 和 59.2%（图 7-2-44）。

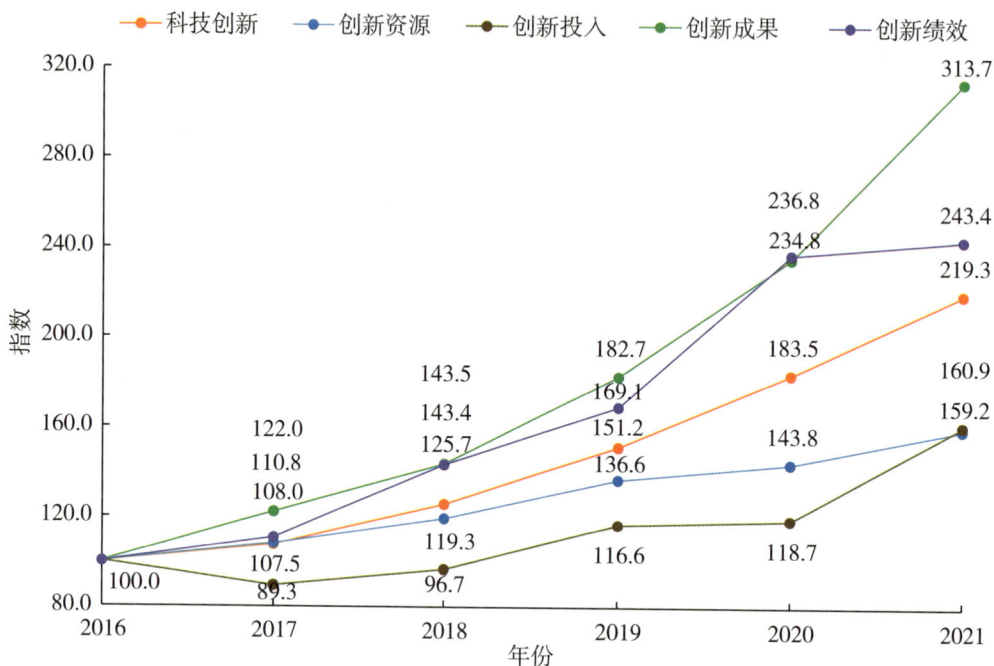

图 7-2-44　河南省工程建设企业科技创新指数及其分项指数（2016—2021 年）

2. 与行业平均水平对比

2021 年，河南省工程建设企业有 4 个科技创新指标高于行业平均水平。在大专及以上学历人数所占比重、研发人员人均研发经费支出、开展产学研合作的企业占总企业数量比重、研发经费支出占主营业务收入的比重方面具有一定优势，分别达到行业平均水平的 112.3%、109.7%、107.9%、107.1%（图 7-2-45）。

行业平均值

指标	企业值	行业平均值
大专及以上学历人数所占比重	74.8%	66.6%
研究生学历人数所占比重	3.1%	4.3%
国家高新技术企业中工程建设企业所占比重	2.3%	3.1%
人均企业技术开发仪器设备原值（万元）	1.5	1.7
研发人员人均研发经费支出（万元）	68.1	62.1
研发经费支出占主营业务收入的比重	3.0%	2.8%
高级工程师及以上人员所占比重	6.5%	9.0%
研发人员所占比重	12.4%	15.9%
每万人在研研发项目数量（项）	118.1	164.0
每万人省部级及以上在研研发项目数量（项）	1.7	4.7
每万人其他企业委托在研研发项目数量（项）	0.5	3.6
开展产学研合作的企业占总企业数量比重	52.2%	48.4%
每万人拥有的有效专利数量（项）	377.2	633.7
有效发明专利数占全部有效专利比重	10.0%	16.7%
每万人拥有的团体及以上标准规范数量（项）	34.4	42.5
每万人拥有的省部级及以上工法数量（项）	107.0	139.5
每万人拥有的软件著作权数量（项）	21.7	46.8
每万人拥有的注册商标数量（项）	3.6	17.0
每万人当年发表SCI、EI科技论文数量（篇）	1.5	4.1
每万人当年发表中文核心期刊科技论文数量（篇）	21.4	66.2
每十万人拥有的国家科学技术奖和中国专利奖数量（项）	0.4	0.8
每万人拥有的省部级科技奖数量（项）	34.2	86.1
新技术新装备新材料销售收入占主营业收入的比重	8.1%	23.8%
新技术新装备新材料销售利润占利润总额的比重	20.0%	33.1%
人均专利所有权转让及许可和高新技术成果转化的金额（万元）	6.2	34.0
每万人当年专利所有权转让及许可和高新技术成果转化项目数量（项）	40.4	60.1
人均产值（万元）	49.3	55.5
人均利润（万元）	4.4	8.2

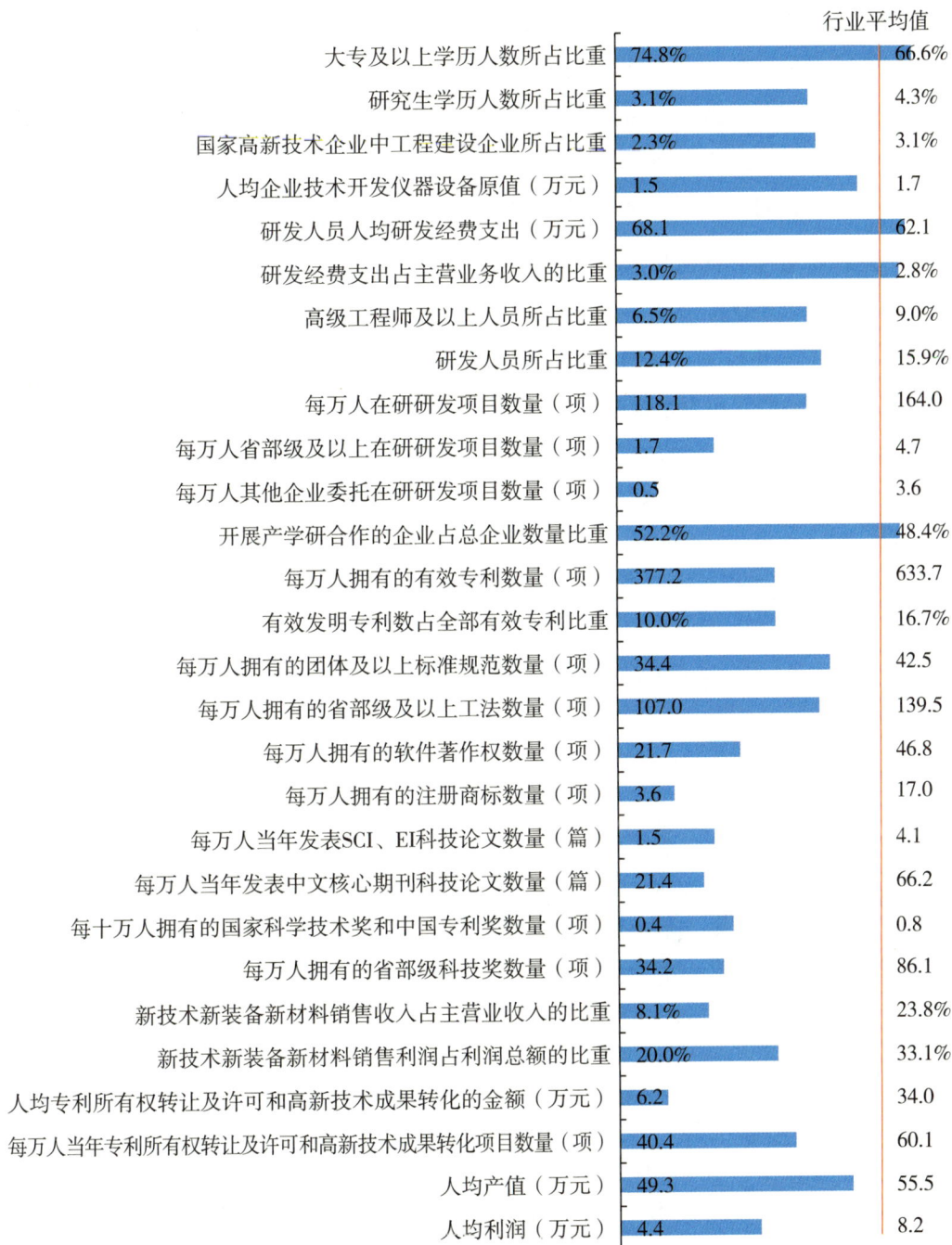

图 7-2-45　河南省工程建设企业创新情况及与行业平均水平对比（2021 年）

河南省工程建设企业有 24 个科技创新指标低于行业平均水平。在每万人其他企业委托在研研发项目数量、人均专利所有权转让及许可和高新技术成果转化的金额、每万人拥有的注册商标数量、每万人当年发表中文核心期刊科技论文数量、新技术新装备新材料销售收入占主营业务收入的比重方面存在不足，仅为行业平均水平的 13.9%、18.2%、21.2%、32.3% 和 34.0%（图 7-2-45）。

3. 河南省工程建设企业科技创新特点

（1）创新经费持续增长，创新活力充分激发

河南省工程建设企业研发人员人均研发支出稳步增长，2021 年较 2016 年增长了 149.5%，研发经费支出占主营业务收入的比重上升了 1.3 个百分点，两项指标均在 2021 年超过行业平均水平（图 7-2-46）。近年来，河南省坚持把创新摆在发展的逻辑起点、现代化建设的核心位置，实施以创新驱动战略为首的"十大战略"，全省研发经费投入不断加大。河南省工程建设企业的科技创新经费投入也在快速增长，为企业的科技创新活动提供了强大支撑。

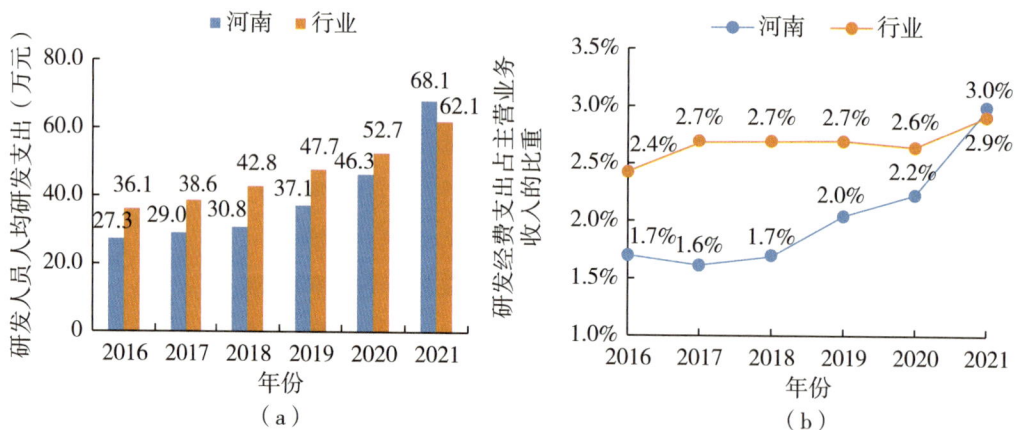

图 7-2-46　河南省工程建设企业创新经费情况（2016—2021 年）

（2）技术转移转化能力有待进一步突破

2016—2021 年人均专利所有权转让及许可和高新技术成果转化的金额、每万人当年专利所有权转让及许可和高新技术成果转化项目数量均有所增长，但两项指标与行业平均水平仍存在较大差距（图 7-2-47）。为消除科技成果转化的制度性障碍，破解科技成果转化难题，河南省修订出台了《河南省促进科技成果转化条例》，有效推动了科

技成果向现实生产力转化，河南省工程建设企业在专利转化方面也得到了一定的发展，但整体水平仍然不高，转化能力有待进一步突破。

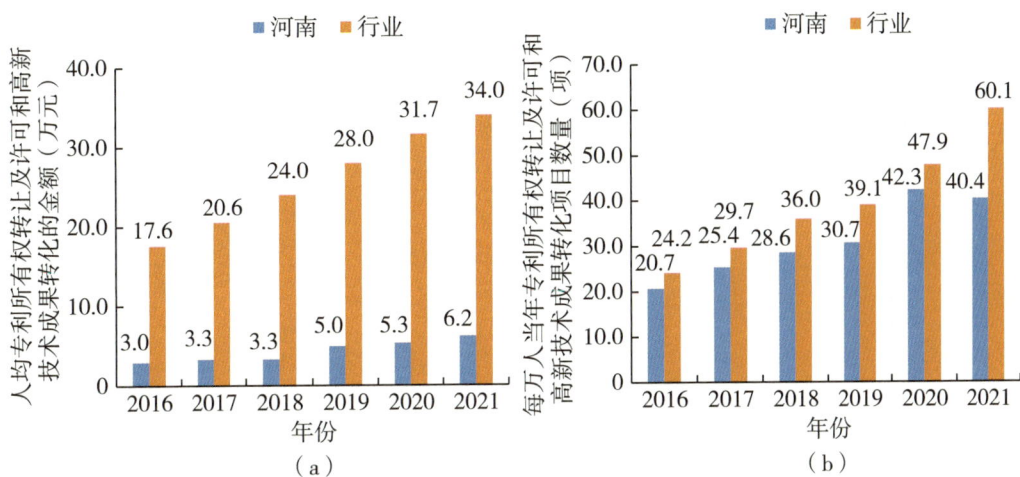

图 7-2-47　河南省工程建设企业技术转移转化情况（2016—2021 年）

（十）湖北省

1. 科技创新指数分析

本次参与计算的湖北省工程建设企业共 67 家。从企业性质看，中央企业 57 家、地方国企 9 家、民营企业 1 家；从企业类别看，施工企业 47 家、勘察设计企业 11 家、工程装备制造等其他类型企业 9 家（图 7-2-48）。

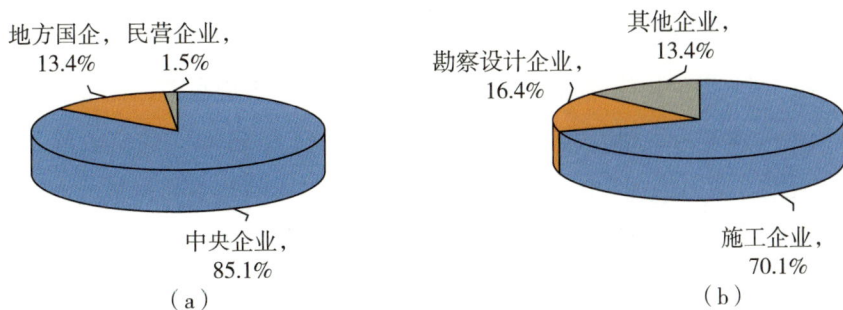

图 7-2-48　参与计算的企业组成和分类

湖北省工程建设企业科技创新指数呈稳步增长态势，2021 年较 2016 年增长 60.9%，略低于行业指数。其中，创新成果指数增长最快，增长了 80.1%；其次为创新绩效指数，增长了 65.7%，在 2018 年增速较为明显；创新资源指数自 2017 年后呈稳步上升趋势，增长了 51.7%；创新投入指数增长较为缓慢，增长了 46.2%（图 7-2-49）。

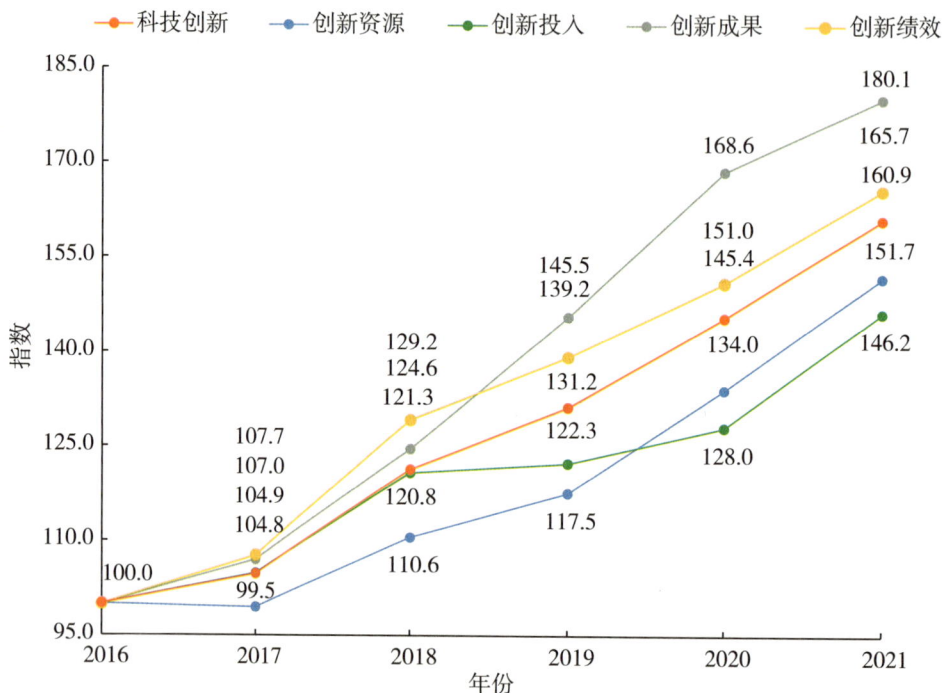

图 7-2-49　湖北省工程建设企业科技创新指数及其分项指数（2016—2021 年）

2. 与行业平均水平对比

2021 年，湖北省工程建设企业有 22 个指标高于行业平均水平，在每十万人拥有的国家科学技术奖和中国专利奖数、每万人当年发表 SCI 和 EI 科技论文数量、研究生学历人数所占比重、每万人拥有的软件著作权数量、新技术新装备新材料销售收入占主营业务收入的比重方面优势明显，分别达到行业平均水平的 462.5%、357.1%、183.7%、173.1% 和 159.2%（图 7-2-50）。

行业平均值

指标	数值	行业平均值
大专及以上学历人数所占比重	78.4%	66.3%
研究生学历人数所占比重	7.9%	4.3%
国家高新技术企业中工程建设企业所占比重	3.9%	3.1%
人均企业技术开发仪器设备原值（万元）	1.2	1.7
研发人员人均研发经费支出（万元）	75.8	62.1
研发经费支出占主营业务收入的比重	2.9%	2.8%
高级工程师及以上人员所占比重	11.5%	9.0%
研发人员所占比重	16.8%	15.9%
每万人在研研发项目数量（项）	132.7	164.0
每万人省部级及以上在研研发项目数量（项）	4.9	4.7
每万人其他企业委托在研研发项目数量（项）	5.2	3.6
开展产学研合作的企业占总企业数量（项）比重	38.8%	48.4%
每万人拥有的有效专利数量（项）	1004.7	633.7
有效发明专利数占全部有效专利比重	22.6%	16.7%
每万人拥有的团体及以上标准规范数量（项）	51.2	42.5
每万人拥有的省部级及以上工法数量（项）	172.3	139.5
每万人拥有的软件著作权数量（项）	81.0	46.8
每万人拥有的注册商标数量（项）	22.4	17.0
每万人当年发表SCI、EI科技论文数量（篇）	15.0	4.2
每万人当年发表中文核心期刊科技论文数量（篇）	52.9	66.2
每十万人拥有的国家科学技术奖和中国专利奖数量（项）	3.7	0.8
每万人拥有的省部级科技奖数量（项）	76.5	84.9
新技术新装备新材料销售收入占主营业收入的比重	37.9%	23.8%
新技术新装备新材料销售利润占利润总额的比重	43.0%	33.1%
人均专利所有权转让及许可和高新技术成果转化的金额（万元）	30.9	34.0
每万人当年专利所有权转让及许可和高新技术成果转化项目数量（项）	81.6	60.1
人均产值（万元）	81.9	55.5
人均利润（万元）	12.2	8.2

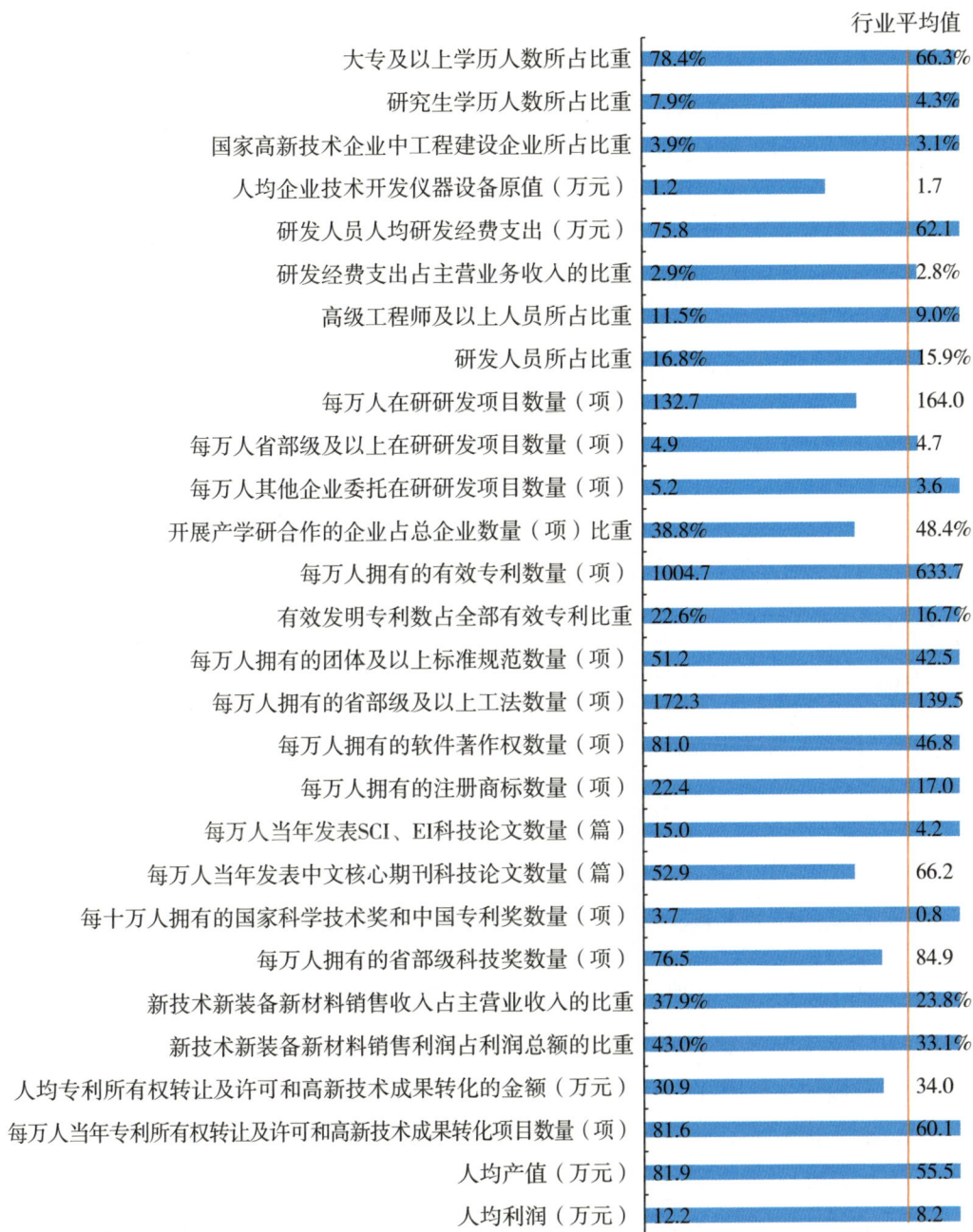

图 7-2-50　湖北省工程建设企业创新情况及与行业平均水平对比（2021 年）

湖北省有 6 个指标低于行业平均水平，在人均企业技术开发仪器设备原值、开展产学研合作的企业占总企业数量比重、每万人企业全部在研研发项目数量、每万人拥有的省部级科技奖数、人均专利所有权转让及许可和高新技术成果转化的金额方面稍显不足，分别为行业平均水平的 70.6%、80.2%、80.9%、90.1% 和 90.9%。

3. 湖北省工程建设企业科技创新特点

（1）创新环境持续优化，高效助企创新发展

湖北省国家高新技术企业中工程建设企业所占比重由 2016 年的 2.9% 上升至 3.9%，提高了 1 个百分点，历年数据均高于行业平均水平。企业高学历人才资源不断提升，研究生学历人数所占比重由 2016 年的 5.6% 提升至 2021 年的 7.9%，远高于行业平均水平（图 7-2-51）。

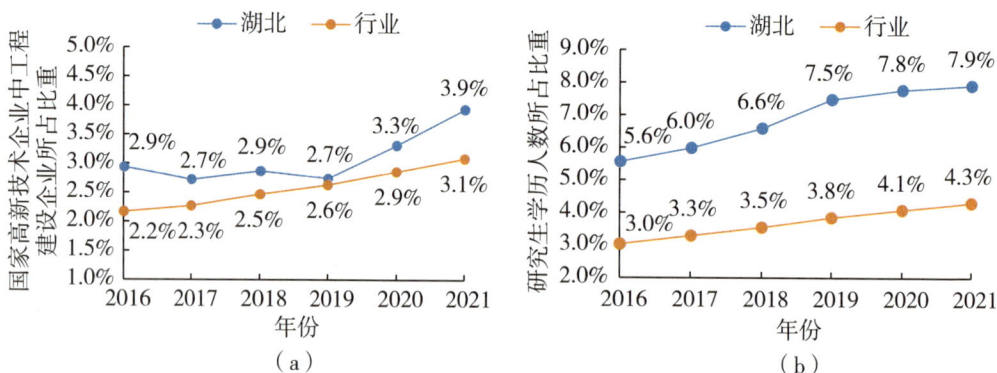

图 7-2-51　湖北省工程建设高新技术企业及硕博学历情况（2016—2021 年）

湖北省出台了一系列鼓励科技创新的政策措施，深入开展高新技术企业"十百千万"行动，实施科技领军企业培育计划引领科技型中小企业、高新技术企业、科技领军企业加快发展壮大。2017—2021 年，湖北省高新技术企业数量由 5369 家增至 14 560 家，增长 171.2%。2018 年以来湖北省相继出台《关于促进全省建筑业改革发展二十条意见》《关于促进建筑业发展的意见》，提出"加快推进建筑人才培养，打造高素质人才队伍"。良好的政策环境为企业科技创新提供了有利条件，营造了良好氛围。

（2）科技创新成果丰硕，整体优势明显

湖北省工程建设企业科技创新成果数量普遍高于行业平均水平，其中每万人当年发表 SCI、EI 科技论文数量达 15 篇，为行业的 3 倍多。每万人拥有的软件著作权数量是行业平均水平的 173.0%（图 7-2-52）。

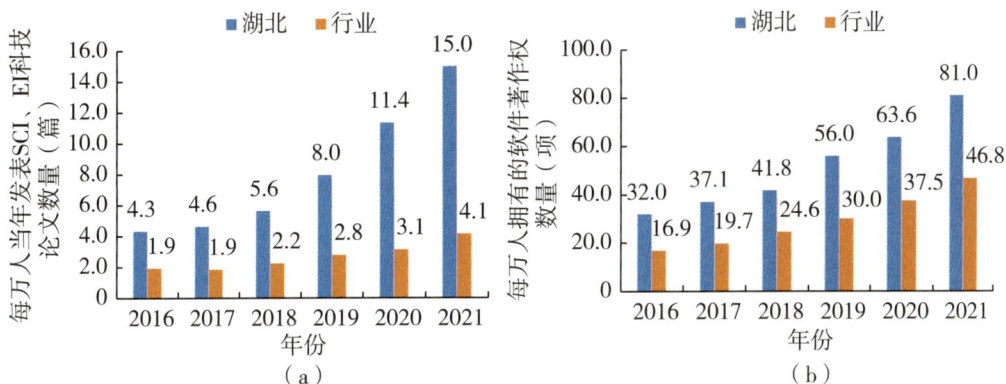

图 7-2-52　湖北省工程建设企业 SCI、EI 论文及软著情况（2016—2021 年）

湖北省工程建设企业科技创新成果丰硕，得益于工程建设市场活跃和龙头企业聚集的双重因素。根据湖北省统计局官方数据显示，自 2016 年以来湖北省建筑业总产值从 1.18 万亿元起步，到 2021 年跨越 1.9 万亿元大关，达到 19 031.55 亿元，多年保持全国前三（2020 年、2021 年受疫情影响排名全国第四），稳居中部第一。同时以中铁大桥局、中交二航局、中建三局、铁四院、中铁十一局等为代表的行业排头兵集群。

（3）产学研合作水平需进一步加强

湖北省开展产学研合作的企业占总企业数量比重低于行业平均水平，且与行业差距逐渐拉大。科研课题方面也低于行业平均水平，2021 年每万人企业全部在研研发项目数量 132.7 项，仅为行业平均水平的 80.9%（图 7-2-53）。在研研发项目数量偏少，导致企业缺少与高校、研究机构等共同开展的研究项目，进一步降低了企业产学研合作的积极性。

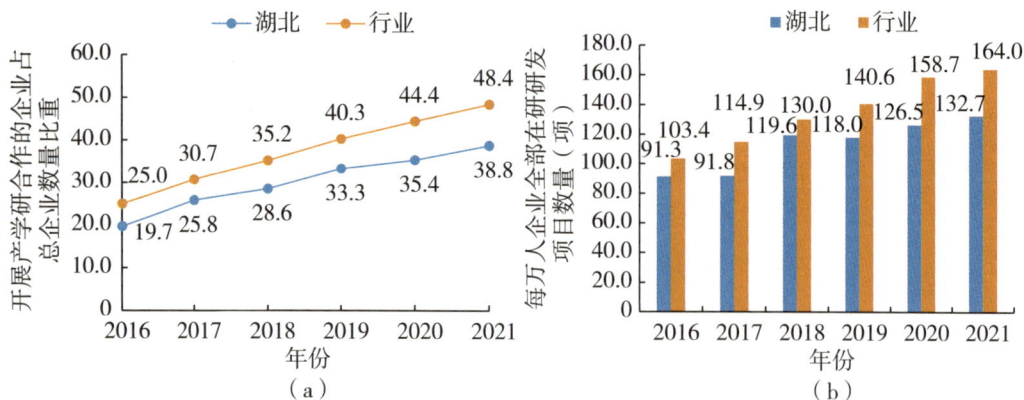

图 7-2-53　湖北省工程建设企业产学研及专利转移转化情况（2016—2021 年）

（十一）甘肃省

1. 科技创新指数分析

本节分析了甘肃省工程建设企业的科技创新情况。参与分析企业共 8 家。从企业性质看，中央企业 5 家、地方国企 3 家。从企业类别看，工程施工企业 6 家、勘察设计企业 1 家、工程装备制造等其他类型企业 1 家（图 7-2-54）。

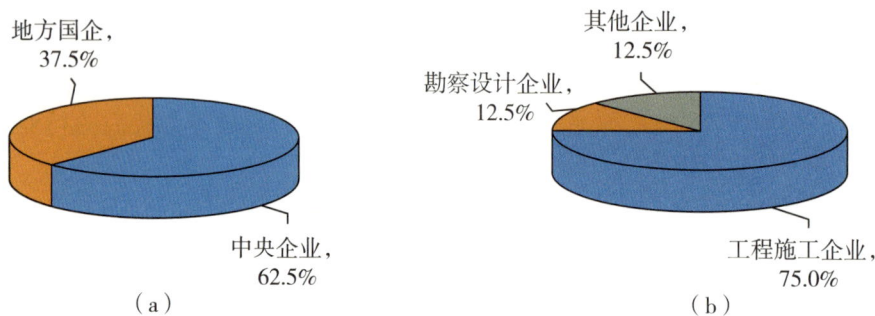

图 7-2-54　甘肃省参与调查企业分类

甘肃省工程建设企业科技创新指数稳步提升，2021年较2016年增长了79.8%，2018年开始高于行业指数。其中创新成果指数增长最快，增长了176.9%；其次为创新资源指数，增长了56.2%；创新投入指数增长了56.1%；创新绩效指数2019年出现下降，2020年恢复增长，仅增长了29.8%（图7-2-55）。

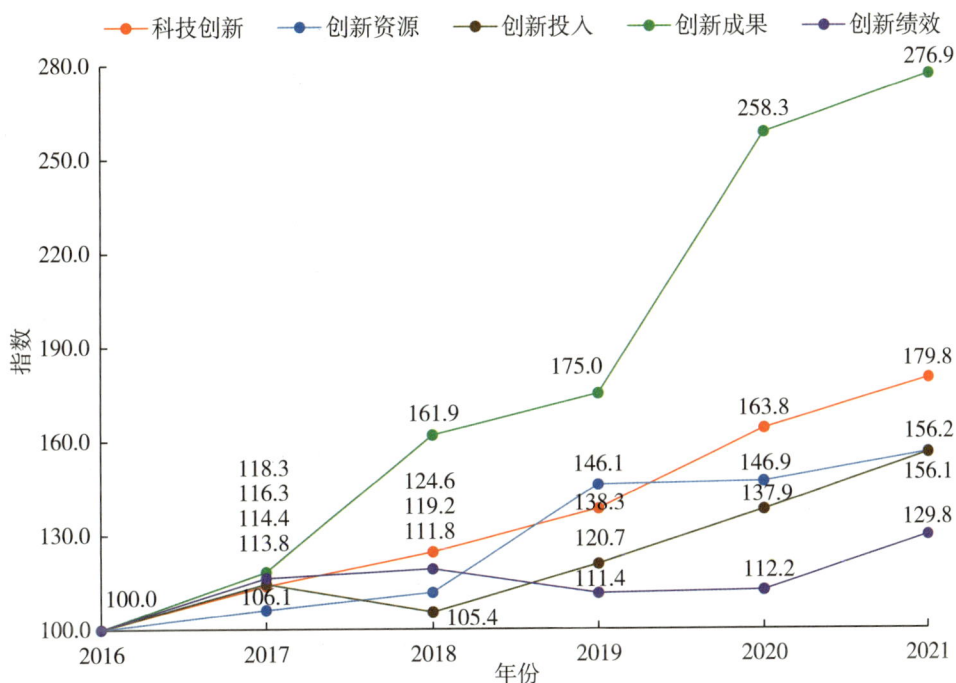

图7-2-55　甘肃省工程建设企业科技创新指数及其分项指数（2016—2021年）

2. 与行业平均水平对比情况

2021年，甘肃省工程建设企业有10个指标高于行业平均水平，在每万人其他企业委托在研研发项目数量、每万人当年发表SCI和EI科技论文数量、国家高新技术企业中工程建设企业所占比重、高级工程师及以上人员所占比重、有效发明专利数占全部有效专利比重方面有明显优势，分别达到行业平均水平的385.0%、235.3%、231.4%、178.6%、168.6%（图7-2-56）。

行业平均值

指标	数值	行业平均值
大专及以上学历人数所占比重	63.2%	66.6%
研究生学历人数所占比重	3.6%	4.3%
国家高新技术企业中工程建设企业所占比重	7.2%	3.1%
人均企业技术开发仪器设备原值（万元）	0.3	1.7
研发人员人均研发经费支出（万元）	57.5	62.1
研发经费支出占主营业务收入的比重	2.5%	2.8%
高级工程师及以上人员所占比重	16%	9.0%
研发人员所占比重	12.1%	15.9%
每万人在研研发项目数量（项）	113.4	164.0
每万人省部级及以上在研研发项目数量（项）	6.1	4.7
每万人其他企业委托在研研发项目数量（项）	13.8	3.6
开展产学研合作的企业占总企业数量（项）比重	75.0%	48.4%
每万人拥有的有效专利数量（项）	176.0	633.7
有效发明专利数占全部有效专利比重	28.2%	16.7%
每万人拥有的团体及以上标准规范数量（项）	52.0	42.5
每万人拥有的省部级及以上工法数量（项）	79.7	139.5
每万人拥有的软件著作权数量（项）	18.7	46.8
每万人拥有的注册商标数量（项）	3.3	17.0
每万人当年发表SCI、EI科技论文数量（篇）	9.8	4.1
每万人当年发表中文核心期刊科技论文数量（篇）	28.9	66.2
每十万人拥有的国家科学技术奖和中国专利奖数量（项）	0.7	0.8
每万人拥有的省部级科技奖数量（项）	94.3	86.1
新技术新装备新材料销售收入占主营业收入的比重	6.6%	23.8%
新技术新装备新材料销售利润占利润总额的比重	34.6%	33.1%
人均专利所有权转让及许可和高新技术成果转化的金额（万元）	0.5	34.0
每万人当年专利所有权转让及许可和高新技术成果转化项目数量（项）	30.1	60.1
人均产值（万元）	34.4	55.5
人均利润（万元）	1.9	8.2

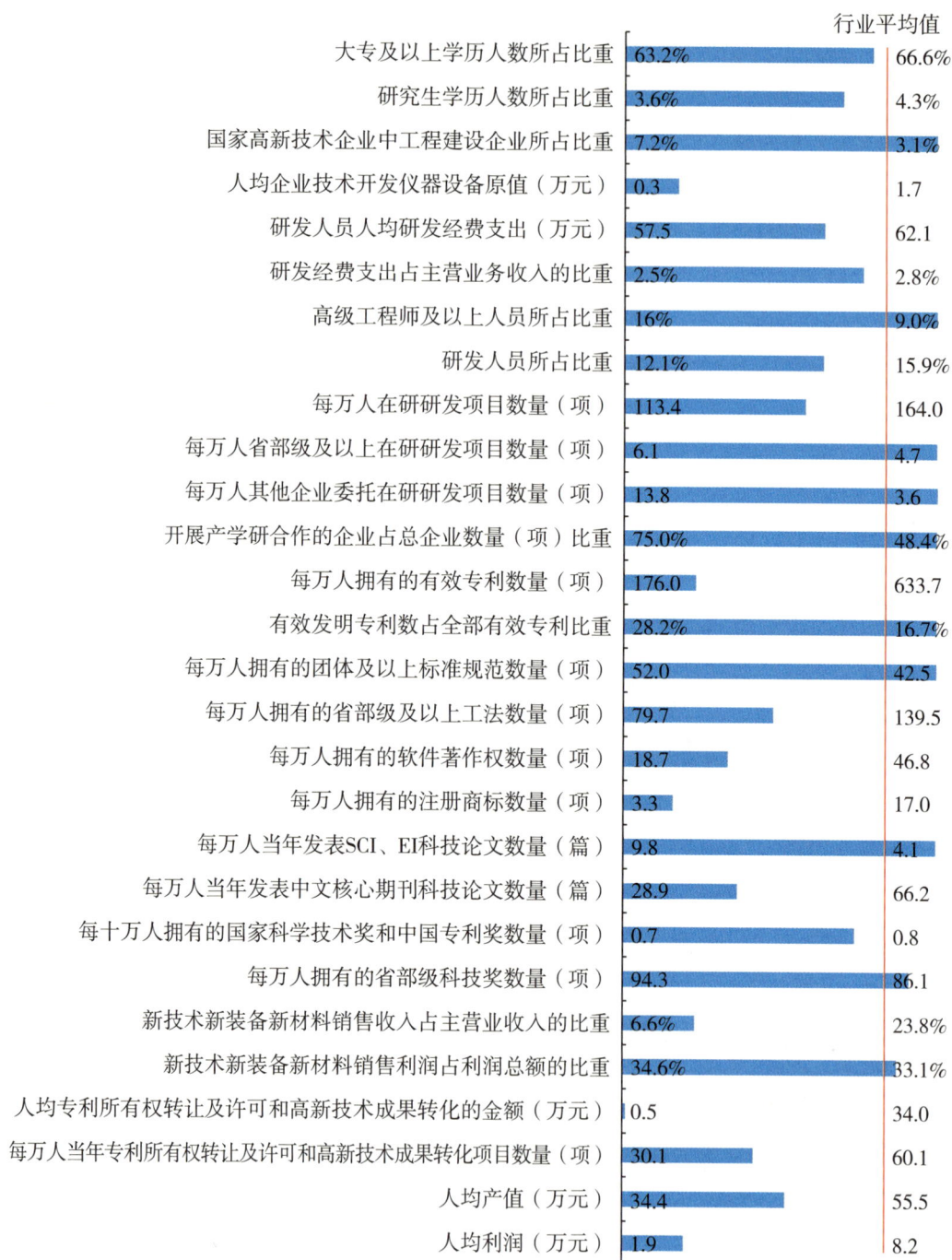

图 7-2-56　甘肃省工程建设企业创新情况及与行业平均水平对比（2021 年）

甘肃省工程建设企业有 18 个指标低于行业平均水平，在人均专利所有权转让及许可和高新技术成果转化的金额、每万人拥有的注册商标数量、人均企业技术开发仪器设备原值、人均利润、新技术新装备新材料销售收入占主营业务收入的比重方面存在差距，分别仅为行业平均水平的 1.3%、19.1%、20.8%、23.6%、27.6%（图 7-2-56）。

3. 甘肃省工程建设企业科技创新特点

（1）科技创新工作充满活力

2016 年，甘肃省出台了被誉为"黄金三十条"的《甘肃省支持科技创新若干措施》，近 6 年的运行，甘肃省各级各类企业科技创新活力倍增，科技创新红利持续释放。尤其是《甘肃省支持科技创新若干措施》中高新技术企业、知识产权保护、合作共建科研及科技服务机构等方面的奖励措施有力推动了甘肃省工程建设企业相关工作的开展，在国家高新技术企业中工程建设企业所占比重、有效发明专利数占全部有效专利比重、开展产学研合作的企业占总企业数量比重等方面远超行业平均水平（图 7-2-57）。鼓励政策的精准投放，有力激发了工程建设企业科技创新工作热情与活力。

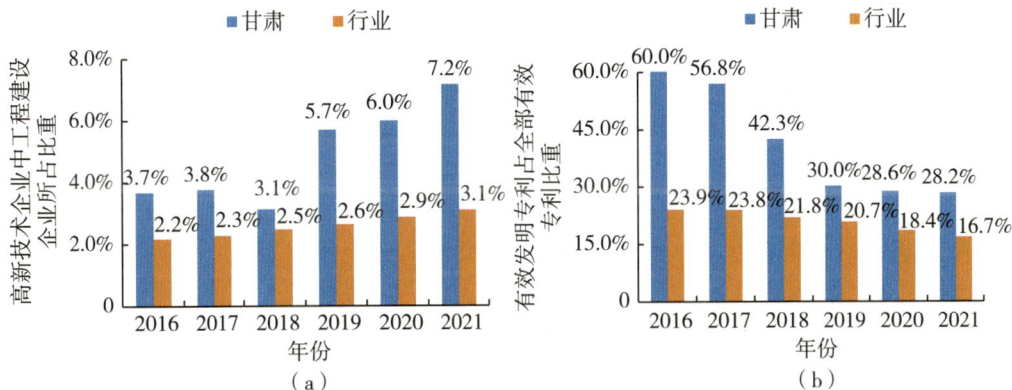

图 7-2-57 甘肃省工程建设企业高新技术企业及有效发明专利占比情况与行业对比

（2）技术转移转化工作创效能力较弱

2017—2020 年，甘肃省累计登记技术合同 29 498 项，成交金额 924.2 亿元，年均增长 10.9%。2020 年登记技术合同 7403 项，成交金额 233.2 亿元，西部地区排名第 4。虽然发展势头较好，但整体仍相对落后，尤其是纳入分析的工程建设企业，每万人专利所有权转让及许可和高新技术成果转化项目数量历年来仅为行业平均水平的一半左右，人均专利所有权转让及许可和高新技术成果转化金额更是只有行业平均水平的

1%~2%，技术转移转化创效能力薄弱（图7-2-58）。2021年甘肃省住房和城乡建设厅发布《关于推动智能建造与建筑工业化协同发展的实施意见》，提出要跨界融合、协同创新，鼓励大型企业与产业链上下游中小企业加强协作，融通创新，推动科技成果转化、重大产品集成创新和示范应用。工程建设企业应积极落实、用好相关政策，切实提升技术转移转化创效能力。

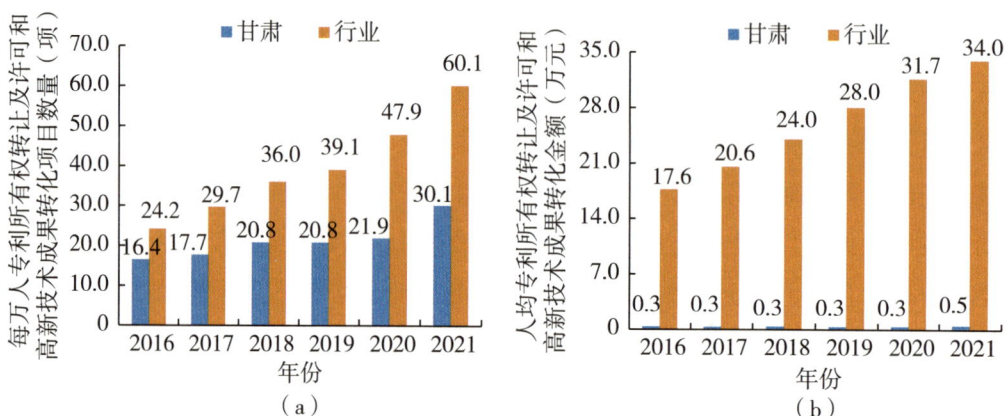

图7-2-58　甘肃省工程建设企业技术转移转化创效情况与行业对比

（十二）辽宁省

1. 科技创新指数分析

本次参与计算的辽宁省工程建设企业共20家。从企业性质看，中央企业16家、民营企业4家；从企业类别看，均为施工企业（图7-2-59）。

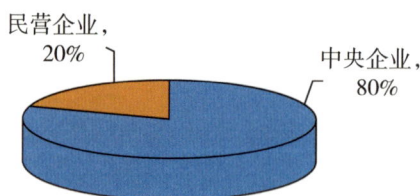

图7-2-59　参与计算企业组成

辽宁省工程建设企业科技创新指数呈稳步增长态势，2021年较2016年增长了42.0%。其中，创新成果指数增长最快，增长了66.7%；其次为创新绩效指数，增长了43.2%；创新资源指数稳步上升，增长了30.3%；创新投入指数增长较缓，增长了27.7%（图7-2-60）。

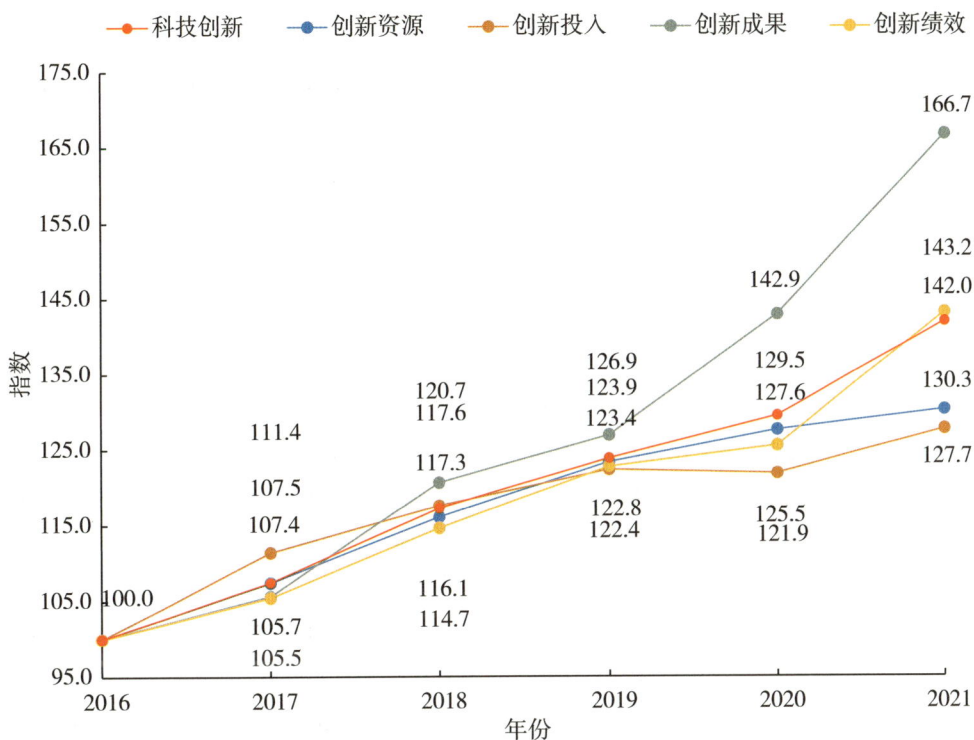

图7-2-60　辽宁省工程建设企业科技创新指数及其分项指数（2016—2021年）

2. 与行业平均水平对比

2021年，辽宁省工程建设企业有15个指标高于行业平均水平，在每万人当年发表SCI和EI科技论文数量、每万人当年发表中文核心期刊科技论文数量、每十万人拥有的国家科学技术奖和中国专利奖数、有效发明专利数占全部有效专利比重和人均产值方面优势明显，分别达到行业平均水平的341.5%、181.4%、137.5%、133.5%和130.3%（图7-2-61）。

行业平均值

指标	辽宁省	行业平均值
大专及以上学历人数所占比重	67.9%	66.6%
研究生学历人数所占比重	3.4%	4.3%
国家高新技术企业中工程建设企业所占比重	3.9%	3.1%
人均企业技术开发仪器设备原值（万元）	0.6	1.7
研发人员人均研发经费支出（万元）	28.5	62.1
研发经费支出占主营业务收入的比重	3.1%	2.8%
高级工程师及以上人员所占比重	9.8%	9.0%
研发人员所占比重	18.2%	15.9%
每万人在研研发项目数量（项）	103.0	164.0
每万人省部级及以上在研研发项目数量（项）	2.6	4.7
每万人其他企业委托在研研发项目数量（项）	2.6	3.6
开展产学研合作的企业占总企业数量（项）比重	50.0%	48.4%
每万人拥有的有效专利数量（项）	639.8	633.7
有效发明专利数占全部有效专利比重	22.3%	16.7%
每万人拥有的团体及以上标准规范数量（项）	14.2	42.5
每万人拥有的省部级及以上工法数量（项）	161.5	139.5
每万人拥有的软件著作权数量（项）	43.4	46.8
每万人拥有的注册商标数量（项）	3.2	17.0
每万人当年发表SCI、EI科技论文数量（篇）	14.0	4.1
每万人当年发表中文核心期刊科技论文数量（篇）	120.1	66.2
每十万人拥有的国家科学技术奖和中国专利奖数量（项）	1.1	0.8
每万人拥有的省部级科技奖数量（项）	63.6	84.9
新技术新装备新材料销售收入占主营业收入的比重	29.4%	23.8%
新技术新装备新材料销售利润占利润总额的比重	24.0%	33.1%
人均专利所有权转让及许可和高新技术成果转化的金额（万元）	13.6	34.0
每万人当年专利所有权转让及许可和高新技术成果转化项目数量（项）	34.6	60.1
人均产值（万元）	72.3	55.5
人均利润（万元）	1.1	8.2

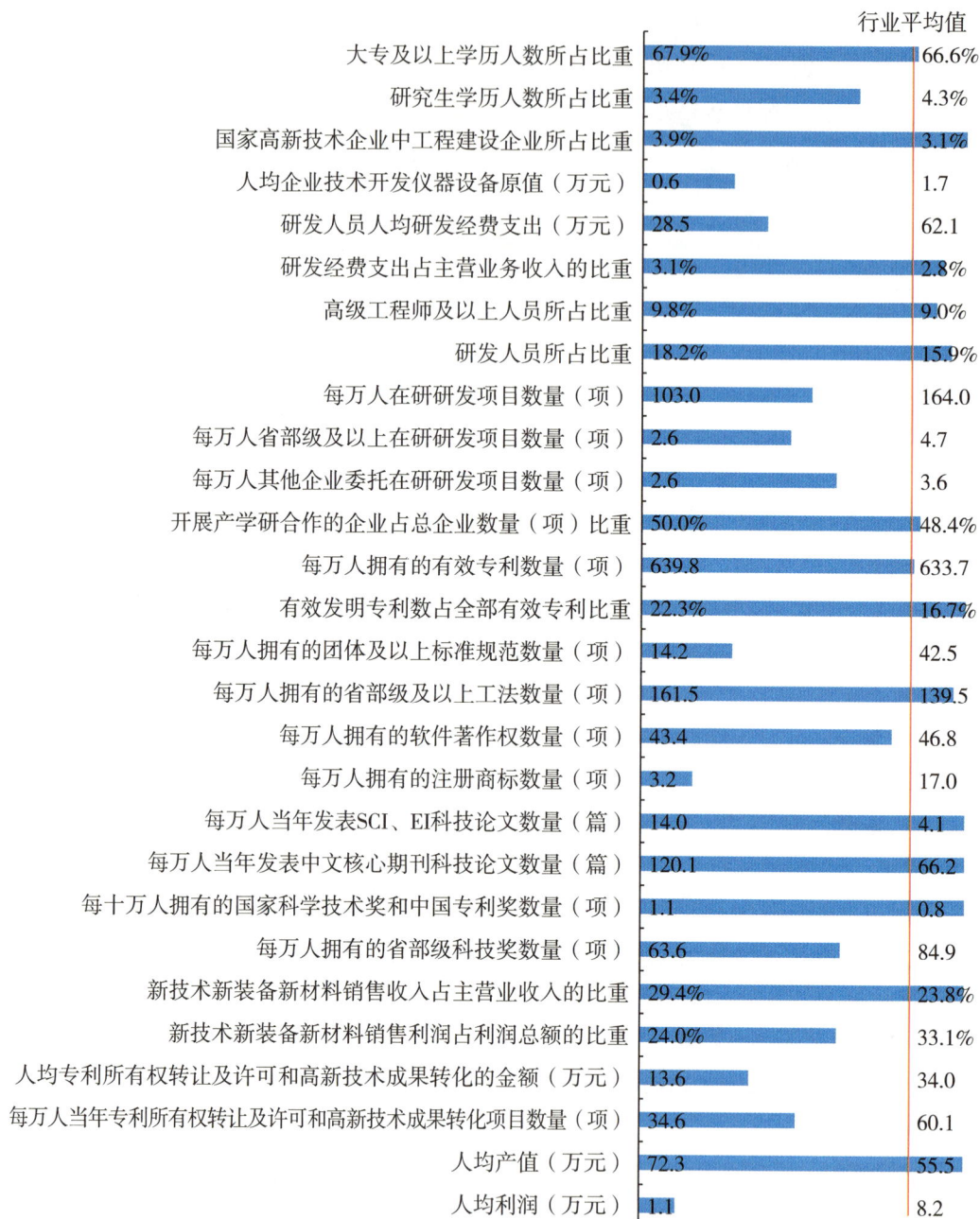

图 7-2-61　辽宁省工程建设企业创新情况及与行业平均水平对比（2021 年）

辽宁省工程建设企业有 13 个指标低于行业平均水平，在人均利润、每万人拥有的注册商标数量、每万人拥有的团体及以上标准规范数量、人均企业技术开发仪器设备原值、人均专利所有权转让及许可和高新技术成果转化的金额方面明显不足，仅为行业平均水平的 13.4%、18.8%、33.4%、35.3% 和 40.0%。

3. 辽宁省科技创新主要特点

（1）研发人员效能未能释放，课题数量及质量有待加强

辽宁省工程建设企业高级工程师及以上人员占企业从业人员总数的比重、研发人员占企业从业人员总数的比重均高于行业平均水平，企业在研发人员投入上普遍较大。但与之相反的是，每万人企业全部在研研发项目数量和每万人省部级及以上在研研发项目数量却都远低于行业平均水平（图 7-2-61）。呈现研发人员多、课题数量少的现象，创新活力未能得到充分释放。企业应加大课题立项数量，给予研发人员更多施展本领的空间（图 7-2-62）。

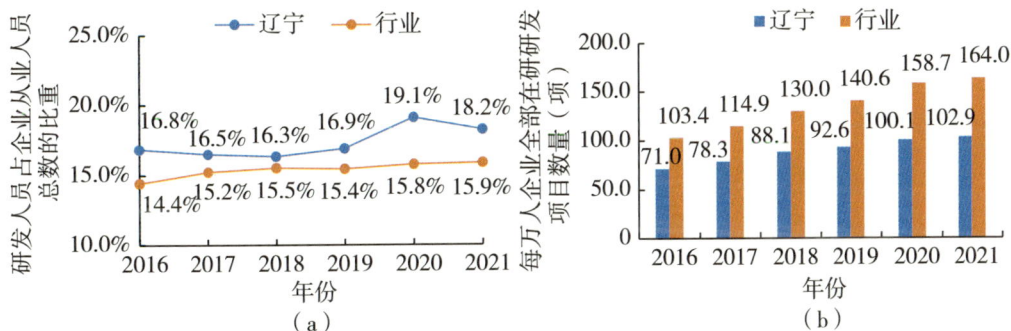

图 7-2-62　辽宁省工程建设企业创新人才及科研课题情况（2016—2021 年）

（2）科技创新创效能力有待提升

2021 年辽宁省工程建设企业创新绩效中多个指标低于行业平均水平。在人均专利所有权转让及许可和高新技术成果转化的金额方面，远低于行业平均水平。人均利润 1.09 万元/人，仅为行业平均水平的 13%。2016—2021 年，辽宁省建筑业从业人员减少了 55.6%，人才流失严重。加之企业施工生产受地区气候影响较大，建筑市场规模较小，2021 年辽宁省建筑业产值居全国第 22 位。多种因素导致企业科技创新创效能力较低，企业要进一步加大科技创新的应用力度，让科技创新成为企业效益提升的重要动力（图 7-2-63）。

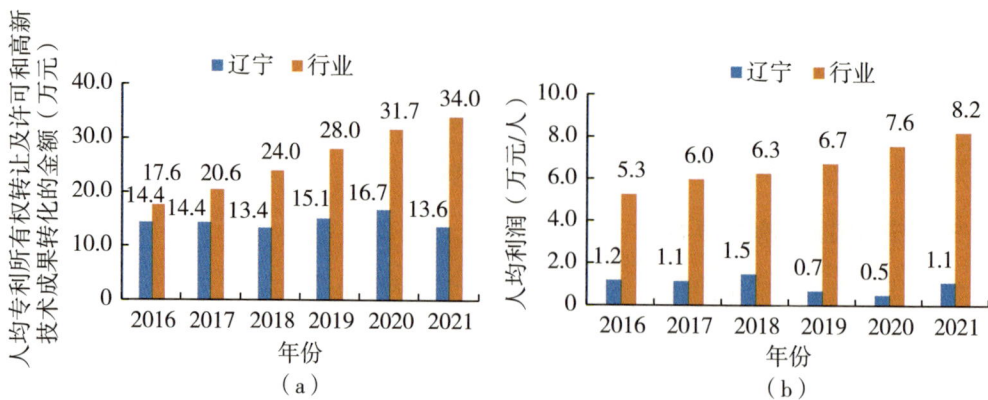

图 7-2-63　辽宁省工程建设企业经营效益及技术转移转化情况（2016—2021 年）

第八章
总结与建议

一、总体评价

党的十八大以来，党中央高度重视科技创新工作，始终坚持把创新作为引领发展的第一动力，发布了一系列关于提升企业自主创新能力的政策和措施。在国家政策的引领和政府资金的扶持下，工程建设企业全面推进科技创新工作，深入实施科教兴国战略、人才强国战略和创新驱动发展战略，深化科技创新体制改革，不断增强自主创新意识，持续加大科技投入，科技创新呈现良好发展趋势。

（一）企业科技创新资源持续优化

我国综合国力持续增强，经济实力显著跃升，为企业科技创新工作奠定了坚实的物质基础。国家创新驱动发展战略加快实施，各项科技创新政策措施相继出台，为企业科技创新工作提供了良好的政策环境。工程建设企业的创新资源的集聚效应日益凸显，研发、认证平台以及企业技术中心建设不断加强，国家高新技术企业认定数量增长了近5倍。日益优化的创新资源为工程建设企业的科技创新打下了坚实基础。

（二）企业科技创新投入逐渐加大

在国家和行业不断强调从要素驱动向创新驱动转变的背景下，工程建设企业高度认同科技创新在引领企业高质量发展中的重要作用，将科技创新作为企业发展的重要动力。调查的企业中多数企业设置了专职科研管理部门，并成立了专职研发机构，九成以上的企业制定了中长期科技发展规划，为创新活动的开展提供了重要保障。企业对科技创新的重视程度越来越高，创新投入也在持续快速加大，创新经费和人才投入强度逐

年上升，科研课题数量快速增长，产学研合作也在稳步推进，充分激发了企业的创新潜能。

（三）企业科技创新成果日益丰硕

科技创新成果是企业创新能力最直观的体现，直接反映了企业的科学研究能力和技术发明能力，科技实力越来越成为企业参与市场竞争的核心。调查的企业中大部分企业开展了内部研发活动，且近九成企业选择独立开发模式，创新投入力度不断加大，知识产权保护意识不断增强，专利、标准、工法、软著数量成倍增长，企业标准化工作进一步提高，数字化转型加快。论文发表数量持续上升，技术理论研究工作日益深入。丰硕的科技成果，助力了企业的高质量发展。

（四）企业科技创新绩效稳步增长

随着国民经济的快速发展，工程建设企业发展的速度和质量保持良好态势。从参与指数计算的企业数据来看，行业规模经济效应明显，要素驱动仍是企业发展的主要动力，同时科技创新作为企业高质量发展的第一动力作用日益增强。例如，国家科技奖和省部级科技奖不断增加，彰显着企业科技创新实力的不断进步。专利和高新技术的转化推动了企业经济效益进一步提升。2016—2021 年，企业享受高新技术企业减免税和加计扣除减免税占利润比重由 6.82% 提高至 9.04%。随着科技创新对企业的贡献越来越高，创新驱动持续发力，企业综合实力逐渐增强，发展质量明显提升。

二、存在问题

（一）科技人才发展缓慢

一是行业人力资源正在经受着考验。由于行业具有劳动强度高、作业风险大、工作环境差等特点，相比于互联网等新兴产业，对人才的吸引力正在下降。建筑业从业人数连续三年下降，2021 年较 2018 年减少了 280.4 万人，降低了 5.0%，行业从业人员正在逐渐流失。

二是高学历人才增长缓慢。2016—2020 年，参与指数计算的企业中，大专及以上学历人数占比、研究生学历人数占比分别增长了 12.3% 和 34.3%。根据《中国统计年鉴

2021》，2016—2020 年中国大专及以上学历人数占比增长了 27.9%，研究生学历人数占比增长了 52.1%，从增长速度来看行业人力资源的发展跟不上国内教育发展速度。

三是研发人员投入强度不足。2016—2021 年，参与指数计算的企业中，研发人员占企业从业人员比重仅增长了 1.46 个百分点，工程建设企业创新人员投入增长缓慢。参与本次问卷调查的企业中有 77.2% 的企业认为缺乏人才或人才流失是制约企业科技创新的主要因素，人力资源对企业科技创新发展的阻碍已经成为企业的广泛共识。

四是科技人才培养和激励力度不够。科技培训能有效提高科研人员知识水平，创新奖励则有利于激发科研人员的主动性。参与指数计算的企业中，在科技培训方面，企业科技培训投入金额占研发经费的比重由 2016 年的 1.76% 下降至 2021 年的 1.01%；在创新奖励方面，每年科技奖励的金额占研发经费的比重也由 2016 年的 0.57% 下降至 2021 年的 0.53%。2021 年行业研发人员平均科技创新奖励金额约为 3300 元，远低于高校科技创新人均奖励 7.1 万元。

（二）企业技术中心实体化建设滞后

一是对技术中心建设重视程度不够。技术中心是提升企业技术创新能力的关键环节和主要依托。但从调查的情况看，尚有 44.9% 的企业未成立技术中心。同时已成立的技术中心中，无研发活动的占 19.5%，未开展技术服务的占 36.1%，研发成果未工程化应用的占 69.5%，工程建设企业技术中心实体化建设缓慢。

二是研发基础设施建设薄弱。研发基础设施是支撑企业科技创新的重要基础。"十三五"期间，我国重大科技基础设施总投资比"十一五"增加了近两倍，国家对重大科技基础设施投入力度逐渐加强。但工程建设企业用于机器设备和软件方面的经费支出占研发经费比重由 2016 年的 30.0% 下降至 2021 年的 13.4%，且低于全国规模以上工业企业 30.3% 的比重（来源于《中国科技统计年鉴 2021》），工程建设企业在研发基础设施建设方面投入力度明显不足。

三是高水平技术研发能力不足。研发项目是企业科技研发重要载体。2016—2021年，工程建设企业全部研发项目数增长了 97.1%，低于全国规模以上工业企业同期研究与试验发展项目数的增长速度（128.4%）。每万人省部级及以上在研研发项目数仅增加了 1.8 项，省部级及以上研发项目数占全部研发项目数的比重仅增长了 0.08 个百分点。高水平研发工作对工程建设企业科技创新的引领作用不突出。

（三）原创性技术研发能力不足

一是创新方式尚未发生根本性的转变。目前，我国重大建设技术创新路径主要是引进吸收消化再创新。从大瑶山隧道引进"新奥法"到我国隧道建设水平跻身世界前列，从武汉长江大桥开启中国现代化桥梁建设序幕到我国桥梁持续刷新世界纪录，从秦岭隧道首次引进德国盾构机到国产盾构机全球市场份额接近七成，从引进爬模技术到自主研发的"空中造楼机"，我国工程建设技术和装备研制水平已处于世界前列，到现在这个阶段，国外一般通用技术已无借鉴之处，而关键核心技术又难以获得。行业科技的进步须改变创新方式，更加注重原始创新。

二是突破性创新程度不高。发明专利是突破性技术研发实力的体现。工程建设企业专利数量明显提升，但授权发明专利占比持续下降，由 2016 年的 23.9% 下降至 2021 年的 16.7%。体现出工程建设企业对突破技术的研发力度不足。

三是自主创新能力不强。国家科学技术奖反映了一个企业的高水平技术研发实力。随着企业对科技创新日益重视，工程建设企业获得国家科学技术奖数量逐渐增加，但企业作为第一完成单位的国家科学技术奖项目占行业总量的比重持续下降，由 2016 年的 58.3% 下降至 2021 年的 25.0%，下降速度远高于国家平均水平，工程建设企业自主创新能力不足。

（四）科技成果转化质量不高

一是科技成果转化体系不完善。科技成果转化是企业经济效益提升的重要手段。工程建设企业科技成果转化工作在体系建设、组织机构、制度保障等方面存在不足。调查发现有 49% 的企业未设立专门的科技成果转化部门，管理职能未充分发挥；企业各类科技制度中，科技成果转化相关制度建设最为薄弱，成果管理、价值评估、推广实施、收益分配、激励奖励等措施不尽完善。

二是科技转化人才队伍建设缓慢。2020 年 4 月，党中央、国务院发布《关于构建更加完善的要素市场化配置体制机制的意见》，强调要建立国家技术转移人才培养体系，大力培育发展技术转移机构和技术经理人。目前，工程建设企业大多以科技研发人员代替专业转化人员。在北京、上海等 15 个省市陆续开展的科技成果转化专业职称评审中，工程建设企业人员取得相应职称比例较低，仅占 1%~2%。企业专业化科技成果转化人才严重缺乏。

三是科技成果转化效率不高。目前，我国科技成果转化率为10%～30%，明显低于西方发达国家（40%～80%）。2021年892家参与计算的企业取得有效专利44 536件，但专利所有权转让及许可仅987件，转让及许可率仅为2.22%，远低于同期国家平均水平（10%），主要是因为缺少专利布局和预警以及专利运营质量不高，同时首台（套）应用机制不健全，导致大量的专利被束之高阁。2016—2021年，工程建设企业科技创新成果指数增长了95.5%，而创新绩效指数仅增长了62.5%，大量的科技成果暂未转化为企业效益，科技创新促进经济增长的滞后效应凸显。

（五）科技创新经费管理水平不高

一是科研经费管理系统性和规范性较弱。从企业科技信息调查情况看，企业科研经费管理水平不高，还存在诸多问题。科研经费管理普遍存在以人工费冲抵科研经费、费用化支出归集率不高、缺乏专业财务专员等问题。经费管理的系统化、规范化、标准化、信息化建设程度不够，缺乏数字化、智能化手段和工具。同时，政府财政专项资金使用模式比较单一，影响了财政资金对科技创新引导作用的发挥。

二是高度依赖企业自有资金。《2021年全国科技经费投入统计公报》显示，国家财政科学技术支出4000亿元，占各类企业研究与试验发展（R&D）经费的22.64%。而在参与计算的企业中，企业获得政府财政资金支持仅占研发经费的0.26%，自有资金占99.35%，研发经费还主要依赖企业自有资金。大多数国家随着工业化水平的提高，逐渐形成研发资金来源多元化的格局。例如，2018年美国科研经费构成中企业资金占比62.37%，政府财政占22.96%，来自国外的经费约占8%。同时，根据问卷调查，有46.2%的企业研发经费只来源于自有资金。

三是缺乏金融手段获取社会资金支持。科技创新离不开金融助推支持，畅通的融资渠道和良好的金融环境是企业科技创新和经营发展的重要保障。2020年国开行发放科技贷款1494亿元，同比增长23%。2021年，国家开发银行共发放700亿元科技创新和基础研究专项贷款，国家正大力引导金融机构加大对科技创新的支持力度，撬动社会资金促进科技创新。但根据问卷调查，工程建设企业创新资金来源于银行贷款及风险投资仅为3.3%和1.0%。2016—2021年，在参与计算的企业中，企业每年获得的社会支持资金占研发经费的比重由0.44‰下降至0.32‰。企业缺乏有效的金融手段获取社会资金支持。

（六）科技创新统计工作薄弱

从本次企业科技数据征集过程及结果来看，部分企业数据存在失真或缺失的情况。主要存在以下几个问题：

一是国家统计口径不统一。本次企业科技信息征集数据类型较多，企业在填报时，数据分别来源于统计局、高新技术企业、技术中心复评等不同口径的统计数据，各年数据、前后数据存在逻辑性不平衡现象。

二是企业对科技创新统计重视程度不够。企业对科技创新统计工作的重要性认识不足，重视程度不高，简单认为科技创新统计无法给企业带来经济效益。仅在高新企业申报、加计扣除等期间对科技创新进行统计，影响了统计的效率和质量。

三是科技创新数据管理水平不高。科技创新统计较其他统计工作有一定的复杂性，涉及多方面数据，需要多个部门有效配合。企业未将统计工作全面纳入科技管理全过程，缺乏高效的数据归集和管理手段，统计的数据无法及时、全面地反映企业科技创新的实际情况。

三、发展建议

党的二十大再次强调要强化企业科技创新主体地位。在我国经济发展动能转向以创新驱动为主的大趋势下，工程建设企业应以创新驱动为引领与支撑，推动企业高质量发展。

（一）坚持党对科技创新工作的全面统一领导

中国共产党的领导是中国特色社会主义最本质的特征。习近平总书记在党的二十大报告中指出，要坚决维护党中央权威和集中统一领导，把党的领导落实到党和国家事业各领域各方面各环节，完善党中央对科技工作统一领导的体制。工程建设企业的科技创新发展必须坚持党的全面领导，一是实施"一把手"工程，强化企业主要负责人对科技创新的领导责任，推进党的建设与科技创新深度融合；二是推进制度创新，将党的领导落实到各项科技制度中，发挥党对科技工作的全过程领导、监督和保障作用；三是强化党支部建设，在科技人员中大力发展党员，发挥党支部在科技创新中战斗堡垒作用，为企业科技创新发展提供根本保证。

（二）提高科技创新体系建设水平

党中央出台了一系列政策措施，推动企业科技创新快速发展。用好国家政策的同时，工程建设企业应遵循新发展理念，深化企业科技体制改革，进一步加强科技创新体系建设。一是加强制度建设，进一步完善科研经费管理、知识产权保护、科技成果转化、科技创新奖励、科技人才培养等制度，发挥制度对科技创新的保障作用；二是创新管理模式，构建以"创新"为核心的组织管理体系，推动企业研发与生产经营的融通发展，发挥创新体系整体效能；三是培育创新文化，打造尊重劳动、尊重知识、尊重人才、尊重创造的企业文化，弘扬科学家精神，营造良好创新氛围。

（三）加快高水平科技创新人才培育

企业竞争说到底是人才竞争。企业要不断完善科技人才发展制度，把各方面人才汇聚到科技事业中。一是创新人才培养方式，实施中长期人才发展计划，建立以首席专家为代表的多层次专家体系，推行创新团队工作模式，实现人才成长与业务发展紧密融合，造就更多的院士、大师、卓越工程师、大国工匠、高技能人才、青年科技人才。二是建立人才培训体系，加大复合型人才培养力度，根据业务需要制定培训计划，深挖内部资源，不断加强人才内训；充分利用社会资源，积极组织参加行业论坛、观摩会议等外部培训；强化校企合作，构建协同育人平台，提高人才综合素质。三是完善人才激励措施，畅通研发人员晋升通道，加大对科技人员的荣誉表彰和物质奖励，激发人才创新创造活力。

（四）推进企业技术中心实体化建设

为强化企业科技创新主体地位，发挥企业在科技创新中的出题人、答卷人、阅卷人作用，企业应积极推动技术中心实体化建设。一是加强战略布局，制定建设方案和发展规划；二是健全运营管理体系，完善技术中心管理、考核和激励制度，配备专职研发人员和管理人员；三是提供充足物质基础，加大专项经费支持力度，提升研发基础设施建设水平，创造良好的研究、开发、试验条件；四是做实做强创新平台，围绕企业主营业务和发展需要，组建企业重点实验室（技术研究中心）、创新联合体、产业化基地，使企业技术中心真正成为凝聚人才、聚集资源、创新技术、孵化产业的前沿阵地。

（五）增强原创性技术研发能力

工程建设行业的高质量发展离不开科技创新这个第一动力。工程建设企业应坚持"四个面向"，走中国特色社会主义自主创新道路，不断提升原始创新能力。一是注重顶层设计，加强科技创新战略布局，深化科技专项、"揭榜挂帅"、"赛马"等制度，激发企业创新活力。二是加强关键核心技术攻关，针对"卡脖子"技术实施重大科技计划，加大科研经费投入，加强科技情报收集，科学确定技术研究路线，创造更多"从 0 到 1"的科技成果。三是推动融合创新深入开展，倡导跨学科、跨领域、跨专业合作，加强产学研、上中下游协同攻关，发挥各类创新资源集聚效能。四是建立创新容错机制，鼓励创新、包容失败，支持科研人员大胆探索。

（六）加大科技成果转化工作力度

科技成果转化为现实生产力是企业实现高质量发展的重要手段。工程建设企业应高度重视，加强体制机制创新，加大科技转化投入，打通科技成果转化的"最后一公里"。一是加强政策落实，研究政府科技成果转化的法律法规和政策文件，制定科技、人力、财务等方面的科技成果转化制度，形成科技转化制度保障合力。二是加强体系建设，加大科技成果转化经费投入，建立专业的成果转化机构，引进和培养一支以技术经理人为代表的懂技术、善营销的专业化成果转化人才队伍。三是加强工作方式创新，将科技成果转化前移，与研发工作紧密结合，制定成果推广转化目录，积极探索技术入股、员工持股、科技型企业创业转化等模式，制度化、规范化、长期化推广科技成果。四是加强知识产权运营，拓宽转移转化渠道，加大开发许可力度。

（七）拓展多元化科技创新投入渠道

科技创新具有成本高、周期长、风险大等特点，从科技研发到成果应用，到形成技术成熟的产品和服务，再到市场规模化推广，每个阶段都需要大量资金支持。工程建设企业应加大科技创新投入，建立多元化科技投入机制，创新科研经费投入与支持方式，以满足技术研发、装备购置、成果转化、产业化应用等资金需求，提高企业科技创新的质量和效益。一是积极申请财政资金，主动了解政府出台的科技创新政策，找准结合点和切入点，有针对性地做好项目前期工作，为争取资金创造条件。二是主动引进社会资金，加强自身能力建设与宣传，建立开放的对外合作机制，实现风险共担、收益共享，降低企业创新成本。三是充分利用金融手段，强化与证券、银行、保险等金融机构对接，建立融资合作长效机制，激发创新技术—创新产品—创新产业化的链式反应。

（八）提升科技创新统计水平

科技创新统计为企业科技研发活动的规模、布局、结构、成果推广、科技管理及决策提供了必要的数据支撑，对企业科技创新的发展至关重要。一是要提高企业对科技创新统计工作的重视程度，制定科技创新统计工作制度，配备专门的科技创新统计工作人员。二是加强科技创新统计工作规范化、标准化建设，统一数据统计标准，规范数据统计工作流程，确保数据的规范性、时效性，保障数据的真实性、准确性。三是建立科技创新数据统计平台，提升各部门的协同能力，畅通科技创新数据统计链条，保证数据统计质量。

数据来源

［1］世界知识产权组织，《2022 年全球创新指数报告》；

［2］世界经济论坛组织，《2021 年度全球竞争力报告》；

［3］瑞士洛桑国际管理学院，《2021 世界竞争力年度报告》；

［4］欧洲理事会企业董事会研究所，《2022 年欧洲创新记分牌》；

［5］中国科学技术发展战略研究院，《国家创新指数报告 2021》；

［6］国家统计局，《中国创新指数研究》；

［7］中国科学技术发展战略研究院、中央财经大学经济学院，《中国企业创新能力评价报告 2021》；

［8］中央财经大学中国金融科技研究中心，《中国金融科技创新发展指数报告》；

［9］中国企业联合会、清华大学，《中国工业企业技术创新能力指数报告》；

［10］中国电子信息产业发展研究院，《制造业创新指数报告》；

［11］国家统计局，《中国统计年鉴 2021》；

［12］国家统计局、科技部、财政部，《全国科技经费投入统计公报》；

［13］国家统计局、科技部，《中国科技统计年鉴 2021》；

［14］国家知识产权局，《知识产权统计年报 2021》；

［15］科学技术部火炬高技术产业开发中心；

［16］国家发展改革委创新和高技术发展司；

［17］中国施工企业管理协会，工程建设企业科技信息征集系统；

［18］各部委、各省（直辖市、自治区）相关机构。